LAROUSSE

D0104835

ALL FRENCH VERBS FROM a TO Z

LAROUSSE

English version
Victor HARGREAVES

Review of text
Anne SCHOFIELD-GUY

Typesetting
Josiane SAYAPHOUM

Editor
Franck HENRY

© LAROUSSE /HER, 2000-ISBN 2-03-533106-4

FOREWORD

It has often been said by teachers and learners that a good understanding of French verbs is the key to mastering the language. It is certainly true that the genius of the French language lies partly in its ability to express thinking and feeling in both a subtle and precise manner, through its own verb system. It is hoped that this English version of the well-established "Larousse de la Conjugaison" will help the reader to use and appreciate French verbs correctly.

The first part of the book serves as a guide to the grammar of French verbs and to the way these verbs are used in sentences. The rules of agreement, the use of tense, mood and voice are presented as completely and precisely as possible while avoiding too many confusing details.For this reason the French names of the tenses have been retained in the conjugation tables, so that the reader can appreciate how the forms operate within their own system.

Some verbs have special meaning in relation to various technologies, trades and professions and, in these cases, the subject area to which the verb refers is indicated: ferrer to metal, to shoe (horse), to strike (fishing). In this case, the verb "ferrer" has two specialist meanings and refers to the technique of putting metal rings on horses' hooves and to the action of hooking a fish once it has taken the bait. Sometimes the special meaning relates to familiar usage or acceptable slang and these cases are indicated by the abbreviation (fam) placed after the English verb. Notwithstanding these constraints, it is hoped that "Conjugating all French verbs" will make a good and useful companion which the reader can keep with him or her and refer to when reading, writing or speaking in French.

Victor Hargreaves

SUMMARY

PART I: THE VERB AND ITS CONJUGATION

PART II: CONJUGATIONS

PART III: INDEX OF FRENCH VERBS

The reader will find at the end of the book a list of the French grammatical abbreviations and their English equivalents, together with a list of symbols for phonetic transcription.

PART I
THE VERB AND ITS CONJUGATION

DIFFERENT CATEGORIES OF THE VERB

The verb is a word with variable form, which, like a noun and a pronoun, represents one of the basic constituents of most sentences. It gives information concerning the subject of a sentence; whether the subject is animate, inanimate or an abstract idea.... It answers the following types of questions:
- What is the subject doing?
- Who is the subject?
- What is the subject experiencing?

The different forms that verbs can take give further information concerning the point in time at which an action takes place, how long an action lasts, etc.

ACTION VERBS

The majority of verbs are known as "action verbs"; they express what the subject is doing or what is being done to the subject:

Demain, je prendrai rendez-vous chez le garagiste

      subject   action
               verb

et, dans une semaine, la voiture sera réparée.

           subject which   action
    undergoes the action verb

STATE VERBS

State verbs indicate some physical aspect of the subject, what he looks like, who he is, etc. This state is expressed by a noun or an adjective which is called an "attributive subject".

Elle paraissait heureuse de me voir.

subject   state   attributive
       verb   subject

The following verbs are state verbs, in the strict meaning of the definition:

être,	devenir,
paraître,	rester,
sembler,	demeurer (with the meaning "to remain in the same state" and not "to live somewhere"),
ressembler à,	
avoir l'air (de),	s'appeler,
passer pour,	se nommer.

4

However, other verbs (usually action verbs) can also express a state; in such cases these verbs are accompanied by an attributive subject:

vivre	*Jeanne a vécu **heureuse**.*	**se faire**	*Les écrevisses se font **rares**.*
tomber	*Le héros tombe **mort**.*	**partir**	*Je suis partie **confiante**.*
se trouver	*Je me trouve **beau**.*	**revenir**	*Je suis revenu **déçu**.*

Reflexive Verbs

A reflexive verb is always linked to a reflexive pronoun (which refers back to the subject) and which is placed after the subject.

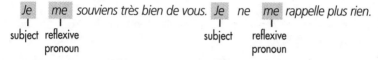

Je **me** *souviens très bien de vous.* *Je* *ne* **me** *rappelle plus rien.*

subject reflexive   subject reflexive
   pronoun   pronoun

Without the reflexive pronoun, verbs like "se souvenir", "s'emparer de", "s'écrouler", "s'enfuir", "se repentir"... would have no real meaning.
These verbs cannot be used in either the active or the passive voice (see later "Voice", page 10). They are regarded as being "essentially reflexive or pronominal". A pronominal verb is a reflexive verb where the reflexive personal pronoun does not, in fact, refer to anything in particular.

Note: For many verbs, the reflexive voice is one of the three possible voices of their conjugation, the other two being the active voice and the passive voice.

Auxiliaries

An auxiliary is a verb which serves to conjugate another verb, in certain moods, tenses and voices (see "Conjugation", page 19); it serves to construct certain verb forms and, in such cases, it loses its original meaning.
The verbs "être" and "avoir" are the most commonly used auxiliaries. For example, the active indicative of the *plus-que-parfait* tense is formed by using the auxiliary "être" or "avoir" (according to the verb) in the active imperfect together with the past participle of the verb we wish to conjugate.

J' avais chanté . *J'* étais partie .

auxiliary past auxiliary past
    participle   participle

Note: "être" and "avoir" do not always have the role of an auxiliary verb:
 je suis (state verb) *votre nouveau professeur de piano;*
 j'ai (action verb meaning "I possess") *ce livre chez moi.*

▨ AUXILIARY VERB "AVOIR"

"Avoir" is used to conjugate the majority of compound tenses in the active, apart from a few verbs which are conjugated using "être" (see following page).
 *J'**ai** lu. (Passé composé* tense of the verb "lire".)

■ AUXILIARY VERB "ÊTRE"

The verb "être" is used to conjugate certain verbs and to construct certain forms.

● Some verbs form their compound tenses in the active using "être":
– verbs indicating the state or the physical position in space of a person: "demeurer" (when this verb does not have the sense of "to live somewhere"), "rester":

> *elle* **est** *restée calme* (the *passé composé* tense of the verb "rester");

– verbs indicating a change of state or of movement (a change in spatial position): "devenir", "naître", "mourir", "tomber", "descendre"...:

> *il* **est** *né hier* (the *passé composé* tense of the verb "naître").

⚠ When a verb of movement has a direct object, it takes the auxiliary "avoir"; so we say:

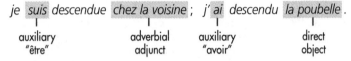

> *je* suis *descendue* chez la voisine ; *j'* ai *descendu* la poubelle .

| auxiliary | adverbial | auxiliary | direct |
| "être" | adjunct | "avoir" | object |

● All verbs conjugated in the reflexive voice form their compound tenses using "être".

> *Je me* **suis** *blessée.* (*Passé composé* tense of the verb "blesser" conjugated in the passive.)

● All verbs in the passive construct their tenses using "être".

> *Je* **suis** *soignée.* (Present.)
> *J'ai* **été** *soignée.* (*Passé composé* tense of the verb "soigner" conjugated in the passive.)

Semi-Auxiliary Verbs

Certain verbs only sometimes take the role of auxiliary. In these instances, they are always followed by another verb in the infinitive; these are:

● **"aller", "être sur le point de"** (this kind of expression comprising several different words is known as a verbal circumlocution), which express an immediate future.

> *Le facteur* **va** *passer d'une minute à l'autre.*
> *L'orage* **est sur le point d'**éclater.

● **"venir de"** can be used to indicate a recent past.

> *Nous* **venons de** *manger.*

● **"pouvoir", "devoir", "avoir à"**, do not indicate that an action has or will take place at a precise moment in time, but simply that the action is possible, probable, necesssary, obligatory.... These verbs are known as "modal auxiliaries".

> *Le facteur* **doit** *passer d'un moment à l'autre.* (probability)
> *L'orage* **peut** *éclater.* (possibility)
> *J'***ai à** *apprendre une leçon.* (obligation)

- **"se mettre à"**, **"être en train de"**, are known as "aspectual auxiliaries" (see "Grammar of the verb", page 35) and indicate that:
  - an action is just beginning: *ils **se sont mis** à rire*;
  - an action is in progress: *elle **est en train de** lire.*

TRANSITIVE VERBS

A verb is said to be transitive when it has either a direct object or an indirect object.
A verb is a direct transitive verb if it has a direct object (indicated C.O.D. in French).

Je *vois* *Laurence* .
direct   direct
transitive verb   object

A verb is said to be an indirect transitive if it has an indirect object (indicated C.O.I. in French), meaning that the object is preceded by a preposition.

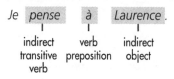

Je *pense* *à* *Laurence* .
indirect   verb   indirect
transitive   preposition   object
verb

⚠ It is possible that a transitive verb does not have a direct object. In conversation, for example, the direct object is not always expressed (brief or familiar exchanges, replying to a question, etc.).
> *Désolé, j'ai déjà donné.* (= I gave my money to someone else.)
> *La société Dupont ? Oui, je connais.* (= I know it.)
In such cases the verb is said to be employed elliptically.

NOTE: Two or more verbs can only be followed by one or several objects (either direct or indirect) if these form part of the same construction. It is also better (unless one is looking for a stylistic effect or a play on words) that the objects are words or groups of words of the same kind.
If this rule is not respected there will be a breakdown in the sentence structure (known as anacoluthon). Thus one cannot write: * Elle a apporté puis joué avec sa nouvelle poupée, because the verb "apporter" is a direct transitive (it must have a direct object) whereas "jouer" is here an indirect transitive (it must be followed by the preposition "avec" and an indirect object). One should therefore write:
> *Elle a apporté sa nouvelle poupée puis a joué avec elle.* (The personal pronoun "elle" refers to "sa nouvelle poupée".)

INTRANSITIVE VERBS

A verb is said to be intransitive when it is constructed without an object.
> *Nous marchons.* (No object.)
> *Nous marchons dans la forêt.* (Adverbial adjunct of place and not an object.)

The same verb, according to how it is used, can in turn be direct transitive, indirect transitive or intransitive. It often changes meaning when it changes its construction:

construction	verb followed by	example
direct transitive verb	direct object	Je joue ma vie. (= Je risque.)
indirect transitive verb	indirect object	Je joue du violon.
intransitive verb	no object	Les enfants jouent.

IMPERSONAL VERBS

An impersonal verb is a verb conjugated in the 3rd person singular and whose subject pronoun does not, in fact, correspond to any reality.
The impersonal verb form is found in:

- verbs or verbal expressions used to talk about the weather: "il neige", "il fait beau", "il pleut", "il tonne", "il vente", "il fait nuit"...;

- verbs or verbal expressions expressing necessity: "il faut", "il est nécessaire de", "il est impératif de"...;

- certain introductory expressions: "il y a" ("il y avait"...), "il est" ("il était"...):

    il est huit heures; il était une fois un roi et une reine...

- action verbs which take the impersonal form accidently, in the reflexive, active and passive voices: "il manque", "il reste", "il vaux mieux", "il passe", "il se produit", "il se vend", "il est décidé"....
  In such cases, as for "il y a" or "il est nécessaire de", the impersonal sentence can be changed into a personal sentence.

    Il manque des outils dans la boîte.
    → *Des outils manquent dans la boîte.*

    Il se vend 30 000 exemplaires de ce modèle chaque année.
    → *30 000 exemplaires de ce modèle se vendent chaque année.*

    Il est pris une mesure en votre faveur.
    → *Une mesure est prise en votre faveur.*

NOTE: The subject "il" of an impersonal verb is called a grammatical subject or apparent subject; the verb is sometimes followed by another subject, the logical or real subject which represents the real agent of the action expressed by the verb.

    Il   tombe de gros flocons (= de gros flocons tombent).
      | |
 grammatical   logical
  subject   subject

DEFECTIVE VERBS

Defective verbs have an incomplete conjugation: some forms are lacking (they do not exist) or never materialise (they are never used). For example, the imperative form of the verb "frire" is never used in the 1st and 2nd person plural. Thus, "frire" is a defective verb.

Conjugation

The verb in French is the word which has the greatest number of different forms. Like nouns, pronouns and adjectives, its form varies according to number (singular or plural) and sometimes to gender (masculine or feminine).

These variations are compounded by variations linked to person, tense, mood and voice (see further). When we speak of "conjugation" we refer to the totality of different forms a verb can take, resulting from these changes.

Person

The form of the verb varies according to whether the grammatical subject is singular or plural, and in compound tenses, according to its gender and number (in certain cases only, see further "The agreement of the past participle").

In Latin, the language from which French originates, the form of the verb alone was sufficient to indicate whether the pronoun subject was 1st person, 2nd or 3rd, singular or plural. French has kept these variations although it also expresses the subject pronoun:

	singular		plural	
1st person	je	chanterai	nous	chanterons
2nd person	tu	chanteras	vous	chanterez
3rd person	il/elle/on or any other subject	chantera	ils/elles or any other subject	chanteront

▬ 1st PERSON

The 1st person indicates the person (or, sometimes, the thing) who is speaking, either alone or within a group. It is expressed using the pronoun subject "je" (this becomes "j'" in front of a vowel or silent **h**-) for the singular and "nous" for the plural.

> *J'irai/nous irons en vacances en Suisse.*

NOTE: "Nous" indicates that the person speaking is part of a group, and can have several differences in meaning:
– nous = toi + moi: *nous allons être amis, tous les deux;*
– nous = vous + moi: *nous allons commencer la visite;*
– nous = lui/elle + moi: *nous vous rendrons visite demain;*
– nous = eux/elles + moi: *nous allons au cinéma, les enfants et moi.*

"Nous" has a singular meaning in certain cases:
– "nous de majesté": *nous vous faisons chevalier;*
– "nous de modestie" (in academic writing, this avoids the use of "je", where it might appear pretentious): *dans notre étude, nous avons adopté la méthode suivante...*

– "nous" denoting "tu" (familiar or ironic intention): *alors, nous n'avons toujours pas appris notre leçon?*

⚠ The indefinite pronoun "on" often replaces "nous" in colloquial language and in this case it has the role of a plural personal pronoun.

Nadia et moi, on est allés au cinéma hier.

▩ 2nd PERSON

The 2nd person indicates the person or persons (or, sometimes, the things) to whom one is speaking. It is expressed by using the personal pronouns "tu" for the singular and "vous" for the plural.

As-tu vu l'heure? Les enfants, voulez-vous du gâteau?

The pronoun "vous" can also indicate a single person (the polite use of "vous").

Vous êtes très aimable, monsieur.

NOTE: "Vous" (indicating plural) has several meanings: "toi + toi", "toi + vous" or "toi + lui/eux/elle(s)".
[The use of polite "vous" (see above) when speaking to a single person is very important in general social discourse; the singular "tu" is reserved only for people one knows well, intimate friends and family.]

⚠ The pronoun "on" sometimes replaces "tu" or "vous" in familiar conversation.

On a perdu sa langue? On est fatigué/ée/és/ées?

▩ 3rd PERSON

The 3rd person refers to the person or thing one is speaking about; the subject of the 3rd person can be:
– a noun or a noun phrase: **deux chats** *se promènent sur le toit;*
– a 3rd person pronoun which can be a personal pronoun subject ("il/s, elle/s"; *Jean est absent, on dit qu'**il** est malade* ("il": personal pronoun), or demonstrative, possessive or indefinite pronoun ("cela", "on"), etc.: *mes géraniums poussent mal, **les tiens** sont magnifiques* ("les tiens": possessive pronoun);
– another noun equivalent, for example, a verb in the infinitive; **mentir** (= le mensonge) *est inutile* or a subordinate clause: **que Marie réussisse** (= la réussite de Marie) *me ferait plaisir.*

NOTE: Within the personal pronouns, it is only the 3rd person which has a gender. This can be:
masculine: *il* (= le château) *tombe en ruines;*
feminine: *elle* (= la championne) *a battu le record;*
neuter: *"Je suis jeune, il est vrai."* (le Cid, Pierre Corneille.) [= *cela, le fait que je sois jeune, est vrai....*]

REMINDER: Impersonal verbs are only conjugated in the 3rd person singular.

VOICE

Voice is one of the three forms that the verb can have. In general, voice indicates the grammatical relationship between the subject, verb and object, where there is one.

ACTIVE VOICE

The active voice indicates that the subject of the verb:
– acts on a direct object:

> *l'enfant **casse** ses jouets;*

– is in a certain state ("être", "paraître"...), is changing state (resulting from an action whose agent is not mentioned: "devenir", "fondre", "bouillir", "prendre" with the meaning "to become solid"...), is moving around ("venir", "aller"...); in such cases, the verb only appears in the active:

> *cet enfant **paraît** très éveillé;*
> *la glace **fond**; le ciment **prend**;*
> *je **viens** vous parler.*

NOTE: Generally speaking, dictionaries and books on grammar only show the active voice in their conjugation tables.

PASSIVE VOICE

The passive voice, which is always conjugated using auxiliary "être", indicates that the subject of the verb is subjected to the action and does not perform it.

> *Le jouet **est** déjà **cassé**.*

Only direct transitive verbs (followed by a direct object) can be put into the passive; the subject of the passive verb is the object of the corresponding active verb.

> Le maire a inauguré la patinoire .→ La patinoire **a été inaugurée**
>   *par le maire.*

| subject | direct | subject |
| of active verb | object | of passive verb |

⚠ The verbs "obéir à","désobéir à" and "pardonner à", which are followed by an indirect object in the active can nevertheless have a passive:
*Pierre **a été obéi**; Lucie **est pardonnée**.*

NOTE: The agent (the person who performs the action) can be expressed using a complement known as the "agent complement", which is introduced by the prepositions "par" or "de".

> La patinoire a été inaugurée **par** le maire .

| subject | agent who |
| undergoing the action | performs the action |

> *Ma grand-mère était aimée **de** tous.*

REFLEXIVE VOICE

When conjugated in the reflexive, the verb is preceded by a reflexive personal pronoun, that is to say a pronoun representing the same person/persons or the same thing/things as the subject, and which takes the role of an object.

> *Tu **te rappelles** son nom?* ("Te" is a reflexive personal pronoun.)

REMINDER: Verbs which are said to be essentially reflexive only occur in the reflexive voice (cf. page 5). The meaning of verbs conjugated in the reflexive depends on the context.

■ Reflexive verbs with reflected meaning

These verbs describe the subject as performing an action on himself or for himself:

> *Pierre* **se lave** (= lave lui-même): "se" is the direct object of the verb "laver";
>
> *Claire* **s'est offert** *une montre* (= a offert une montre à elle-même): "se" is the second object of the verbe "offrir".

NOTE: An object which is added to the direct object is called a second object; when it indicates, as in the above example, to whose benefit or loss the action is performed, it is known as an "attributive object".

■ Reflexive verbs with reciprocal meaning

With these verbs the personal pronoun refers to the different persons represented by the subject or subjects; the verb indicates that these persons perform an action on each other, or for each other.

> *Les Dupont et les Martin* **se détestent**. ("Se" is a direct object of the verb "détester": each one dislikes the other one [it is reciprocal].)
>
> **Vous vous faites** *des cadeaux*. ("Se" is a second object of the verb "faire": each one gives a present to the other one [it is reciprocal].)

These verbs can only really occur in the plural, or with the idea of plural.

> *Le chat* **s'est** *encore* **battu**. (With the implicit idea that there was an adversary.)

■ Reflexive verbs with passive meaning

These verbs provide an elegant way of circumventing the use of the passive (the passive tends to be avoided in French and it is used less often than in English), especially when the agent performing the action is not specified (the pronoun "on" can also be used to do this). The reflexive pronoun does not really have any specific function.

> *L'huile pour moteur* **se vend** *en bidons*. (= L'huile... est vendue, or: on vend l'huile...)

■ Reflexive verbs with imprecise meaning

These are the equivalent of verbs in the active voice and the pronoun has no specific function. They sometimes communicate a special nuance of meaning.

> *"Madame* **se meurt**.*"* (Bossuet.) = Madame agonise (= is dying).

TO SUM UP

The meaning of a verb conjugated in the reflexive voice varies according to context.

> *Il se sert dans le saladier.* → Reflexive meaning = he helps himself.
>
> *Les enfants se servent les uns les autres.* → Reciprocal meaning = each child serves *another child*.
>
> *Ce vin se sert bien frais.* → Passive meaning = this wine must be served (or: is generally served) well chilled.
>
> *Il se sert de l'ordinateur.* → Imprecise meaning = he uses.

⚠ In the infinitive and as a participle, a verb conjugated in the reflexive may appear to be conjugated in the active. The personal pronoun tends to disappear after the verbs "faire", "laisser", "envoyer", "(em)mener".

> *On a laissé échapper un tigre.* (= On a laissé un tigre s'échapper.)

CONJUGATION AUXILIARY

For each of the three voices there is a specific conjugation:
- the passive is conjugated in all tenses with auxiliary "être";
- the reflexive is conjugated in compound tenses with auxiliary "être";
- the active is conjugated in compound tenses with auxiliary "être" or auxiliary "avoir" according to the verb used.

	indicative	
	present	*passé composé*
active voice	je lave je descends	j'ai lavé je suis descendu/e
passive voice	je suis lavé/e	j'ai été lavé/e
reflexive voice	je me lave	je me suis lavé/e

Mood

Mood is the category of the conjugation which defines how the speaker perceives the state or the action expressed by the verb. For example:
- the indicative mood defines the states or actions as being real or certain (they occur in actual fact):

    nous **partirons** demain;
- the subjunctive mood is used for actions or states which are not materialized, or which are uncertain, desired or wished for:

    il faut que nous **partions** demain.

Verb conjugations include seven moods, each of which can (if the meaning allows) exist in the active, passive and reflexive and in different tenses (see further).

PERSONAL MOODS

There are four personal moods, which are so called because the verbal forms vary according to person and to number, and sometimes to gender in the case of compound tenses.

■ Indicative
Tu aimes; tu es aimé/e; vous vous aimez.

■ Subjunctive
[Il faut] que tu aimes; que tu sois aimé/e; que vous vous aimiez.

■ Conditional
Tu aimerais; tu serais aimé/e; vous vous aimeriez.

■ Imperative
Aime; sois aimé/e; aimez-vous.

▨ IMPERSONAL MOODS

A conjugation has three impersonal moods, this means that the form does not vary with the person; the past participle can vary, but only according to gender and to number, not to person (see "The agreement of the past participle", page 23.)

■ Infinitive

servir (pres., active voice); *avoir été servi/ie/is/ies* (past, passive voice); *s'être servi/ie/is/ies* (past, reflexive voice).

■ Participle

servant; ayant servi/ie/is/ies; s'étant servi/ie/is/ies.

⚠ We often refer to the forms "servi/ie/is/ies" as "past participles", which, when they are accompanied by an auxiliary, are used to construct the compound tenses.

■ Gerund

en servant (active voice); *en étant servi/ie/is/ies* (passive voice; *en se servant* (reflexive voice).

See also "Use of moods" page 29.

⚠ In the reflexive, the impersonal moods are marked for person.

*On m'a dit de **me** servir.*

*En **te** servant de l'ordinateur, tu iras plus vite.*

TENSES

In a sentence a verb can give expression to an action or situation which is in progress or to the existence of a feeling or to the mechanics of thought: this is called process, meaning the process of existence. In addition, the verb can also express a permanent state or feeling.

Every mood of the verb has one or more tenses. The tenses specify at which point in time the process or state is situated. This point in time is defined by its relation to the moment of speaking or writing. For example, in the indicative:

– if the process takes place at the moment of speaking
  → the present tense is used:

  *nous **mangeons** de la tarte;*

– if the process took place before the moment of speaking
  → a past tense is used:

  *hier, **je suis allé/e** au cinéma;*

– if the process must take place after the moment of speaking
  → the future tense is used:

  *demain, il **fera** beau.*

In the light of the above, one can present the different tenses of the indicative conjugation in a system following the line of time.

Line of time

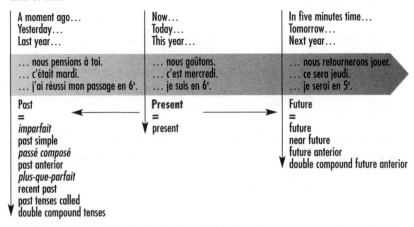

Of all the moods, it is the indicative which has the greatest number of tenses (see pages 16-17); it is the only mood that expresses the future.
The other moods only have a present and one or more past tenses.

▨ SIMPLE, COMPOUND AND DOUBLE COMPOUND TENSES

There are three categories of tenses, which are classified according their form:

■ Simple tenses

The form of the verb is made up of one word.

Je marcherai. (The simple future indicative, active voice.)

■ Compound tenses

The form of the verb is made up of an auxiliary or semi-auxiliary (see pages 5-7) in a simple tense, followed by a past participle or a present infinitive.

J' <u>aurai</u>   <u>marché</u> . (Ind. future anterior, active voice.)
      | |
   future   past
simple auxiliary   participle

Je <u>vais</u>   <u>marcher</u> . (Ind. immediate future, active voice.)
    | |
  present   infinitive
semi-auxiliary

Example: to construct the principle compound tenses, we proceed as below:

compound tense	auxiliary tense	examples
passé composé	present indicative	*j'ai chanté; je **suis** descendu/e*
plus-que-parfait	*imparfait* indicative	*j'avais chanté; j'**étais** descendu/e*
future anterior	future simple indicative	*j'**aurai** chanté; je **serai** descendu/e*
past anterior	simple past indicative	*(quand) j'**eus** chanté; je **fus** descendu/e*

15

compound tense	auxiliary tense	examples
past imperative	present imperative	*aie* chanté; *sois* descendu*le*
past conditional 1st form	present conditional	*j'aurais* chanté; *je* serais descendu*le*
past subjunctive	present subjunctive	que j'*aie* chanté; que je **sois** descendu*le*
plus-que-parfait	*imparfait* subjunctive	que j'*eusse* chanté; que je **fusse** descendu*le*
past infinitive	present infinitive	*avoir* chanté; *être* descendu*le*
past participle	present participle	**ayant** chanté; **étant** descendu*le*
Careful! The gerund only exists in the present.		

■ Double compound tenses

For these verbs, the form of the verb is made up of an auxiliary conjugated in a compound tense, followed by a past participle.

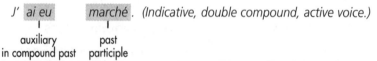

J' *ai eu* marché. *(Indicative, double compound, active voice.)*

auxiliary   past
in compound past   participle

 Double compound tenses do not exist in the passive or in the reflexive.
The past imperative does not exist in the passive nor in the reflexive.

■ Classification of tenses
according to personal mood in the active

	indicative	subjunctive	conditional	imperative
simple tenses	**present** tu aimes	**present** que tu aimes	**present** tu aimerais	**present** aime
	imparfait tu aimais	*imparfait* que tu aimasses	*doesn't exist*	*doesn't exist*
	future simple tu aimeras	*doesn't exist*	*doesn't exist*	*doesn't exist*
	past future tu aimerais	*doesn't exist*	*doesn't exist*	*doesn't exist*
	past simple tu aimas	*doesn't exist*	*doesn't exist*	*doesn't exist*
compound tenses	*passé composé* tu as aimé	**past** que tu aies aimé	**past 1st form** tu aurais aimé	**past** aie aimé
	plus-que-parfait tu avais aimé	*plus-que-parfait* que tu eusses aimé	**past 2nd form** tu eusses aimé	*doesn't exist*

	indicative	subjunctive	conditional	imperative
compound tenses	**recent past** tu viens d'aimer	*doesn't exist*	*doesn't exist*	*doesn't exist*
	recent past of the past tu venais d'aimer	*doesn't exist*	*doesn't exist*	*doesn't exist*
	past anterior tu eus aimé	*doesn't exist*	*doesn't exist*	*doesn't exist*
	near future tu vas aimer	*doesn't exist*	*doesn't exist*	*doesn't exist*
	past anterior tu allais aimer	*doesn't exist*	*doesn't exist*	*doesn't exist*
	future anterior in the past tu aurais aimé	*doesn't exist*	*doesn't exist*	*doesn't exist*
	future anterior tu auras aimé	*doesn't exist*	*doesn't exist*	*doesn't exist*

■ Classification of tenses according to the impersonal moods in the active

	infinitive	participle	gerund
simple tenses	**present** aimer	**present** aimant	**present** en aimant
compound tenses	**past** avoir aimé	**past** ayant aimé	*doesn't exist*

For the use of the different verb tenses, see "Grammar of the verb: the use of tenses", page 33, and "The sequence of tenses", page 38.

Verb groups

According to the ending of their present infinitive active, verbs are classified into three conjugation groups:

- verbs ending in -er, like "aimer", make up Group 1 (the verb "aller", table 3, irregular, does not belong to Group 1, in spite of the form of its infinitive);

- verbs ending in -ir with a present participle in -issant, like "finir", make up Group 2; they are all regular except some forms of the verbs "haïr" and "fleurir";

- verbs ending in -ir, with a present participle ending in -ant, like "venir", verbs ending in -oir, like "savoir" and verbs ending in -re, like "vivre", are brought together in Group 3: they are nearly all irregular.

NOTE: When a new verb, made necessary by developments in human activity, is created, it usually belongs to Group 1 ("délocaliser", "permanenter", "scotcher") or, more rarely, to Group 2 ("alunir", modeled on "atterrir"). It may be said that Group 3 is a collection of dead conjugations since no new verbs are created which belong to this group. Indeed, certain verbs in Group 3 are disappearing, making way for synonyms which are easier to conjugate and at the cost of neologisms which are sometimes considered inelegant; thus "résoudre" is being challenged by "solutionner", and "clore" by "clôturer", etc.

THE MECHANICS OF CONJUGATION

Like nouns and other words, verbs are formed from several different elements:

- the basic element is the stem which indicates the basic meaning of the verb, and this can be modified (one refers to it as a "root"), in words belonging to the same family:

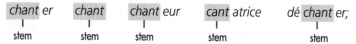

chant er	*chant*	*chant* eur	*cant* atrice	dé *chant* er;
stem	stem	stem	stem	stem

- a prefix is sometimes added to the stem in order to complete the meaning ("**re**chanter" = chanter à nouveau) and a suffix is always added. The suffix has two functions: it serves to form, using the stem, a verb, a noun, an adjective or an adverb; it also serves as a grammatical marker for the word so formed:

chant eur ;	*inchant* able ;	*chant* er .
noun suffix	adjective suffix	verb suffix

In the case of the verb, the suffix is called an ending or inflexion. It allows the verb to vary according to:

– mood: *nous chant* ons ; *chant* er ; *chant* ant ;

indicative	infinitive	participle

– tense: *je chant* e ; *je chant* erai ;

present	future

– person: *je chant* erai ; *nous chant* erons .

1st pers. sing.	1st pers. plur.

These endings are summarized in the table shown on page 40.

⚠ – Certain verbs have a number of different roots; they are said to have several base forms. This is the case for frequently used verbs like "être" and "avoir" or "aller".
– Derivative verbs which are created by adding a prefix are generally conjugated like the verb from which they are derived, except in a few special cases (see as from page 52).

Grammar of the Verb

As the central part in any verbal group, the verb is an essential element in sentences known as "verb sentences". The verb is not normally found alone in a sentence. In order to put it in the right form one needs to know how to identify its subject and, often, its object. If one wishes to use a verb in a complex sentence, it is also necessary to understand which mood and which tense should apply in a given context.

AGREEMENT OF THE VERB WITH THE SUBJECT

In simple tenses, the verb agrees in person and number with the subject of the sentence; in such cases the verb takes a specific ending:

tu	*dans* es	*elles*	*dans* ent
2nd pers. sing. subject	2nd pers. sing. ending	3rd pers. plur. subject	3rd pers. plur. ending

In compound tenses, it is the auxiliary which agrees with the subject in person and number (for the agreement of the past participle, see page 23).

AGREEMENT WITH A SINGLE SUBJECT

When there is only one subject, the verb agrees in person and in number with this subject:

> *l'avion décolle* (subject in the 3rd person singular
> → verb in the 3rd person singular);

> *tu arriveras bientôt* (subject in the 2nd person singular
> → verb in the 2nd person singular).

⚠ This rule also applies when the subject is inversed (placed after the verb). The subject has to be inversed in the following cases:

– in certain interrogative sentences (and more rarely in an exclamatory sentence):
> *Vont-elles finir par arriver?* (The subject pronoun "elles" is inversed.)
> *Aimez-vous les voyages? Où vont-ils en vacances?*

– with the verb "dire" and all other verbs which introduce direct speech, if the reporting verb appears in the middle of the spoken discourse or at the end of it, there is inversion:
> *"Ils sont trop verts, dit-il, et bons pour des goujats."* (La Fontaine.)
> *"Quelle belle nuit!" s'exclama Pierre en s'asseyant.*

– after some adverbs like "aussi", when it has the meaning "that's why":
> *je te savais malade, aussi suis-je heureuse de te voir.*

■ Special cases

Sometimes the verb does not agree with its grammatical subject.

● When the subjet is a singular group noun like "une classe" (a group of students) or "un tas" (a pile of things), the agreement of the verb is usually made according to person and number.

Un gros troupeau traverse la route.

⚠ When a collective noun is used with an indefinite article ("un", "une"), and is followed by a defining complement (sometimes known as a "noun complement"), one has the choice of making the verb agree according to grammar or according to meaning. If one wishes to emphasize the idea of a single group, agreement is in the singular.

*Une **foule** de touristes se presse à l'entrée du musée.*

If one wishes to emphasize the large number of individuals who make up the group (and who are expressed by the defining complement), agreement is made in the plural.

*Une foule de **touristes** se press**ent** à l'entrée du musée.*

This rule also applies with expressions like "le reste de", "ce que j'ai de".

Le reste de mes livres ira/iront au grenier.

● When the subject is a number noun denoting a fraction ("moitié", "tiers", "dixième") or a whole number ("dizaine", "(demi-)douzaine", "centaine", "millier", etc.) and is followed by a defining complement, it is the meaning of the sentence which determines the agreement.

*Une demi-douzaine d'œufs **sera** nécessaire pour le gâteau.* (In this case, the noun "demi-douzaine" has precise meaning: it is one group of six → agreement is with the idea of one group.)

*Une demi-douzaine de badauds assist**aient** à la scène.* (Here, "demi-douzaine" denotes an indefinite number: there could be five "badauds" or seven "badauds" → agreement is with the idea of number.)

● When the subject is an adverb of quantity, or an expression denoting quantity ("peu/beaucoup", "assez/trop", "tant", "la plupart", "nombre" which may or may not be followed by "de", etc.) agreement is made with the complement that follows (even if this complement is only understood and not expressed). This complement is usually plural, but it can be singular if, for example, it denotes an uncountable quantity.

*Beaucoup de skieurs descend**ent** la piste.*
*Beaucoup la descend**ent**.* (The plural complement is understood.)
*Beaucoup d'eau ruissel**le** dans ce chemin.*

● Despite its meaning, the expression "plus d'un(e)" requires agreement in the singular.

*Plus **d'un** hôtel affich**e** "complet".*

The expression "moins de deux" requires agreement in the plural.

*Moins de deux heures suffir**ont**.*

- In the case of impersonal verbs (see page 8) the grammatical subject "il" requires the singular, even if the verb is followed by a "logical" subject in the plural.

  Il **faut** des outils.

- The neuter pronoun "ce" ("c'") is singular.

  C'**est** triste.

NOTE: When "ce" has an introductory role, agreement can be either in the singular or in the plural.

C'**est** mes neveux (colloquial language).
Ce **sont** mes neveux (normal usage).

- When the subject is a verb in the infinitive, a subordinate clause or a quotation in quotes, agreement is made in the singular.

  Conserver le bon cap paraî**t** difficile.
  Comment elle a réussi rest**e** un mystère.

- When the subject is the title of an artistic work or play which is in the plural, agreement is usually made in the plural when the title begins with an article.

  Les Femmes savantes **sont** au programme.

If there is no article, agreement is made in the singular.

Dialogues de bêtes **est** au programme.

AGREEMENT WITH A NUMBER OF SUBJECTS

When a number of subjects are placed side by side or are coordinated by "et", "puis", etc, the verb agreement is made in the plural.

L'aigle, le milan, le faucon, la buse **sont** des rapaces.
Janine, Michelle et Pierre arriv**eront** bientôt.
Toi et moi **irons** au cinéma.

See further, for agreement in person (page 22).

■ Special cases

- When the subjects are placed one after the other to form a sequence and are reiterated in a singular indefinite pronoun at the end of the sequence ("tout", "rien", "nul", "personne"), the agreement is made with this pronoun.

  "Un souffle, une ombre, un rien, **tout** lui donn**ait** la fièvre." (La Fontaine.)

- When the subjects are coordinated by the conjunctions "ou" or "ni", agreement depends entirely on the meaning of the sentence.

- Agreement is in the plural when the presence of one subject in the action does not exclude the other.

  Je ne sais pas si le vin ou le café **sont** compris. (It could be one or the other.)
  Ni le vin ni le café ne **sont** compris.

– Agreement is in the singular when one of the subjects alone can perform the action.

> *Le Brésil ou l'Italie **gagnera** la Coupe du monde.* (Only one of them can win.)

⚠ – After "l'un(e) et l'autre", the verb is usually put in the plural, but the singular is possible if the two subjects are seen as being separate.

> *L'une et l'autre voiture **sont** en panne* (= both of them).
> *L'un et l'autre savant **fait** autorité dans son domaine* (= each one of them).

– After "l'un(e) ou l'autre" the verb is usually singular since the two subjects are mutually exclusive.

> *L'un ou l'autre **a** tort.*

– After "ni l'un(e) ni l'autre", agreement is in the plural or the singular according to whether the two subjects are seen as being separate.

> *Ni l'une ni l'autre des voitures ne **sont** en panne.*
> *Ni l'une ni l'autre ne **saura** vous aider.*

▧ PERSON AGREEMENT WITH TWO OR MORE SUBJECTS

When a number of subjects have the same person, the verb agrees in the plural with the person.

> *La chatte et son petit*   *dorment*   *dans le panier.*
> | |
>   2 subjects   verb
>   3rd pers. plural   3rd pers. plural

When a number of subjects are different persons, the verb agrees with only one of the subjects mentioned according to precise rules.

● The 1st person takes precedence over the 2nd person.

> *Toi et*   *moi*   *irons*   *au cinéma.*
> | |
>   1st pers.   verb
>   sing.   1st pers. plural

● The 1st person takes precedence over the 3rd person.
> *Elle et **moi irons** au cinéma.*

● The 1st person takes precedence over the 2nd and 3rd persons combined.
> *Elle, toi et **moi irons** au cinéma.*

● The 2nd person takes precedence over the 3rd person.
> ***Toi** et elle **irez** au cinéma. Pierre, Claire, Marie et toi **irez** au cinéma.*

▧ AGREEMENT WITH THE SUBJECT "QUI"

If the subject is the relative pronoun "qui", the verb agrees with the antecedent of this pronoun (the noun to which the pronoun refers).

> *C'est*   *moi*   *qui*   *veux*   *venir.*
> | |
>   antecedent   verb
>   1st pers. sing.   1st pers. sing.

> *C'est **elle** qui **veut** venir.*
> ***Vous** qui voul**iez** du gâteau, en voici.*

NOTE: When the antecedent of the relative pronoun is an attributive subject, agreement is usually made with the attributive subject.

Vous êtes *un commerçant* *qui* *sait* *conseiller ses clients.*

subject	attributive subject	relative	verb agrees
2nd pers. sing.	3rd pers. sing.	pronoun	3rd pers. sing.

However, with the attributive adjectives "le seul (la seule) qui", "le dernier (la dernière) qui", agreement in person can be with either the attribute or the subject.

Vous êtes le seul qui puissiez (puisse) m'aider.

With other attributive adjectives which have plural meaning, agreement in person is made with the subjects.

Vous *êtes trois qui **puissiez** m'aider.*

AGREEMENT OF THE PAST PARTICIPLE

The compound tenses of a conjugation are formed with the help of an auxiliary and a past participle. The auxiliary ("être" or "avoir") agrees in person and in number with the subject of the verb.The past participle, which in such cases is simply part of the verb, may agree in gender and in number, depending on which auxiliary and voice are used.

VERBS CONJUGATED WITH "ÊTRE"

- Verbs conjugated in the passive always do so with the help of the auxiliary verb "être". The past participle agrees in gender and in number with the subject of the verb.

Tous les déchets *seront* *recyclés.*

subject	auxiliary	past participle
masc. plural	"être"	masc. plural

⚠ The rule remains the same even when the auxiliary "être" is itself in a compound tense; but one should remember that the verb "être" is conjugated with the auxiliary "avoir" (see section "Conjugation", table 1).

Tous les déchets *ont été* *recyclés.*

auxiliary "être"	agreement
in compound past	with plural subject

- In the reflexive, all verbs construct their compound tenses with "être". Verbs which are essentially reflexive (see page 5), and the reflexives with passive meaning or imprecise meaning (see page 12), follow the general rule; the past participle agrees in gender and in number with the subject of the verb.

Les coureurs se sont élancés (essentially reflexive).

Cette marchandise s'est bien vendue (passive meaning).

Marie s'est attaquée à un problème difficile (imprecise meaning).

For the agreement of the past participle of reflexive verbs with reflected and reciprocal meaning, see page 26.

- In the active, only certain verbs are conjugated with "être" (see "Verb index"). The rule is the same as for the passive; the participle agrees in gender and number with the subject of the verb.

  Elle *est partie.*

⚠ Whichever voice is used, one must pay attention to the meaning of the subject pronouns:

- "on" (indefinite pronoun 3rd person singular) can have the meaning of "nous", "toi" or "vous":

  *on est all**é** dans le jardin* (somebody unknown: "on" has the role of a singular indefinite pronoun);

  *Marie et moi, on est all**ées** dans le jardin* ("on" has the role of a plural personal pronoun with the meaning of "nous" → the auxiliary agrees with the singular but the participle with the plural);

  *alors, on est trop fatigu**é** pour courir?* (here, "on" has the meaning of "tu" and agrees in the singular);

- "vous" can denote a single person:

  *êtes-vous ven**u(e)s** en métro? (*the question is meant for two people → agreement in in the plural);

  *êtes-vous ven**u(e)** en métro?* (the polite "vous" form = one person → agreement in the singular);

- when the verb includes two or more subjects in the 3rd person with different gender, the participle agrees in the masculine plural:

  *Amélie, Catherine et Pierre sont part**is**.*

▓ VERBS CONJUGATED WITH "AVOIR"

The past participle of verbs conjugated with auxiliary "avoir" agrees in gender and number with the direct object of the verb if this object exists and comes before the participle.

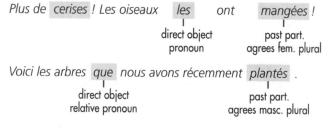

Plus de cerises *! Les oiseaux* les *ont* mangées *!*

　　　　　　　　　　direct object　　　　　past part.
　　　　　　　　　　pronoun　　　　　　agrees fem. plural

Voici les arbres que *nous avons récemment* plantés .

　　　　direct object　　　　　　　past part.
　　　　relative pronoun　　　　　agrees masc. plural

This is a strict rule; there is therefore no agreement of the past participle in the following cases.

- When the verb is intransitive (there can be no object), there is no agreement.

  *Elles ont bien **ri** en le voyant.*

- When the object is indirect (*i.e.* introduced by a preposition), particularly with indirect transitive verbs, there is no agreement.

  Je vais observer l'éclipse, la presse en *a beaucoup parl**é**.*

　　　　　　　　　indirect object pronoun

- When the direct object is placed after the participle, there is no agreement.

Nous avons **planté** *des arbres* .

invariable   direct object placed
past participle   after past participle

- When the verb is impersonal, there is no agreement; what precedes the verb is not a direct object, but the "logical" subject of the verb.

    *As-tu entendu la tempête qu'il y a **eu** pendant la nuit? (The real subject of the verb is "qu'", which replaces the noun "tempête".)*

- When it is an adjunct of quantity which precedes the verb and not a direct object, there is no agreement; this adjunct answers the question "how much?", whereas the direct object answers the question "what?" or "whom?". This type of adverbial adjunct measures what is being done, the weight, the price, the age, the distance, etc.

    *Les quinze kilomètres que j'ai parcour**u** m'ont fatigué.* (The "que" which replaces "les quinze kilomètres" is an adverbial adjunct of quantity: j'ai parcouru combien? quinze kilomètres → no agreement.)

    *Il a vu bien des événements durant les cent ans qu'il a véc**u**.* (Il a vécu combien de temps? cent ans; "qu'" which replaces "cent ans" is an adverbial adjunct of quantity of the verb "vivre" → no agreement.)

    However, the participle agrees in sentences of the following type.

    *Elle a eu bien du courage devant les épreuves qu'elle a véc**ues**.* (Elle a vécu quoi? des épreuves; "qu'", which replaces "épreuves" is a direct object of the verb "vivre" → there is agreement.)

- When the direct object which is placed before the participle is not an object of the conjugated verb, but of a verb in the infinitive placed after the participle, there is no agreement; the subject of the verb in the infinitive is often only implied.

    *Qui est cette actrice que j'ai entend**u** interviewer?* (The "que" which replaces "cette actrice" is the direct object of the verb "interviewer" and not of the verb "entendre"; j'ai entendu quoi? quelqu'un interviewer cette actrice.)

    *Il s'est acheté tous les disques qu'il a **pu**.* (The "que" which replaces "tous les disques" is a direct object not of "pouvoir" but of "s'acheter" which is understood: qu'il a pu s'acheter.)

    However, the participle agrees when the antecedent pronoun is both the direct object of the conjugated verb and the subject of the infinitive which follows it.

    *Qui est cette actrice que j'ai entend**ue** parler à la radio?* (The "que" which replaces "cette actrice" is a direct object of the verb "entendre" and the subject of the verb "parler": j'ai entendu qui? cette actrice, et elle parlait.)

- When the participle is preceded by the adverbial neuter pronoun "en", which is its direct object, it does not agree if "en" has partitive meaning and replaces an uncountable noun.

    Il a mangé des pâtes, de la confiture. → *Il en mang**é**.*

NOTE: The participle agrees in the following cases:

– if "en" replaces a noun preceded by the plural indefinite pronoun "des", (the noun in question is countable; it denotes something which can be counted):

> As-tu acheté des livres? → En as-tu achet**é(s)**?

– if "en" is accompanied by and, preferably preceded by, an adverb of quantity:

> Des films, **combien** en ai-je v**u(s)**? → J'en ai **trop** v**u(s)**!

● Some of the rules given on pages 20 to 23 for the agreement of the verb with its subject, also apply to the agreement of the participle in number with its direct object; these include collective nouns followed by an adjunct, number nouns followed by an adjunct, multiple direct objects; in this case:

– two or more direct objects lead to agreement of the participle in the plural, except when their meaning is closely related; thus, one writes: *Pierre, Paul et Jacques que j'ai v**us*** but *la peur, l'angoisse que j'ai éprouv**ée*** (agreement in the singular: "la peur" is similar in meaning to "l'angoisse");

– Singular direct objects coordinated by "ou" lead to agreement of the participle in the singular if one direct object excludes the other (see page 21): *c'est Paul ou Jean que j'ai aperç**u***.

■ Agreement in gender of the participle conjugated with "avoir"

When the participle is preceded by masculine or feminine direct objects, agreement is made in the masculine plural.

> *Marie, Lise et Luc, je les ai v**us** hier.*

⚠ The pronoun "l'" placed before the participle can be:

– feminine: *j'ai vu la pièce, je l'ai trouv**ée** ennuyeuse* (agreement in the feminine since "l'" = "la pièce");

– masculine: *ce spectacle, je l'ai trouv**é** ennuyeux* (agreement in the masculine since "l'" = "le spectacle");

– neuter; in this case, agreement in the masculine singular: *j'ai aimé la pièce, comme tu l'avais prév**u*** ("l'" is neuter and replaces a clause: tu avais prévu quoi ? le fait que j'aimerais la pièce).

▨ VERBS IN THE REFLEXIVE WITH REFLECTED OR RECIPROCAL MEANING

In the reflexive voice there are special rules of agreement for reflexive verbs with reflected or reciprocal meaning.

The past participle agrees with the direct object of the verb if the direct object preceeds it (this rule is similar to the one concerning verbs conjugated in the active with the auxiliary "avoir"): this direct object can be a reflexive pronoun, which is not separable from the reflexive verb, or another word in the sentence.

● Examples of reflexive verbs with reflected meaning:

> *Marie et moi, nous* nous *sommes déjà* lav**é(e)s** .

| direct object | past part. agrees |
| of "laver" | with direct object |

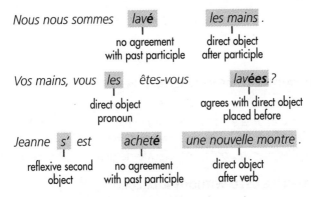

Nous nous sommes **lavé** *les mains* .

no agreement | direct object
with past participle | after participle

Vos mains, vous **les** *êtes-vous* **lavées.?**

direct object | agrees with direct object
pronoun | placed before

Jeanne **s'** *est* **acheté** *une nouvelle montre* .

reflexive second | no agreement | direct object
object | with past participle | after verb

- Examples of reflexive verbs with reciprocal meaning:

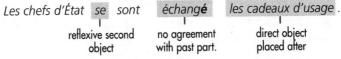

Marie et Paul **se** *sont* **aidés** *pour ce travail.* (= Marie a aidé
Paul, et Paul a aidé Marie.)

direct object | past part. agrees
| with direct object

Les chefs d'État **se** *sont* **échangé** *les cadeaux d'usage* .

reflexive second | no agreement | direct object
object | with past part. | placed after

Les catastrophes naturelles se sont succédé cet hiver. (No agreement of the participle; "se" is not a direct object but an indirect object = une catastrophe a succédé **à** l'autre.)

Ils se sont menti/ressemblé/parlé. ("Se" is an indirect object = they did it to each other.)

⚠ – The participle of the same verb conjugated in the reflexive can follow different rules of agreement according to meaning:

les enfants se sont servi de la tarte → reflected meaning, no agreement with the direct object "de la tarte" because it is placed after the verb;

les enfants se sont servis de l'ordinateur → imprecise meaning (= they used it...), agreement with the subject "les enfants".

– The participle of the verbs "se rire (de)", "se sourire", "se plaire", "se déplaire" and "se complaire (à)", always remains unchanged, when these verbs are used:

- with reciprocal meaning, which is normal use, since the reflexive pronoun serves as an indirect object (sourire, plaire l'un à l'autre):

elles se sont souri; ils se sont tout de suite déplu;

- with imprecise meaning, where the rule would normally require the participle to agree with the subject:

elles se sont ri des pièges (= they did not pay attention to them);
ils se sont plu à tout critiquer (= they took pleasure doing it).

– When the past participle is followed by an infinitive, the same rule is applied as for the past participle conjugated with the auxiliary "avoir": agreement is made with the reflexive pronoun which is the direct object, only when this pronoun is also the subject of the verb in the infinitive (see page 25).

Elle s'est vue perdre l'équilibre. (It was she who lost her balance.)
Elle s'est vu décerner un prix. (It was someone else who awarded the prize.)

NOTE: The participle of the verb "se faire" is invariable.

Elle s'est fait pleurer en épluchant les oignons.
Ils se sont fait mal en tombant.

▅ THE PAST PARTICIPLE OF IMPERSONAL VERBS

The past participle of verbs used impersonally is invariable, in all voices:

La circulation a été bloquée par la neige qu'il y a eu. (Active voice.)
Il s'est produit bien des événements depuis. (Reflexive voice.)
Voici les mesures qu'il a été décidé de prendre. (Passive voice.)

▅ PAST PARTICIPLE USED WITHOUT AUXILIARY

The past participle can be used without auxiliary:

– either as an equivalent of a qualitative adjective: *l'année **passée*** (= l'année dernière); *une fille **élancée*** (= slender);

– or with the meaning of a verb, for example, in a main clause: *À peine la lettre reçue* (= dès que la lettre fut reçue), *il répondit.*

In this case, the past participle agrees in gender and number with the noun to which it refers, like a qualitative adjective.

⚠ The past participle of certain verbs is invariable when it is placed immediately before the noun to which it refers, but agrees in the usual way if it is placed after the noun. This mainly concerns the following forms:

attendu	ci-inclus	étant donné	non compris	vu
ci-annexé	ci-joint	excepté	passé	y compris

Passé la frontière, le paysage change but *La frontière passée....*
Le repas a coûté cent francs, y compris les boissons
but *boissons comprises....*

VERBAL ADJECTIVE AND PRESENT PARTICIPLE

The active present participle (see page 14) has two uses:

– as a verb; in this case, it is invariable:

partant *demain en voyage, nous ne vous verrons pas* ("partant" is a present participle used as a verb; it is equivalent of "comme nous partons");

– as a qualitative adjective, when it is known as a "verbal adjective" and, like any other adjective, it agrees in gender and number with the noun or pronoun it qualifies:

Florence est toujours   partante (= enthusiastic).

verbal adjective agrees

NOTE: The verbal adjective can sometimes also be used as a noun (when it is said to be used substantively): *un(e) adhérent(e)*; *un(e) passant(e)*; *un(e) président(e).*

The spelling of the verbal adjective (used substantively or not) can be different from that of the present participle (see "Verb index"), especially with verbs ending **-ger**, **-guer**, and **-quer**.The participle retains the stem of the infinitive.

verb	present participle	verbal adjective
fatiguer	fatiguant	*une promenade fatigante*
fabriquer	fabriquant	*un fabricant de meubles*
convaincre	convainquant	*un argument convaincant*
somnoler	somnolant	*un enfant somnolent*
diverger	divergeant	*des avis divergents*

Use of mood

Mood, when used in a sentence, allows one to express a state or a process as one wishes it to be presented. By choosing a particular mood one can indicate whether the state or the process is seen as being real, uncertain, bound to a condition, desired or feared or whether it is seen as an order or is used defensively.

▓ THE INDICATIVE

The indicative when used in its different tenses (see tables pages 16 and 17) describes states or real events (past, present or permanent) or considered as being certain in the future.

>Pierre **est arrivé** hier, **reste** avec nous aujourd'hui et **repartira** demain.

In a narrative, the indicative can express fictional facts or states as if they were real.

>"Une vieille femme **sortit** de la cabane. [...] Saisissant un coq par le cou, elle l'**égorgea** sur le feu." (Henri Bosco.)

▓ THE SUBJUNCTIVE

The subjunctive expresses a state or an action whose fulfillment is presented as:
- uncertain but possible and even likely: *il se peut qu'il* **pleuve** *demain* (present subjunctive of the verb "pleuvoir");
- uncertain and doubtful: *je ne crois pas qu'il* **pleuve** *demain;*
- desired, wished for, recommended, ordered (without knowing if this order will be carried out): *pourvu qu'il* **pleuve**! *nous aimerions que tu* **lises** *ce roman; qu'ils* **entrent** (the subjunctive replaces the imperative in the persons where the imperative is defective);
- feared: *je crains qu'il ne* **pleuve** *sur le ciment frais;*
- assumed: *qu'il* **fasse** *des excuses, et je l'autoriserai à rentrer* (= s'il fait...).

NOTE: The subjunctive can also express:
- a fulfilled process which one reviews mentally, and stands back from in order to form an opinion: *qu'il* **soit** *contrarié, d'accord, mais il pourrait rester poli! il est normal que la jeunesse* **veuille** *s'amuser;*
- a possibility which one refuses to consider, for example, because one is shocked or angry: *moi, que je lui* **fasse** *des excuses?*

■ When is the subjunctive used?

The subjunctive is mostly used in subordinate clauses.

● After verbs or verbal expressions which communicate:
– a will, an order or a defensive use: *je veux (voudrais) que, j'exige que, j'interdis que, je défends que, je souhaite(rais), je désire(rais) que*;
– an obligation: *il faut que, il est nécessaire que, il est impératif que, il importe que*;
– a possibility, an eventuality: *il est possible que, il se peut que, il arrive que*;
– a doubt: *je doute que, je ne crois pas que* (but: "je crois que" + indicative), *je ne pense pas que* (but: "je pense que" + indicative), *je ne suis pas sûr/e que* (but: "je suis sûr/e que" + indicative);
– a fear: *je crains que, je redoute que, j'ai peur que*;
– various different feelings (regret, surprise, happiness): *il (c')est dommage que, je regrette que, je me plains que, je m'étonne que, je suis surpris/e que, je me réjouis que, je suis triste que, il est heureux que, il est malheureux que....*

● After certain subordinating conjunctions expressing:
– time: *avant que, en attendant que, jusqu'à ce que* (but "après que" + indicative);
– an objective or a fear (which one wishes to avoid): *afin que, pour que, de (telle) sorte que, de manière que, de peur que, pour éviter que*;
– an opposition or a concession: *quoique, bien que, sans que*;
– a reason one wishes to put aside: *non que*;
– a condition: *à condition, pourvu que, pour peu que, en admettant que, à moins que.*

● The subjunctive is also employed in the following cases:
– after "le plus / le moins + adjective or adverb (or any other superlative) + que": *c'est le soda le moins cher que j'**aie pu** trouver;*
– after "le seul (la seule) / le premier (la première)... qui (or another relative pronoun)...": *c'est le seul air que je **sache** jouer;*
– after "il n'y a que... qui (or another relative pronoun)": *il n'y a que ce chandail qui m'**aille** encore;*
– after "tout(e)... que": *tout courageux qu'il **prétende** être, il s'est enfui;*
– after "quoi... que": *quoi qu'elle **ait fait**, elle est pardonnée;*
– in a relative clause which expresses an objective: *je cherche un chien qui **sache** chasser;*
– in any subordinate clause taking the role of a subject: *qu'il **pleuve** me chagrine; cela me chagrine qu'il **pleuve**.*

⚠ The subjunctive is preceded by the conjunction "que" in the conjugation tables, but, in some expressions "que" is not always used with the subjunctive: ***vive*** *le Québec!* (= que vive le Québec!; expresses a wish); ***advienne*** *que pourra* (= come what may); ***soit*** *le carré ABCD...* (= let us assume the square ABCD...).

▆ THE CONDITIONAL

The conditional mood serves particularly to express a process whose fulfillment is not or was not certain and which is (or was) subject to a condition. This condition at the time of speaking can be seen as:

- possible (with a subtlety of meaning called "potential" or "eventual" if the event seems unlikely): *vous **pourriez** venir à la fête demain si vos occupations le permettaient;*
- not possible in the present (the "unreal" condition): *nous **sortirions** maintenant s'il ne pleuvait pas;*
- not possible in the past (the "impossible" condition, since the past cannot be changed): *elle **serait venue** si elle n'avait pas été retenue par ses obligations.*

The conditional also serves to express:

- a desire/a wish for the future → the present conditional: *je **boirais** bien un café;*
- a regret concerning something in the past → the past conditional is used: *j'**aurais voulu** partir plus tôt;*
- a statement for which one does not wish to assume responsibility (one is not sure that the statement is exact or one wishes to express oneself ironically): *il **serait** gravement malade*; *te **serais**-tu **décidée** à venir?* (ironic effect: one does not believe it);
- when one wishes to soften a request or a piece of advice: *j'**aurais souhaité** vous demander un service; vous **devriez** être plus prudent.*

⚠ One should avoid confusion between the conditional mood, the future in the past tense and the past future anterior tense, which although they have the same conjugated forms as the present and past conditionals, nevertheless belong to the indicative mood. They are sometimes known as the forms ending in -**rais**: *je croyais que tu **viendrais*** (future in the past).

▆ THE IMPERATIVE

In a separate clause the imperative expresses:

- an order or a defensive use: ***entrez! sois** prêt à l'heure! n'**entrez** pas!*
- an exhortation (strong encouragement): ***ayez** confiance!*
- an invitation: ***asseyez-vous**, mademoiselle;*
- a statement: ***croyez** bien à mes sentiments cordiaux.*

In an independent clause which is placed next to or coordinated with another clause, the imperative often replaces an adverbial adjunct:

- adverbial adjunct of condition: ***fais** un pas de plus, et tu tombes!* (= si tu fais...);
- adverbial adjunct of concession (opposition): ***répétez**-le-lui vingt fois, il ne vous entendra pas* (= même si vous le lui répétez...).

▆ THE INFINITIVE

The infinitive is first and foremost the noun form of the verb; whether preceded or not by the definite article, it turns the verb into the equivalent of a noun and gives it all the functions of a noun: ***courir** est bon pour la santé* (= la course est bonne...; "courir" is the subject of the verb "être"); *il en a perdu **le boire** et **le manger**;* ("le boire", and "le manger" are direct objects of the verb "perdre").

However, the infinitive often has the full quality of a verb:

– when its own subject is inversed, it becomes the nucleus of a subordinate clause, known as an "infinitive clause": *je vois **des mésanges voler*** (= des mésanges qui volent); *la détonation a fait **s'envoler les oiseaux*** (= que les oiseaux se sont envolés.)

– when it does not have its own subject, it can form the nucleus of an infinitive group which completes a conjugated verb (as an indirect object or an adverbial adjunct: "*Je me suis empressé **de manquer la classe*** (indirect object infinitive group) [...] ***pour filer en bateau sur le Furens*** (adverbial adjunct of infinitive group expressing purpose)." (Jules Vallès.)

⚠ Such a group can only be used if the unexpressed subject of the infinitive is the same as that of the conjugated verb which goes with it. The following sentence which only has one grammatical subject is therefore not correct: * La voiture a dérapé avant de me rendre compte du danger. One should write:

La voiture a dérapé avant que je ne me rende compte du danger.

■ Special cases

When it is the only verb in an independent or main clause, with or without a subject, the infinitive can express:

– an order, a commmand, an instruction for use, a recipe: ***entrer*** *sans fumer,* ***battre*** *les œufs en neige...;*

– a foreseeable stage in a story (known as the "narrative infinitive") which is preceded by the preposition "de": *l'élève tomba de sa chaise; et toute la classe **de rire** bruyamment;*

– a hesitation, an indecision (known as the "deliberative infinitive" which is always in question form: "*L'enfant* [Cosette] *jeta un regard lamentable en avant et en arrière. Que **faire**? Que **devenir**? Où **aller**?*" (Victor Hugo.);

– various different feelings (anger, unacceptable proposition...) in an exclamatory or interrogative sentence: ***rouler*** *à cette vitesse en ville! moi,* ***faire*** *des excuses?*

▬ THE PARTICIPLE

● When it takes the role of an adjective, the participle behaves exactly like an adjective of quality. It can be recognized by the fact that it can always vary according to gender and number, and it can take a comparative and superlative form.

*Ces livres sont intéress**ants**.*
*Cette pièce est plus intéress**ante**.*
*Ma question est intéress**ée**.*

● When it has the role of a verb, the participle which ends in -**ant** is always invariable. It is most often found with its own subject forming the nucleus of a "participle clause".

*La pluie **ayant cessé**, nous pouvons sortir.* ("La pluie" is the subject of the participle.)

It may also not have its own subject, while at the same time keeping the quality of a verb.

Je la vois d'ici, **dévalant** (= qui dévale) *les pentes.*

Partant *demain* (= comme elle part), *Marie fait ses bagages.*

THE GERUND

The gerund is the adverbial form of the verb; it only exists in the present and has the role of an adverbial clause:

- time adverbial: *je siffle* **en travaillant** (= quand je travaille);
- consequence adverbial: *elle s'est cassé la voix* **en criant** *trop fort* (= parce qu'elle a crié);
- opposition adverbial: *tu as réussi ton examen* **en ayant** *à peine* **révisé** (bien que tu aies à peine révisé);
- condition adverbial: **en passant** *par là, vous iriez plus vite* (= si vous passiez par là...);
- manner adverbial: *il a obéi* **en grommelant** (= with bad grace);
- manner adverbial (means): *je n'ai pu ouvrir le placard qu'***en forçant** *la serrure.*

 The unexpressed subject of a gerund must be identical to that of the verb of which the gerund is the adverbial adjunct.

En démolissant *le mur, les ouvriers ont trouvé un trésor.* (Ce sont les ouvriers qui démolissent, et qui trouvent.)

The sentence: *En démolissant le mur, un trésor est apparu, is therefore incorrect.

USE OF TENSES

In any of its given forms, a verb is normally characterized by three qualities which make its meaning clear:

- a "modal" quality, linked to the mood used (see above);
- a "temporal" quality, linked to the tense used;
- an "aspectual" quality, also linked to the tense used which defines the manner in which the speaker or writer sees the state or action taking place.

For example, in the sentence "*nous* **allions** *souvent au cinéma*", the verb "aller" is in the *imparfait* indicative and has:

- a "modal" quality: the indicative denotes a real fact;
- a "temporal" quality: the imperfect expresses a past action;
- an "aspectual" quality: the imperfect highlights the repetitive nature of the action.

PRESENT INDICATIVE

The present indicative expresses:

- an action or state which starts (where the present has a descriptive function) or ends at the moment of speaking (at the time of the utterance): *le train* **démarre**; *il* **pleut**; *la maison* **est entourée** *de saules; le jour* **baisse**;
- an action which has just happened (recent past) or is about to happen (immediate future): *je* **rentre** *à l'instant; nous* **partons** *dans un quart d'heure;*

– in a narration, a past event which one wishes to highlight. This use of the present known as the "dramatic" present (or narrative present), takes the place of a verb in the past simple or in the *passé composé* (see further): *nous **déjeunions** (imparfait); tout à coup, on **frappe** (present) impatiemment à la porte;*
– a repetitive state, or a habit, which takes place at the time of speaking (known as the iterative aspect): *le mercredi, les enfants **vont** à la piscine;*
– an order: *je passe devant, tu me **suis**;*
– a state or action which is always true: *l'eau ne **gèle** pas quand on y **ajoute** de la glycérine; qui sème le vent **récolte** la tempête.*

NOTE: The present indicative is used for a narration in the past when what is being described is always true or still exists at the time of speaking: "[...] *Elle chaussa des galoches et avala les quatre lieues qui **séparent** Pont-l'Évêque d'Honfleur.*" (Gustave Flaubert.)

FUTURE SIMPLE INDICATIVE

The future simple indicates that an action is about to happen or is certain to happen (in the opinion of the speaker).

Nous **déjeunerons** à Bruxelles. Il **fera** beau demain.

It can also express:
– an order, a general precept or a moral obligation: *vous m'**attendrez** ici; tu ne **tueras** point;*
– an intention: *je **réviserai** ma leçon après dîner;*
– a past event (known as the future of "historic anticipation"): *le président ne **terminera** pas son mandat; il **mourra** cinq ans après son élection;*
– certain feelings: *elle **aura** encore raison!* (indignant irony);
– a permanent truth: *Paris **sera** toujours Paris.*

IMMEDIATE FUTURE INDICATIVE

This type of future is similar in meaning to the future simple, but indicates that an event will take place in a future very close to the moment of speaking.

Elle **va se marier** (immediate future).
Tu **vas faire** ton lit (an indirect order).
L'omelette **était sur le point de brûler** (immediate future in the past).

FUTURE ANTERIOR INDICATIVE

The future anterior indicates that of two actions in the future, one action will take place before the other (the latter action is put in the simple future):

Quand tu auras fini ton travail, nous nous promènerons .
future anterior   future simple

This tense, while always expressing the idea of anteriority, has the same particular qualities of the future simple (order, intention, historic anticipation...): *vous **aurez tapé** ce courrier avant ce soir; je t'**aurai donné** ma réponse d'ici à la fin du mois.*

It can also express a supposition: "*Ce doit être un courant d'air qui **aura fait** grincer la porte.*" (Marcel Aymé.)

PAST FUTURE INDICATIVE

This tense expresses the future in the past (it has the same verb endings as the present conditional) and indicates that, in the past, an event had yet to take place: *je pensais que tu m'**attendrais*** (in the present this would be: *je pense que tu m'attendras).*

PAST FUTURE ANTERIOR INDICATIVE

The past future anterior indicative (which has the same verb endings as the past conditional) is used to indicate that, of two events yet to happen in the past, one will take place before the other: *je pensais que, quand tu **aurais fini**, tu viendrais me rejoindre* (in the present this would be: *je pense que, quand tu auras fini, tu viendras me rejoindre).*

IMPARFAIT INDICATIVE

As its name indicates the *imparfait* expresses in most cases a process which has not yet finished (or has not even started) in the past:
- an action which was in the process of happening (durative aspect): *tiens, nous **parlions** justement de toi;*
  or a state which was in the process of taking place (in such cases the *imparfait* is used to make a description in the past): *la maison **était entourée** de grands saules;*
- a repeated or habitual process (this is the iterative aspect: one does not consider the point in time when the habit stopped): *le lundi **était** jour de fermeture;*
- a process which was about to take place, but which did not actually happen: *il était temps, nous **partions**!* (= nous allions partir.)

 The *imparfait* is also used with a conditional meaning, where it expresses:
- in a subordinate clause, a condition which is unfulfilled at the time of speaking (the "unreal" present, the *imparfait* has to be used in the conditional clause): *si je **parlais** allemand, je pourrais m'expliquer;*
  or as a wish which is presented as a suggestion: *si tu **écrivais** au journal, tu aurais tous les renseignements;*
- in a main or independent clause, where the foreseeable result of a condition was nearly fulfilled, the *imparfait* sometimes replaces the past conditional: *un pas de plus, et tu **tombais** à l'eau* (= et tu serais tombé...).

PAST SIMPLE INDICATIVE (HISTORIC PAST)

This tense is no longer used in spoken language. It is only used in elevated language or literary writing.

Like the *imparfait* it is a past tense, but unlike the *imparfait* it expresses actions which have completely finished:
- when the beginning and the end of an action can be situated at a precise point in time (which is why this tense is some times referred to as the "definite past"): *nous étions au milieu du repas quand elle **arriva**;*
- when the action is seen as a point in time regardless of its development or duration; for the writer what is important is that the action took place, not how much time was involved: *l'atmosphère était lourde, nous **mangeâmes** silencieusement.*

35

Consequently, the past simple is used to show, briefly, the stages in a narrative (punctual aspect): "*Enfin, il* [un perroquet] *se perdit. Elle* [sa propriétaire] *l'avait posé sur l'herbe, s'absenta une minute; et quand elle revint, plus de perroquet! D'abord elle le chercha dans les buissons, au bord de l'eau et sur les toits.* [...] *Ensuite elle inspecta tous les jardins* [...]. *Enfin elle rentra, épuisée, les savates en lambeaux, la mort dans l'âme.*" (Gustave Flaubert.)

NOTE: In contrast to the *passé composé*, the past simple makes it possible for a narrator to describe events in the distant past, without reference to the present (the events are completely finished), even if these events really took place. It is for this reason that it is sometimes referred to as the "historic past": *Molière naquit en 1622.*

▨ *PASSÉ COMPOSÉ* INDICATIVE (COMPOUND PAST)

The *passé composé* is used in the oral or written narration of past events, like the past simple, which it replaces in everyday usage.
Nous allions nous coucher quand elle est arrivée.

It is also used in a literary narrative, within a narration in the past simple, when a writer wishes to allow a person to speak in direct speech: "Alors l'homme au teint bronzé prononça d'une voix lente : '[...] *Moi, j'ai deviné la peur en plein jour, il y a dix ans environ. Je l'ai ressentie, l'hiver dernier, par une nuit de décembre.*'" (Guy de Maupassant.)

However, in contrast to the past simple, the *Passé composé* can also indicate the anteriority of an event in relation to an event expressed in the present or in the future: *j'ai repeint les volets hier, ils seront bientôt secs.*

NOTE: This past action can often have consequences at the moment of speaking: *il a hérité d'un oncle d'Amérique* (et, aujourd'hui, il est riche).

▨ *PLUS-QUE-PARFAIT*

The *plus-que-parfait* is used in a subordinate or independent clause and indicates an action which has taken place prior to another action, expressed in the *imparfait*, past simple or the *passé composé*.
Les enfants ont mangé toute la tarte que j'avais faite.

▨ PAST ANTERIOR INDICATIVE

The past anterior also indicates an action that has taken place prior to another action in the past. It is mostly found in subordinate time clauses, with a main clause in the past simple. In the written form of the language, it is used thus: "*Quand le cancer* [la tumeur] *eut crevé, elle le pansa tous les jours.*" (Gustave Flaubert.)

▨ NEAR OR RECENT PAST INDICATIVE

Constructed using the semi-auxiliary "venir de" in the present, the near past denotes an event which has just taken place at the moment of speaking.
Je viens de rentrer.

When constructed with "venir de" in the *imparfait*, it expresses that an event has taken place just before another event which is the main event in the narrative.
Je venais de rentrer quand j'ai appris la nouvelle.

NOTE: The same shades of meaning can also be expressed by other tenses if they are used with certain adverbs: *je **rentre à l'instant*** (present); *à peine avais-je **raccroché** que le téléphone sonnait de nouveau (plus-que-parfait)*.

DOUBLE COMPOUND TENSES

The double compound tenses are rarely used and are more a feature of the spoken language. They are almost always used in the indicative:
- double compound *passé composé* (auxiliary is in the *passé composé*): *j'**ai eu** fini;*
- double compound *plus-que-parfait* (auxiliary is in the *plus-que-parfait*): *j'**avais eu** fini;*
- double compound future anterior (auxiliary is in the future anterior): *j'**aurai eu** fini.*

Double compound tenses express an action prior to another action which is itself expressed by a compound tense. For example, the double compound *passé composé* tense is used with a verb in the *passé composé* to indicate a prior event which is completely finished.

Quand j'**ai eu recopié** (double compound *passé composé*) l'adresse, je me suis aperçu (*passé composé* tense) de mon erreur.

USE OF TENSES IN OTHER MOODS

In all moods, the present and the past tenses each keep their same characteristics. The past generally indicates a prior event which is seen in relation to the moment of speaking or in relation to another moment in time. Thus the imperative indicates that an order should be carried out before another event.

Aie fini avant mon retour.

The present expresses an event which is contemporary to another event (they occur simultaneously) or contemporary to the moment of speaking.

Nous ne croyions pas nous **tromper**. (The action "se tromper" takes place at the same time as the action "croire" which is itself in the past.)

■ Subjunctive tenses

The subjunctive has four tenses of which three are in the past, however, in everyday usage, only the present and *passé composé* tenses are used, as described below.

Je ne crois pas que Catherine **soit** encore là (present subjunctive).

Je ne crois pas que Laurent **ait pu** faire réparer l'aspirateur (past subjunctive).

The *imparfait* and *plus-que-parfait* are only used in elevated language (and this less and less frequently) or in literary forms, where the rules for the sequence of tenses are strictly applied (see following page).

■ Conditional tenses

The conditional has two past tenses; they both have the same characteristics, indicating an "unreal" past (an unfulfilled condition in the past); however, the second past tense form is used only in elevated or literary language.

Si je m'étais entraîné, je **serais arrivé** en tête (1st past tense form).

Si vous me l'aviez demandé, j'**eusse pu** vous aider (2nd past tense form).

Sequence of tenses

In subordinate clauses, the use of a particular tense is usually dictated by the tense of the verb in the main clause to which it is subordinated. For instance, if an utterance is changed from direct speech to indirect speech.

Elle m'a dit: "Je pars pour Lausanne." (= two independent clauses.)

→ *Elle m'a dit*   *qu'elle partait pour Lausanne* .
    | |
  main clause   subordinate clause

The relationship which exists between the verb in the main clause and the verb in the subordinate clause is known as the "sequence of tenses".

NOTE: We speak sometimes of a "sequence of moods" when the two verbs are in different moods.

▨ SEQUENCE IN A SUBORDINATE CLAUSE IN THE INDICATIVE

In a situation where the main clause and the subordinate clause are both in the indicative, the sequence of tenses follows a natural logic, and takes into account the point in time when the events or states take place in relation to each other.

- When the action or state in the subordinate clause takes place at the same time as that in the main clause, there is a simultaneous relationship
  → the same tense is used in both clauses.
  *Je **crois** qu'il **arrive**.* (Both verbs are in the present.)
  *Je **croyais** qu'il **arrivait**.* (Both verbs are in the *imparfait*.)

- When the action or state expressed in the subordinate clause takes place before that of the main clause, there is an anterior relationship
  → a past compound tense is used in the subordinate clause.

  Je crois qu'elle est arrivée .   *Je croyais qu'elle était arrivée* .
      | | | |
    present   *passé composé*   *imparfait*   *plus-que-parfait*

- When the action or state expressed in the subordinate clause takes place after that of the main clause, there is a posterior relationship
  → the future is used in the subordinate clause.

  Je crois qu'il fera beau.   *Je croyais qu'il ferait beau.*
     | | | |
   present future simple   *imparfait* future in the past

NOTE: It is possible to express anteriority in relation to a future event or state. In this case a compound future tense is used in the subordinate clause: *je crois qu'il **sera arrivé** avant nous* (present + future in the past); *je croyais qu'il **serait arrivé** avant nous* (*imparfait* + past future anterior).

▨ SEQUENCE OF TENSES IN SUBORDINATE CLAUSES IN THE SUBJUNCTIVE

The time relationships follow a natural logic, but they are simplified due to the shades of meaning of the subjunctive (unrealised action or state).

● When the action or state expressed in the subordinate clause takes place at the same time or after that in the main clause, then, in everyday usage, the present subjunctive is used in the subordinate clause to show the simultaneous or posterior relationship.

Je *doute* qu'elle *vienne* ce soir. Je *doutais* qu'elle *vienne* ce soir.

| present indicative | present subjunctive | *imparfait* indicative | present subjunctive |

● When the action or state in the subordinate clause takes place before that in the main clause, then, in everyday language, the past subjunctive is used in the subordinate clause to indicate the anteriority.

Je *doutais* qu'elle *soit venue* la veille au soir.

| *imparfait* indicative | past subjunctive |

⚠ – In elevated language, when the main verb is in the passive, the rules for the sequence of tenses dictate the use of the *imparfait* subjunctive or the *plus-que-parfait* subjunctive (if there is an anterior relationship), particularly in the 3rd person singular.

Je *doutais qu'il **vînt** ce soir-là (imparfait* indicative + *imparfait* **subjunctive**).

Je *doutais qu'elle **fût venue** la veille (imparfait* indicative + *plus-que-parfait* **subjunctive**).

– The **-ss-** forms in the subjunctive, which are rather inelegant, are now being replaced by the forms of the tenses which are used in everyday language.

Je *voulais que vous **vinssiez**.* → *que vous **veniez*** (present subjunctive instead of *imparfait* subjunctive).

Je *doutais qu'ils **eussent terminé**.* → *qu'ils **aient terminé*** (past subjunctive instead of *plus-que-parfait* subjunctive).

– In elevated language, when the main verb is in the present conditional, the verb in the subordinate clause is put into the *imparfait* subjunctive (instead of the present subjunctive which is used in everyday language) or the *plus-que-parfait* subjunctive (instead of the past subjunctive).

Je *souhaiterais que ce pauvre homme **pût** marcher* (instead of: "puisse").

Je *voudrais qu'on **eût terminé** avant midi* (instead of "qu'on ait terminé").

PART II
CONJUGATIONS

Regular endings in the simple tenses (active voice)

GROUP 1	GROUP 2	GROUP 3	GROUP 1	GROUP 2	GROUP 3
INFINITIF			**PARTICIPE**		
présent			présent		
-er	-ir	-ir, -oir, -re	-ant	-issant	-ant
			passé		
			-é/-ée	-i/-ie	-i/-ie/-is/-ies;
			-és/-ées	-is/-ies	-u/-ue/-us/-ues;
					-is/-ise/-ises;
					-us/-use/-uses

INDICATIF			**SUBJONCTIF**		
présent			présent		
-e	-is	-s	-e	-isse	-e
-es	-is	-s	-es	-isses	-es
-e	-it	-t	-e	-isse	-e
-ons	-issons	-ons	-ions	-issions	-ions
-ez	-issez	-ez	-iez	-issiez	-iez
-ent	-issent	-ent, -ont	-ent	-issent	-ent
imparfait			**imparfait**		
-ais	-issais	-ais	-asse	-isse	-isse, -usse
-ais	-issais	-ais	-asses	-isses	-isses, -usses
-ait	-issait	-ait	-ât	-ît	-ît, -ût
-ions	-issions	-ions	-assions	-issions	-issions, -ussions
-iez	-issiez	-iez	-assiez	-issiez	-issiez, -ussiez
-aient	-issaient	-aient	-assent	-issent	-issent, -ussent
futur simple					
-erai	-irai	-rai	**CONDITIONNEL**		
-eras	-iras	-ras	présent		
-era	-ira	-ra	-erais	-irais	-rais
-erons	-irons	-rons	-erais	-irais	-rais
-erez	-irez	-rez	-erait	-irait	-rait
-eront	-iront	-ront	-erions	-irions	-rions
passé simple			-eriez	-iriez	-riez
-ai	-is	-is, -us	-eraient	-iraient	-raient
-as	-is	-is, -us			
-a	-it	-it, -ut	**IMPÉRATIF**		
-âmes	-îmes	-îmes, -ûmes	*inusité*	*inusité*	*inusité*
-âtes	-îtes	-îtes, -ûtes	-e	-is	-s
-èrent	-irent	-irent, -urent	*inusité*	*inusité*	*inusité*
			-ons	-issons	-ons
			-ez	-ez	-ez
			inusité	*inusité*	*inusité*

PRESENT INDICATIVE

		GROUP 1	GROUP 2	GROUP 3	
		infinitive in –er	infinitive in –ir (pres. part. in –issant)	infinitive in –ir (but pres. part. in –ant), -oir or –re	
1st pers. sing.	je	chant|e|	fin|i|s	par|s	prend|s
2nd pers. sing.	tu	chant|e|s	fin|i|s	par|s	prend|s
3rd pers. sing.	il/elle	chant|e|	fin|i|t	par|t	prend
1st pers. pl.	nous	chant|ons	fin|iss|ons	part|ons	pren|ons
2nd pers. pl.	vous	chant|e|z	fin|iss|ez	part|ez	pren|ez
3rd pers. pl.	ils/elles	chant|e|nt	fin|iss|ent	part|ent	prenn|ent
		1 stem: chant-	2 stems: fin- finisss-	2 stems: par- part-	3 stems: prend- pren- prenn-

SIMILARITIES

- The characteristic of the ending of the second person singular is final -**s**: it is found in all groups and all tenses, except the imperative.

- In all three groups the ending of the 1st person plural is -**ons** or ends in -**ons**. This ending is added to the stem even if the stem ends in a vowel : *créer → nous créons.*

- In Group 1 and Group 2, the ending of the 2nd person plural is -**ez** or ends in -**ez**. This ending is replaced by -**es** for certain verbs in Group 3: *faire → faites.*

- In Group 2 and Group 3, the 1st and 2nd persons singular are the same and both end in -**s**.

- In Group 1, the 1st and 3rd persons singular are the same.

- In Group 1, the three singular persons are pronounced the same way. When writing, however, the 2nd person always takes a final -**s**.

PRESENT IMPERATIVE

	GROUP 1	GROUP 2	GROUP 3	
Reminder: infinitive	chant|e|r	fin|i|r	part|ir	prend|re
2nd pers. sing.	chant|e|	fin|i|s	par|s	prend|s
1st pers. pl.	chant|ons	fin|iss|ons	part|ons	pren|ons
2nd pers. pl.	chant|e|z	fin|iss|ez	part|ez	pren|ez

SIMILARITIES

- The conjugation of the present imperative is the same as that of the present indicative except in one case: in the 2nd person singular, verbs in Group 1 do not take a final -**s**.

  Some verbs in Group 3 follow this rule:
  avoir → ai**e**   *ouvrir* → ouvr**e**
  cueillir → cueill**e**   *savoir* → sach**e**

41

FUTURE SIMPLE INDICATIVE

		GROUP 1	GROUP 2	GROUP 3	
Reminder: infinitive		chant|er|	fin|ir|	part|ir|	prend|r|e
1st pers. sing.	je	chant|er|ai	fin|ir|ai	part|ir|ai	prend|r|ai
2nd pers. sing.	tu	chant|er|as	fin|ir|as	part|ir|as	prend|r|as
3rd pers. sing.	il/elle	chant|er|a	fin|ir|a	part|ir|a	prend|r|a
1st pers. pl.	nous	chant|er|ons	fin|ir|ons	part|ir|ons	prend|r|ons
2nd pers. pl.	vous	chant|er|ez	fin|ir|ez	part|ir|ez	prend|r|ez
3rd pers. pl.	ils/elles	chant|er|ont	fin|ir|ont	part|ir|ont	prend|r|ont

▒ SIMILARITIES

- An **-r-** is the characteristic feature of the future: it is found in all persons in the three groups. The endings are the same in all three groups.

- As in the present indicative, the 2nd person singular always ends in **-s**.

- Except for many verbs in Group 3, one always adds the endings to the present infinitive.

- For verbs in Group 3 which have an infinitive in **-re**, one only needs to remove the final **-e** in order to construct the future simple:
  boire → *je **boir** ai*

  However, with many other verbs in Group 3 the stem is not so predictable:
  venir → *je **viend** rai*   *être* → *je **se** rai*
  avoir → *j'**au** rai*   *faire* → *je **fe** rai*
  vouloir → *je **voud** rai*   *voir* → *je **ver** rai*

PRESENT CONDITIONAL

		GROUP 1	GROUP 2	GROUP 3	
Reminder: future simple 1st pers. sing.	je	chant|er|ai	fin|ir|ai	part|ir|ai	prend|r|ai
1st pers. sing.	je	chant|er|ais	fin|ir|ais	part|ir|ais	prend|r|ais
2nd pers. sing.	tu	chant|er|ais	fin|ir|ais	part|ir|ais	prend|r|ais
3rd pers. sing.	il/elle	chant|er|ait	fin|ir|ait	part|ir|ait	prend|r|ait
1st pers. pl.	nous	chant|er|ions	fin|ir|ions	part|ir|ions	prend|r|ions
2nd pers. pl.	vous	chant|er|iez	fin|ir|iez	part|ir|iez	prend|r|iez
3rd pers. pl.	ils/elles	chant|er|aient	fin|ir|aient	part|ir|aient	prend|r|aient

▒ SIMILARITIES

- For all verbs the stem which is used is the same as that of the future simple indicative, only the endings are different.

- The endings of the future are replaced by those of the *imparfait* (see following page): *chanter* → *je chante r **ai*** (future simple) → *je chante r **ais*** (present conditional).

NOTE: The future in the past indicative has the same forms as the present conditional.

IMPARFAIT INDICATIVE

		GROUP 1	GROUP 2	GROUP 3	
Reminder: present ind.					
1st pers. pl.	nous	chant | ons	finiss | ons	part | ons	pren | ons
1st pers. sing.	je	chant | ais	finiss | ais	part | ais	pren | ais
2nd pers. sing.	tu	chant | ais	finiss | ais	part | ais	pren | ais
3rd pers. sing.	il/elle	chant | ait	finiss | ait	part | ait	pren | ait
1st pers. pl.	nous	chant | ions	finiss | ions	part | ions	pren | ions
2nd pers. pl.	vous	chant | iez	finiss | iez	part | iez	pren | iez
3rd pers. pl.	ils/elles	chant | aient	finiss | aient	part | aient	pren | aient

▨ SIMILARITIES

- For all groups, the stem used for all persons is that of the 1st person plural. The only exception is the verb "être".

- The endings are the same for all the groups; with the 1st and the 2nd person plural the endings -**ions** and -**iez** are added to the stem without changing it, even if it ends in a vowel: *nous balayions, nous étudiions.*

  However these endings necessitate the adding of a cedilla accent **ç** in place of the -**c**- and the addition of -**e**- after the -**g**- in order to keep the soft sound: *placer* → nous pla**ç**ons (stem: **plaç**-); *nous placions* (stem: **plac**-). *manger* → nous man**ge**ons (stem: **mange**-); *nous mangions* (stem: **mang**-).

- The endings -**ais**/-**ais**/-**ait**/-**aient** are pronounced [ɛ], when speaking this pronunciation allows one to distinguish between the *imparfait* of Group 1 "je chantais" and past simple "je chantai" whose ending has a more closed pronounciation [e].

PRESENT SUBJUNCTIVE

		GROUP 1	GROUP 2	GROUP 3	
Reminder: present ind.					
3rd pers. pl.	ils/elles	chant | e | nt	finiss | e | nt	part | e | nt	prenn | e | nt
1st pers. sing.	que je	chant | e	finiss | e	part | e	prenn | e
2nd pers. sing.	que tu	chant | e | s	finiss | e | s	part | e | s	prenn | e | s
3rd pers. sing.	qu'il/elle	chant | e	finiss | e	part | e	prenn | e
1st pers. pl.	que nous	chant | i | ons	finiss | i | ons	part | i | ons	prenn | i | ons
2nd pers. pl.	que vous	chant | i | ez	finiss | i | ez	part | i | ez	prenn | i | ez
3rd pers. pl.	qu'ils/elles	chant | e | nt	finiss | e | nt	part | e | nt	prenn | e | nt

▨ SIMILARITIES

- The endings are the same for all the verbs in the three groups.

- As for the *imparfait* indicative, the characteristic -**i**- of the endings of the 1st and 2nd person plural is added to the stem, even when this ends in a vowel: *que nous balayions, que nous étudiions.*

- For the three singular persons of all groups, the endings are the same as those of the present indicative of Group 1.

- When speaking, with certain frequently used verbs of Group 3 the present indicative and the present subjunctive seem to sound the same in the three singular persons and the 3rd person plural. When writing, their endings are distinguished in the singular: *je, tu vois, on voit*, but *que je voie, que tu voies, qu'on voie.*

Past simple indicative (past historic)

	GROUP 1	GROUP 2	GROUP 3
Reminder: infinitive	chant|e|r	fin|i|r	part|i|r boi|r|e
1st pers. sing. je	chant|a|i	fin|i|s	part|i|s b|u|s
2nd pers. sing. tu	chant|a|s	fin|i|s	part|i|s b|u|s
3rd pers. sing. il/elle	chant|a	fin|i|t	part|i|t b|u|s
1st pers. pl. nous	chant|â|mes	fin|î|mes	part|î|mes b|û|mes
2nd pers. pl. vous	chant|â|tes	fin|î|tes	part|î|tes b|û|tes
3rd pers. pl. ils/elles	chant|è|rent	fin|i|rent	part|i|rent b|u|rent

▨SIMILARITIES

- In the plural, the only difference between the endings in the three groups is the vowel: Group 1 → -a- (and -è- in the 3rd person);
  Group 2 → -i- in all positions;
  Group 3 → -i- or -u- in all positions according to the verb.
  There is always a circumflex accent (^) over the vowel in the 1st and 2nd persons.

- In the singular, the final consonant in the endings are the same for Group 2 and Group 3. Only Group 1 is different: in the 1st and 2nd person, there is no final consonant, as in the present indicative.

- One single stem is used to construct all the forms of each verb. For the verbs of Group 1 and Group 2, it is that of the present indicative. The stem of Group 3 verbs is less predictable but it is often the same as that of the past participle; once again there is the characteristic vowel -i- or -u-: *couru*, *je courus*; *pris*, *je pris* but *vu*, *je vis*.

- The -ai ending in Group 1 is pronounced [e], which allows one, when speaking, to distinguish between the past simple "je chantai" and the *imparfait* "je chantais" (see p. 43).

Imparfait subjunctive

	GROUP 1	GROUP 2	GROUP 3
Reminder: past simple ind. 2nd pers. sing. que tu	chant|a|s	fin|i|s	part|i|r b|u|s
1st pers. sing. que je	chant|a|sse	fin|i|sse	part|i|sse b|u|sse
2nd pers. sing. que tu	chant|a|sses	fin|i|sses	part|i|sses b|u|sses
3rd pers. sing. qu'il/elle	chant|â|t	fin|î|t	part|î|t b|û|t
1st pers. pl. que nous	chant|a|ssions	fin|i|ssions	part|i|ssions b|u|ssions
2nd pers. pl. que vous	chant|a|ssiez	fin|i|ssiez	part|i|ssiez b|u|ssiez
3rd pers. pl. qu'ils/elles	chant|a|ssent	fin|i|ssent	part|i|ssent b|u|ssent

▨SIMILARITIES

- For all verbs, the stem is that of the past simple indicative. To find it, one drops off the final -s in the 2nd person singular of the past simple. We then add the following endings:

	singular	plural
1st person	-sse	-ssions
2nd person	-sses	-ssiez
3rd person	-circumflex over the vowel + -t	-ssent

- For all groups, the 3rd person singular of the past simple indicative and the *imparfait* subjunctive have the same pronunciation. However when writing they can be distinguished by the circumflex accent as well as by the -t of Group 1:
  past simple ind.: il/elle chanta   *imparfait* **subj.:** qu'il/elle chantât

CONJUGATION IN THE PASSIVE VOICE

- The auxiliary "être" is always used. Careful: in compound tenses, "être" is constructed using the auxiliary "avoir" (*j'ai été*). *Été* is always invariable.
- The past participle of a verb conjugated in the passive always agrees with the subject: *Marie est aimée de ses collègues.*

INFINITIF

présent	passé
être aimé/ée, aimés/ées	avoir été aimé/ée/és/ées

PARTICIPE

présent	passé
étant aimé/ée/és/ées	ayant été aimé/ée/és/ées

INDICATIF

présent

je/j'	suis	aimé/ée
tu	es	aimé/ée
il/elle	est	aimé/ée
nous	sommes	aimés/ées
vous	êtes	aimés/ées
ils/elles	sont	aimés/ées

passé composé

ai	été	aimé/ée
as	été	aimé/ée
a	été	aimé/ée
avons	été	aimés/ées
avez	été	aimés/ées
ont	été	aimés/ées

imparfait

j'	étais	aimé/ée
tu	étais	aimé/ée
il/elle	était	aimé/ée
nous	étions	aimés/ées
vous	étiez	aimés/ées
ils/elles	étaient	aimés/ées

plus-que-parfait

avais	été	aimé/ée
avais	été	aimé/ée
avait	été	aimé/ée
avions	été	aimés/ées
aviez	été	aimés/ées
avaient	été	aimés/ées

futur simple

je/j'	serai	aimé/ée
tu	seras	aimé/ée
il/elle	sera	aimé/ée
nous	serons	aimés/ées
vous	serez	aimés/ées
ils/elles	seront	aimés/ées

futur antérieur

aurai	été	aimé/ée
auras	été	aimé/ée
aura	été	aimé/ée
aurons	été	aimés/ées
aurez	été	aimés/ées
auront	été	aimés/ées

passé simple

je/j'	fus	aimé/ée
tu	fus	aimé/ée
il/elle	fut	aimé/ée
nous	fûmes	aimés/ées
vous	fûtes	aimés/ées
ils/elles	furent	aimés/ées

passé antérieur

eus	été	aimé/ée
eus	été	aimé/ée
eut	été	aimé/ée
eûmes	été	aimés/ées
eûtes	été	aimés/ées
eurent	été	aimés/ées

SUBJONCTIF

présent

que	je	sois	aimé/ée
que	tu	sois	aimé/ée
qu'	il/elle	soit	aimé/ée
que	nous	soyons	aimés/ées
que	vous	soyez	aimés/ées
qu'	ils/elles	soient	aimés/ées

imparfait

que	je	fusse	aimé/ée
que	tu	fusses	aimé/ée
qu'	il/elle	fût	aimé/ée
que	nous	fussions	aimés/ées
que	vous	fussiez	aimés/ées
qu'	ils/elles	fussent	aimés/ées

passé

que	j'	aie	été	aimé/ée
que	tu	aies	été	aimé/ée
qu'	il/elle	ait	été	aimé/ée
que	nous	ayons	été	aimés/ées
que	vous	ayez	été	aimés/ées
qu'	ils/elles	aient	été	aimés/ées

plus-que-parfait

que	j'	eusse	été	aimé/ée
que	tu	eusses	été	aimé/ée
qu'	il/elle	eût	été	aimé/ée
que	nous	eussions	été	aimés/ées
que	vous	eussiez	été	aimés/ées
qu'	ils/elles	eussent	été	aimés/ées

CONDITIONNEL

présent

je/j'	serais	aimé/ée
tu	serais	aimé/ée
il/elle	serait	aimé/ée
nous	serions	aimés/ées
vous	seriez	aimés/ées
ils/elles	seraient	aimés/ées

passé 1ʳᵉ forme

aurais	été	aimé/ée
aurais	été	aimé/ée
aurait	été	aimé/ée
aurions	été	aimés/ées
auriez	été	aimés/ées
auraient	été	aimés/ées

passé 2ᵉ forme

mêmes formes que le subjonctif plus-que-parfait

IMPÉRATIF

présent		passé		
sois	aimé/ée	aie	été	aimé/ée
soyons	aimés/ées	ayons	été	aimés/ées
soyez	aimés/ées	ayez	été	aimés/ées

For all verbs, the 2nd form of the past conditional tense is the same as the *plus-que-parfait* subjunctive.

45

CONJUGATION OF THE REFLEXIVE VOICE

- The auxiliary "être" is always used to construct the compound forms.
- The past participle does not always agree with the subject (see pages 26 and 27).

INFINITIF

présent	passé
s'amuser	s'être amusé/ée/és/ées

PARTICIPE

présent	passé
s'amusant	s'étant amusé/ée/és/ées

INDICATIF

présent

je m'	amuse
tu t'	amuses
il/elle s'	amuse
nous nous	amusons
vous vous	amusez
ils/elles s'	amusent

passé composé

me	suis	amusé/ée
t'	es	amusé/ée
s'	est	amusé/ée
nous	sommes	amusés/ées
vous	êtes	amusés/ées
se	sont	amusés/ées

imparfait

je m'	amusais
tu t'	amusais
il/elle s'	amusait
nous nous	amusions
vous vous	amusiez
ils/elles s'	amusaient

plus-que-parfait

m'	étais	amusé/ée
t'	étais	amusé/ée
s'	était	amusé/ée
nous	étions	amusés/ées
vous	étiez	amusés/ées
s'	étaient	amusés/ées

futur simple

je m'	amuserai
tu t'	amuseras
il/elle s'	amusera
nous nous	amuserons
vous vous	amuserez
ils/elles s'	amuseront

futur antérieur

me	serai	amusé/ée
te	seras	amusé/ée
se	sera	amusé/ée
nous	serons	amusés/ées
vous	serez	amusés/ées
se	seront	amusés/ées

passé simple

je m'	amusai
tu t'	amusas
il/elle s'	amusa
nous nous	amusâmes
vous vous	amusâtes
ils/elles s'	amusèrent

passé antérieur

me	fus	amusé/ée
te	fus	amusé/ée
se	fut	amusé/ée
nous	fûmes	amusés/ées
vous	fûtes	amusés/ées
se	furent	amusés/ées

SUBJONCTIF

présent

que	je m'	amuse
que	tu t'	amuses
qu'	il/elle s'	amuse
que	nous nous	amusions
que	vous vous	amusiez
qu'	ils/elles s'	amusent

imparfait

que	je m'	amusasse
que	tu t'	amusasses
qu'	il/elle s'	amusât
que	nous nous	amusassions
que	vous vous	amusassiez
qu'	ils/elles s'	amusassent

passé

que	je me	sois	amusé/ée
que	tu te	sois	amusé/ée
qu'	il/elle se	soit	amusé/ée
que	nous nous	soyons	amusés/ées
que	vous vous	soyez	amusés/ées
qu'	ils/elles se	soient	amusés/ées

plus-que-parfait

que	je me	fusse	amusé/ée
que	tu te	fusses	amusé/ée
qu'	il/elle se	fût	amusé/ée
que	nous nous	fussions	amusés/ées
que	vous vous	fussiez	amusés/ées
qu'	ils/elles se	fussent	amusés/ées

CONDITIONNEL

présent

je m'	amuserais
tu t'	amuserais
il/elle s'	amuserait
nous nous	amuserions
vous vous	amuseriez
ils/elles s'	amuseraient

passé 1re forme

me	serais	amusé/ée
te	serais	amusé/ée
se	serait	amusé/ée
nous	serions	amusés/ées
vous	seriez	amusés/ées
se	seraient	amusés/ées

passé 2e forme

mêmes formes que le subjonctif plus-que-parfait

IMPÉRATIF

présent	passé
amuse-toi	inusité
amusons-nous	
amusez-vous	

CONJUGATION IN NEGATIVE FORM

- Careful: the place of "pas" varies according to the tense.
- In the reflexive, the 2nd pronoun behaves as if it were part of the verb: *ne pas se tromper, ne pas s'être trompé/ée/és/ées, elle ne se trompe pas, Je ne me suis pas trompé/ée...*

INFINITIF

présent	passé
ne pas pleurer	ne pas avoir pleuré

PARTICIPE

présent	passé
ne pleurant pas	n'ayant pas pleuré

INDICATIF

présent

je	ne pleure	pas
tu	ne pleures	pas
il/elle	ne pleure	pas
nous	ne pleurons	pas
vous	ne pleurez	pas
ils/elles	ne pleurent	pas

Imparfait

je	ne pleurais	pas
tu	ne pleurais	pas
il/elle	ne pleurait	pas
nous	ne pleurions	pas
vous	ne pleuriez	pas
ils/elles	ne pleuraient	pas

futur simple

je	ne pleurerai	pas
tu	ne pleureras	pas
il/elle	ne pleurera	pas
nous	ne pleurerons	pas
vous	ne pleurerez	pas
ils/elles	ne pleureront	pas

passé simple

je	ne pleurai	pas
tu	ne pleuras	pas
il/elle	ne pleura	pas
nous	ne pleurâmes	pas
vous	ne pleurâtes	pas
ils/elles	ne pleurèrent	pas

passé composé

n'ai	pas	pleuré
n'as	pas	pleuré
n'a	pas	pleuré
n'avons	pas	pleuré
n'avez	pas	pleuré
n'ont	pas	pleuré

plus-que-parfait

n'avais	pas	pleuré
n'avais	pas	pleuré
n'avait	pas	pleuré
n'avions	pas	pleuré
n'aviez	pas	pleuré
n'avaient	pas	pleuré

futur antérieur

n'aurai	pas	pleuré
n'auras	pas	pleuré
n'aura	pas	pleuré
n'aurons	pas	pleuré
n'aurez	pas	pleuré
n'auront	pas	pleuré

passé antérieur

n'eus	pas	pleuré
n'eus	pas	pleuré
n'eut	pas	pleuré
n'eûmes	pas	pleuré
n'eûtes	pas	pleuré
n'eurent	pas	pleuré

SUBJONCTIF

présent

que	je	ne pleure	pas
que	tu	ne pleures	pas
qu'	il/elle	ne pleure	pas
que	nous	ne pleurions	pas
que	vous	ne pleuriez	pas
qu'	ils/elles	ne pleurent	pas

imparfait

que	je	ne pleurasse	pas
que	tu	ne pleurasses	pas
qu'	il/elle	ne pleurât	pas
que	nous	ne pleurassions	pas
que	vous	ne pleurassiez	pas
qu'	ils/elles	ne pleurassent	pas

passé

que	je	n'aie	pas	pleuré
que	tu	n'aies	pas	pleuré
qu'	il/elle	n'ait	pas	pleuré
que	nous	n'ayons	pas	pleuré
que	vous	n'ayez	pas	pleuré
qu'	ils/elles	n'aient	pas	pleuré

plus-que-parfait

que	je	n'eusse	pas	pleuré
que	tu	n'eusses	pas	pleuré
qu'	il/elle	n'eût	pas	pleuré
que	nous	n'eussions	pas	pleuré
que	vous	n'eussiez	pas	pleuré
qu'	ils/elles	n'eussent	pas	pleuré

CONDITIONNEL

présent

je	ne pleurerais	pas
tu	ne pleurerais	pas
il/elle	ne pleurerait	pas
nous	ne pleurerions	pas
vous	ne pleureriez	pas
ils/elles	ne pleureraient	pas

passé 1re forme

n'aurais	pas	pleuré
n'aurais	pas	pleuré
n'aurait	pas	pleuré
n'aurions	pas	pleuré
n'auriez	pas	pleuré
n'auraient	pas	pleuré

passé 2e forme

mêmes formes que le subjonctif plus-que-parfait

IMPÉRATIF

présent		passé		
ne pleure	pas	n'aie	pas	pleuré
ne pleurons	pas	n'ayons	pas	pleuré
ne pleurez	pas	n'ayez	pas	pleuré

CONJUGATION IN INTERROGATIVE FORM

- The subject pronoun is placed after the verb. It is linked to the verbal form by a hyphen.
- In the 3rd person singular, a -t- is added if the verbal form ends in a vowel: *reste-t-il du pain?* (this is known as an euphonic -t- because it prevents the encounter of two vowels which would otherwise produce an unpleasant sound).
- In the 1st person singular of the present indicative of Group 1 verbs, the ending becomes -é but this form is hardly ever used.

INFINITIF

présent	passé
rester	être resté/ée,
étant resté/ée/és/ées	restés/ées

PARTICIPE

présent	passé
restant	resté/ée, restés/ées

INDICATIF

présent		passé composé	
resté-je? *(rare)*		suis-je	resté/ée?
restes-tu?		es-tu	resté/ée?
reste-t-il/elle?		est-il/elle	resté/ée?
restons-nous?		sommes-nous	restés/ées?
restez-vous?		êtes-vous	restés/ées?
restent-ils/elles?		sont-ils/elles	restés/ées?

imparfait		plus-que-parfait	
restais-je?		étais-je	resté/ée?
restais-tu?		étais-tu	resté/ée?
restait-il/elle?		était-il/elle	resté/ée?
restions-nous?		étions-nous	restés/ées?
restiez-vous?		étiez-vous	restés/ées?
restaient-ils/elles?		étaient-ils/elles	restés/ées?

futur simple		futur antérieur	
resterai-je?		serai-je	resté/ée?
resteras-tu?		seras-tu	resté/ée?
restera-t-il/elle?		sera-t-il/elle	resté/ée?
resterons-nous?		serons-nous	restés/ées?
resterez-vous?		serez-vous	restés/ées?
resteront-ils/elles?		seront-ils/elles	restés/ées?

passé simple		passé antérieur	
restai-je?		fus-je	resté/ée?
restas-tu?		fus-tu	resté/ée?
resta-t-il/elle?		fut-il/elle	resté/ée?
restâmes-nous?		fûmes-nous	restés/ées?
restâtes-vous?		fûtes-vous	restés/ées?
restèrent-ils/elles?		furent-ils/elles	restés/ées?

SUBJONCTIF

présent
n'existe pas

imparfait
n'existe pas

passé
n'existe pas

plus-que-parfait
n'existe pas

CONDITIONNEL

présent		passé 1re forme	
resterais-je?		serais-je	resté/ée?
resterais-tu?		serais-tu	resté/ée?
resterait-il/elle?		serait-il/elle	resté/ée?
resterions-nous?		serions-nous	restés/ées?
resteriez-vous?		seriez-vous	restés/ées?
resteraient-ils/elles?		seraient-ils/elles	restés/ées?

passé 2e forme
n'existe pas

IMPÉRATIF

présent	passé
n'existe pas	n'existe pas

- The past participle is always invariable.
- Serves as a conjugation auxiliary:
  - for all forms in the passive voice;
  - for the compound tenses in the reflexive voice and for certain verbs in the active voice.

[ɛtr]

Stems:
**Multiples
forms**

INFINITIF

présent	passé
être [ɛtr]	avoir été

PARTICIPE

présent	passé
étant [etɑ̃]	**été** [ete]
	ayant été

INDICATIF

présent

je	suis	[sɥi]
tu	es	[ɛ]
il/elle	est	[ɛ]
nous	sommes	[sɔm]
vous	êtes	[ɛt]
ils/elles	sont	[sɔ̃]

imparfait

j'	étais	[etɛ]
tu	étais	[etɛ]
il/elle	était	[etɛ]
nous	étions	[etjɔ̃]
vous	étiez	[etje]
ils/elles	étaient	[etɛ]

futur simple

je	serai	[s(ə)re]
tu	seras	[s(ə)ra]
il/elle	sera	[s(ə)ra]
nous	serons	[s(ə)rɔ̃]
vous	serez	[s(ə)re]
ils/elles	seront	[s(ə)rɔ̃]

passé simple

je	fus	[fy]
tu	fus	[fy]
il/elle	fut	[fy]
nous	fûmes	[fym]
vous	fûtes	[fyt]
ils/elles	furent	[fyr]

passé composé

ai	été
as	été
a	été
avons	été
avez	été
ont	été

plus-que-parfait

avais	été
avais	été
avait	été
avions	été
aviez	été
avaient	été

futur antérieur

aurai	été
auras	été
aura	été
aurons	été
aurez	été
auront	été

passé antérieur

eus	été
eus	été
eut	été
eûmes	été
eûtes	été
eurent	été

SUBJONCTIF

présent

que	je	sois	[swa]
que	tu	sois	[swa]
qu'	il/elle	soit	[swa]
que	nous	soyons	[swajɔ̃]
que	vous	soyez	[swaje]
qu'	ils/elles	soient	[swa]

imparfait

que	je	fusse	[fys]
que	tu	fusses	[fys]
qu'	il/elle	fût	[fy]
que	nous	fussions	[fysjɔ̃]
que	vous	fussiez	[fysje]
qu'	ils/elles	fussent	[fys]

passé

que	j'	aie	été
que	tu	aies	été
qu'	il/elle	ait	été
que	nous	ayons	été
que	vous	ayez	été
qu'	ils/elles	aient	été

plus-que-parfait

que	j'	eusse	été
que	tu	eusses	été
qu'	il/elle	eût	été
que	nous	eussions	été
que	vous	eussiez	été
qu'	ils/elles	eussent	été

CONDITIONNEL

présent

je	serais	[s(ə)rɛ]
tu	serais	[s(ə)rɛ]
il/elle	serait	[s(ə)rɛ]
nous	serions	[sərjɔ̃]
vous	seriez	[sərje]
ils/elles	seraient	[s(ə)rɛ]

passé 1ʳᵉ forme

aurais	été
aurais	été
aurait	été
aurions	été
auriez	été
auraient	été

passé 2ᵉ forme

mêmes formes que le subjonctif plus-que-parfait

IMPÉRATIF

présent

sois	[swa]
soyons	[swajɔ̃]
soyez	[swaje]

passé

aie	été
ayons	été
ayez	été

[avwar]

Stems:
av-/au-
ai-/a-/ay-
o-
eu-

- Serves as a conjugation auxiliary for the compound tenses for the majority of verbs in the active voice.
- Impersonal use: *il y a, il y aura, qu'il y ait,* etc. (= Il existe...)

INFINITIF

présent	passé
avoir [avwar]	avoir eu

PARTICIPE

présent	passé
ayant [ejã]	eu/eue, eus/eues [y]
	ayant eu

INDICATIF

présent		
j'	ai	[ɛ]
tu	as	[a]
il/elle	a	[a]
nous	avons	[avɔ̃]
vous	avez	[ave]
ils/elles	ont	[ɔ̃]

passé composé	
ai	eu
as	eu
a	eu
avons	eu
avez	eu
ont	eu

imparfait		
j'	avais	[avɛ]
tu	avais	[avɛ]
il/elle	avait	[avɛ]
nous	avions	[avjɔ̃]
vous	aviez	[avje]
ils/elles	avaient	[avɛ]

plus-que-parfait	
avais	eu
avais	eu
avait	eu
avions	eu
aviez	eu
avaient	eu

futur simple		
j'	aurai	[ɔre]
tu	auras	[ɔra]
il/elle	aura	[ɔra]
nous	aurons	[ɔrɔ̃]
vous	aurez	[ɔre]
ils/elles	auront	[ɔrɔ̃]

futur antérieur	
aurai	eu
auras	eu
aura	eu
aurons	eu
aurez	eu
auront	eu

passé simple		
j'	eus	[y]
tu	eus	[y]
il/elle	eut	[y]
nous	eûmes	[ym]
vous	eûtes	[yt]
ils/elles	eurent	[yr]

passé antérieur	
eus	eu
eus	eu
eut	eu
eûmes	eu
eûtes	eu
eurent	eu

SUBJONCTIF

présent		
que j'	aie	[ɛ]
que tu	aies	[ɛ]
qu' il/elle	ait	[ɛ]
que nous	ayons	[ejɔ̃]
que vous	ayez	[eje]
qu' ils/elles	aient	[ɛ]

imparfait		
que j'	eusse	[ys]
que tu	eusses	[ys]
qu' il/elle	eût	[y]
que nous	eussions	[ysjɔ̃]
que vous	eussiez	[ysje]
qu' ils/elles	eussent	[ys]

passé		
que j'	aie	eu
que tu	aies	eu
qu' il/elle	ait	eu
que nous	ayons	eu
que vous	ayez	eu
qu' ils/elles	aient	eu

plus-que-parfait		
que j'	eusse	eu
que tu	eusses	eu
qu' il/elle	eût	eu
que nous	eussions	eu
que vous	eussiez	eu
qu' ils/elles	eussent	eu

CONDITIONNEL

présent		
j'	aurais	[ɔrɛ]
tu	aurais	[ɔrɛ]
il/elle	aurait	[ɔrɛ]
nous	aurions	[ɔrjɔ̃]
vous	auriez	[ɔrje]
ils/elles	auraient	[ɔrɛ]

passé 1re forme	
aurais	eu
aurais	eu
aurait	eu
aurions	eu
auriez	eu
auraient	eu

passé 2ᵉ forme

mêmes formes que le subjonctif plus-que-parfait

IMPÉRATIF

présent		passé	
aie	[ɛ]	aie	eu
ayons	[ejɔ̃]	ayons	eu
ayez	[eje]	ayez	eu

- There is no final -**s** in the 2nd person singular of the present imperative, except in **vas-y** (euphonic -**s**-).
- Compound tenses are formed with "être".
- "Aller" serves as an auxiliary in the near future: *je vais partir* (= je suis sur le point de partir).
- Be careful with the word order in "s'en aller". In the imperative: *va-t'en, allons-nous-en, allez-vous-en*; in compound tenses, "en" is placed before the auxiliary: *je m'en suis allé/ée.*

[ale]
Stems:
all-/aill-
v-
i-

INFINITIF

présent	passé
aller [ale]	être allé/ée/és/ées

PARTICIPE

présent	passé
allant [alɑ̃]	allé/ée, allés/ées [ale]
	étant allé/ée/és/ées

INDICATIF

présent				passé composé	
je	vais	[vɛ]		suis	allé/ée
tu	vas	[va]		es	allé/ée
il/elle	va	[va]		est	allé/ée
nous	allons	[alɔ̃]		sommes	allés/ées
vous	allez	[ale]		êtes	allés/ées
ils/elles	vont	[vɔ̃]		sont	allés/ées

imparfait				plus-que-parfait	
j'	allais	[alɛ]		étais	allé/ée
tu	allais	[alɛ]		étais	allé/ée
il/elle	allait	[alɛ]		était	allé/ée
nous	allions	[aljɔ̃]		étions	allés/ées
vous	alliez	[alje]		étiez	allés/ées
ils/elles	allaient	[alɛ]		étaient	allés/ées

futur simple				futur antérieur	
j'	irai	[ire]		serai	allé/ée
tu	iras	[ira]		seras	allé/ée
il/elle	ira	[ira]		sera	allé/ée
nous	irons	[irɔ̃]		serons	allés/ées
vous	irez	[ire]		serez	allés/ées
ils/elles	iront	[irɔ̃]		seront	allés/ées

passé simple				passé antérieur	
j'	allai	[ale]		fus	allé/ée
tu	allas	[ala]		fus	allé/ée
il/elle	alla	[ala]		fut	allé/ée
nous	allâmes	[alam]		fûmes	allés/ées
vous	allâtes	[alat]		fûtes	allés/ées
ils/elles	allèrent	[alɛr]		furent	allés/ées

SUBJONCTIF

présent			
que	j'	aille	[aj]
que	tu	ailles	[aj]
qu'	il/elle	aille	[aj]
que	nous	allions	[aljɔ̃]
que	vous	alliez	[alje]
qu'	ils/elles	aillent	[aj]

imparfait			
que	j'	allasse	[alas]
que	tu	allasses	[alas]
qu'	il/elle	allât	[ala]
que	nous	allassions	[alasjɔ̃]
que	vous	allassiez	[alasje]
qu'	ils/elles	allassent	[alas]

passé			
que	je	sois	allé/ée
que	tu	sois	allé/ée
qu'	il/elle	soit	allé/ée
que	nous	soyons	allés/ées
que	vous	soyez	allés/ées
qu'	ils/elles	soient	allés/ées

plus-que-parfait			
que	je	fusse	allé/ée
que	tu	fusses	allé/ée
qu'	il/elle	fût	allé/ée
que	nous	fussions	allés/ées
que	vous	fussiez	allés/ées
qu'	ils/elles	fussent	allés/ées

CONDITIONNEL

présent				passé 1re forme	
j'	irais	[irɛ]		serais	allé/ée
tu	irais	[irɛ]		serais	allé/ée
il/elle	irait	[irɛ]		serait	allé/ée
nous	irions	[irjɔ̃]		serions	allés/ées
vous	iriez	[irje]		seriez	allés/ées
ils/elles	iraient	[irɛ]		seraient	allés/ées

passé 2e forme

mêmes formes que le subjonctif plus-que-parfait

IMPÉRATIF

présent			passé	
va	[va]		sois	allé/ée
allons	[alɔ̃]		soyons	allés/ées
allez	[ale]		soyez	allés/ées

4 VENIR

[v(ə)nir]

Stems:
ven-
vien-/vienn-
viend-
vin-

- "Venir" serves as an auxiliary for the conjugation of the near past: *je viens d'arriver* (= je suis arrivé/ée à l'instant).
- The auxiliary "être" is used to form the compound tenses.

INFINITIF

présent	passé
venir [v(ə)nir]	être venu/ue, venus/ues

PARTICIPE

présent	passé
venant [v(ə)nɑ̃]	venu/ue, venus/ues [v(ə)ny] étant venu/ue/us/ues

INDICATIF

présent

je	viens	[vjɛ̃]
tu	viens	[vjɛ̃]
il/elle	vient	[vjɛ̃]
nous	venons	[v(ə)nɔ̃]
vous	venez	[v(ə)ne]
ils/elles	viennent	[vjɛn]

imparfait

je	venais	[v(ə)nɛ]
tu	venais	[v(ə)nɛ]
il/elle	venait	[v(ə)nɛ]
nous	venions	[v(ə)njɔ̃]
vous	veniez	[v(ə)nje]
ils/elles	venaient	[v(ə)nɛ]

futur simple

je	viendrai	[vjɛ̃dre]
tu	viendras	[vjɛ̃dra]
il/elle	viendra	[vjɛ̃dra]
nous	viendrons	[vjɛ̃drɔ̃]
vous	viendrez	[vjɛ̃dre]
ils/elles	viendront	[vjɛ̃drɔ̃]

passé simple

je	vins	[vɛ̃]
tu	vins	[vɛ̃]
il/elle	vint	[vɛ̃]
nous	vînmes	[vɛ̃m]
vous	vîntes	[vɛ̃t]
ils/elles	vinrent	[vɛ̃r]

passé composé

suis	venu/ue
es	venu/ue
est	venu/ue
sommes	venus/ues
êtes	venus/ues
sont	venus/ues

plus-que-parfait

étais	venu/ue
étais	venu/ue
était	venu/ue
étions	venus/ues
étiez	venus/ues
étaient	venus/ues

futur antérieur

serai	venu/ue
seras	venu/ue
sera	venu/ue
serons	venus/ues
serez	venus/ues
seront	venus/ues

passé antérieur

fus	venu/ue
fus	venu/ue
fut	venu/ue
fûmes	venus/ues
fûtes	venus/ues
furent	venus/ues

SUBJONCTIF

présent

que	je	vienne	[vjɛn]
que	tu	viennes	[vjɛn]
qu'	il/elle	vienne	[vjɛn]
que	nous	venions	[v(ə)njɔ̃]
que	vous	veniez	[v(ə)nje]
qu'	ils/elles	viennent	[vjɛn]

imparfait

que	je	vinsse	[vɛ̃s]
que	tu	vinsses	[vɛ̃s]
qu'	il/elle	vînt	[vɛ̃]
que	nous	vinssions	[vɛ̃sjɔ̃]
que	vous	vinssiez	[vɛ̃sje]
qu'	ils/elles	vinssent	[vɛ̃s]

passé

que	je	sois	venu/ue
que	tu	sois	venu/ue
qu'	il/elle	soit	venu/ue
que	nous	soyons	venus/ues
que	vous	soyez	venus/ues
qu'	ils/elles	soient	venus/ues

plus-que-parfait

que	je	fusse	venu/ue
que	tu	fusses	venu/ue
qu'	il/elle	fût	venu/ue
que	nous	fussions	venus/ues
que	vous	fussiez	venus/ues
qu'	ils/elles	fussent	venus/ues

CONDITIONNEL

présent

je	viendrais	[vjɛ̃drɛ]
tu	viendrais	[vjɛ̃drɛ]
il/elle	viendrait	[vjɛ̃drɛ]
nous	viendrions	[vjɛ̃drijɔ̃]
vous	viendriez	[vjɛ̃drije]
ils/elles	viendraient	[vjɛ̃drɛ]

passé 1ʳᵉ forme

serais	venu/ue
serais	venu/ue
serait	venu/ue
serions	venus/ues
seriez	venus/ues
seraient	venus/ues

passé 2ᵉ forme

mêmes formes que le subjonctif plus-que-parfait

IMPÉRATIF

présent		passé	
viens	[vjɛ̃]	sois	venu/ue
venons	[vənɔ̃]	soyons	venus/ues
venez	[vəne]	soyez	venus/ues

Serves as a model for all verbs derived from "venir" (but *circonvenir, prévenir* and *subvenir* are conjugated with "avoir"); also for "tenir" and verbs derived from "tenir" (*retenir, contenir...*) which are conjugated with "avoir".

- Careful with the spelling of some forms: a silent -e- is present but -ai- is written before a sounded -s-.
- Impersonal forms: *il fait chaud, il fait nuit....*

[fɛr]

Stems:
fai-/fais-
fe-
f-

INFINITIF

présent	passé
faire [fɛr]	avoir fait

PARTICIPE

présent	passé
faisant [fəzɑ̃]	fait/te, faits/tes [fɛ/ɛt]
	ayant fait

INDICATIF

présent			passé composé	
je	fais	[fɛ]	ai	fait
tu	fais	[fɛ]	as	fait
il/elle	fait	[fɛ]	a	fait
nous	**faisons**	[fəzɔ̃]	avons	fait
vous	faites	[fɛt]	avez	fait
ils/elles	font	[fɔ̃]	ont	fait

imparfait			plus-que-parfait	
je	**faisais**	[fəzɛ]	avais	fait
tu	**faisais**	[fəzɛ]	avais	fait
il/elle	**faisait**	[fəzɛ]	avait	fait
nous	**faisions**	[fəzjɔ̃]	avions	fait
vous	**faisiez**	[fəzje]	aviez	fait
ils/elles	**faisaient**	[fəzɛ]	avaient	fait

futur simple			futur antérieur	
je	ferai	[f(ə)re]	aurai	fait
tu	feras	[f(ə)ra]	auras	fait
il/elle	fera	[f(ə)ra]	aura	fait
nous	ferons	[f(ə)rɔ̃]	aurons	fait
vous	ferez	[f(ə)re]	aurez	fait
ils/elles	feront	[f(ə)rɔ̃]	auront	fait

passé simple			passé antérieur	
je	fis	[fi]	eus	fait
tu	fis	[fi]	eus	fait
il/elle	fit	[fi]	eut	fait
nous	fîmes	[fim]	eûmes	fait
vous	fîtes	[fit]	eûtes	fait
ils/elles	firent	[fir]	eurent	fait

SUBJONCTIF

présent				
que	je	fasse		[fas]
que	tu	fasses		[fas]
qu'	il/elle	fasse		[fas]
que	nous	fassions		[fasjɔ̃]
que	vous	fassiez		[fasje]
qu'	ils/elles	fassent		[fas]

imparfait				
que	je	fisse		[fis]
que	tu	fisses		[fis]
qu'	il/elle	fît		[fi]
que	nous	fissions		[fisjɔ̃]
que	vous	fissiez		[fisje]
qu'	ils/elles	fissent		[fis]

passé			
que	j'	aie	fait
que	tu	aies	fait
qu'	il/elle	ait	fait
que	nous	ayons	fait
que	vous	ayez	fait
qu'	ils/elles	aient	fait

plus-que-parfait			
que	j'	eusse	fait
que	tu	eusses	fait
qu'	il/elle	eût	fait
que	nous	eussions	fait
que	vous	eussiez	fait
qu'	ils/elles	eussent	fait

CONDITIONNEL

présent			passé 1ʳᵉ forme	
je	ferais	[f(ə)rɛ]	aurais	fait
tu	ferais	[f(ə)rɛ]	aurais	fait
il/elle	ferait	[f(ə)rɛ]	aurait	fait
nous	ferions	[fərjɔ̃]	aurions	fait
vous	feriez	[fərje]	auriez	fait
ils/elles	feraient	[f(ə)rɛ]	auraient	fait

passé 2ᵉ forme
mêmes formes que le subjonctif plus-que-parfait

IMPÉRATIF

présent		passé	
fais	[fɛ]	aie	fait
faisons	[fəzɔ̃]	ayons	fait
faites	[fɛt]	ayez	fait

Serves as a model for all verbs derived from "faire" (*défaire, refaire, satisfaire...*).

[mɛtr]

Stems:
met-/mett-
m-

● Careful with double -t- before a vowel or before -r-.

INFINITIF

présent	passé
mettre [mɛtr]	avoir mis

PARTICIPE

présent	passé
mettant [metã]	mis/ise, mis/ises [mi/iz]
	ayant mis

INDICATIF

présent			passé composé	
je	mets	[mɛ]	ai	mis
tu	mets	[mɛ]	as	mis
il/elle	met	[mɛ]	a	mis
nous	**mettons**	[metɔ̃]	avons	mis
vous	**mettez**	[mete]	avez	mis
ils/elles	**mettent**	[mɛt]	ont	mis

imparfait			plus-que-parfait	
je	**mettais**	[metɛ]	avais	mis
tu	**mettais**	[metɛ]	avais	mis
il/elle	**mettait**	[metɛ]	avait	mis
nous	**mettions**	[metjɔ̃]	avions	mis
vous	**mettiez**	[metje]	aviez	mis
ils/elles	**mettaient**	[metɛ]	avaient	mis

futur simple			futur antérieur	
je	**mettrai**	[metre]	aurai	mis
tu	**mettras**	[metra]	auras	mis
il/elle	**mettra**	[metra]	aura	mis
nous	**mettrons**	[metrɔ̃]	aurons	mis
vous	**mettrez**	[metre]	aurez	mis
ils/elles	**mettront**	[metrɔ̃]	auront	mis

passé simple			passé antérieur	
je	mis	[mi]	eus	mis
tu	mis	[mi]	eus	mis
il/elle	mit	[mi]	eut	mis
nous	mîmes	[mim]	eûmes	mis
vous	mîtes	[mit]	eûtes	mis
ils/elles	mirent	[mir]	eurent	mis

SUBJONCTIF

présent			
que	je	**mette**	[mɛt]
que	tu	**mettes**	[mɛt]
qu'	il/elle	**mette**	[mɛt]
que	nous	**mettions**	[metjɔ̃]
que	vous	**mettiez**	[metje]
qu'	ils/elles	**mettent**	[mɛt]

imparfait			
que	je	misse	[mis]
que	tu	misses	[mis]
qu'	il/elle	mît	[mi]
que	nous	missions	[misjɔ̃]
que	vous	missiez	[misje]
qu'	ils/elles	missent	[mis]

passé			
que	j'	aie	mis
que	tu	aies	mis
qu'	il/elle	ait	mis
que	nous	ayons	mis
que	vous	ayez	mis
qu'	ils/elles	aient	mis

plus-que-parfait			
que	j'	eusse	mis
que	tu	eusses	mis
qu'	il/elle	eût	mis
que	nous	eussions	mis
que	vous	eussiez	mis
qu'	ils/elles	eussent	mis

CONDITIONNEL

présent			passé 1re forme	
je	**mettrais**	[metrɛ]	aurais	mis
tu	**mettrais**	[metrɛ]	aurais	mis
il/elle	**mettrait**	[metrɛ]	aurait	mis
nous	**mettrions**	[metrijɔ̃]	aurions	mis
vous	**mettriez**	[metrije]	auriez	mis
ils/elles	**mettraient**	[metrɛ]	auraient	mis

passé 2e forme

mêmes formes que le subjonctif plus-que-parfait

IMPÉRATIF

présent		passé	
mets	[mɛ]	aie	mis
mettons	[metɔ̃]	ayons	mis
mettez	[mete]	ayez	mis

This model serves to conjugate all verbs derived from "mettre" (*admettre, compromettre, omettre, promettre, transmettre...*).

- The ending is in -**x** (not -**s**) in the first two persons of the present indicative.
- There is a double -**r**- in the future simple and the present conditional.
- The past participle is invariable.
- In the interrogative form, the 1st person of the present indicative becomes **puis** [pɥi]: *puis-je?* (= est-ce que je peux?)
- The present imperative is replaced by the subjunctive of desire: *puisses-tu....*

[puvwar]

Stems:
pouv-
peu-/peuv-
pour-
pu-
p-

INFINITIF

présent	passé
pouvoir [puvwar]	avoir pu

PARTICIPE

présent	passé
pouvant [puvɑ̃]	pu [py]
	ayant pu

INDICATIF

présent

je	**peux**	[pø]
tu	**peux**	[pø]
il/elle	peut	[pø]
nous	pouvons	[puvɔ̃]
vous	pouvez	[puve]
ils/elles	peuvent	[pœv]

imparfait

je	pouvais	[puvɛ]
tu	pouvais	[puvɛ]
il/elle	pouvait	[puvɛ]
nous	pouvions	[puvjɔ̃]
vous	pouviez	[puvje]
ils/elles	pouvaient	[puvɛ]

futur simple

je	**pourrai**	[pure]
tu	**pourras**	[pura]
il/elle	**pourra**	[pura]
nous	**pourrons**	[purɔ̃]
vous	**pourrez**	[pure]
ils/elles	**pourront**	[purɔ̃]

passé simple

je	pus	[py]
tu	pus	[py]
il/elle	put	[py]
nous	pûmes	[pym]
vous	pûtes	[pyt]
ils/elles	purent	[pyr]

passé composé

ai	pu
as	pu
a	pu
avons	pu
avez	pu
ont	pu

plus-que-parfait

avais	pu
avais	pu
avait	pu
avions	pu
aviez	pu
avaient	pu

futur antérieur

aurai	pu
auras	pu
aura	pu
aurons	pu
aurez	pu
auront	pu

passé antérieur

eus	pu
eus	pu
eut	pu
eûmes	pu
eûtes	pu
eurent	pu

SUBJONCTIF

présent

que	je	puisse	[pɥis]
que	tu	puisses	[pɥis]
qu'	il/elle	puisse	[pɥis]
que	nous	puissions	[pɥisjɔ̃]
que	vous	puissiez	[pɥisje]
qu'	ils/elles	puissent	[pɥis]

imparfait

que	je	pusse	[pys]
que	tu	pusses	[pys]
qu'	il/elle	pût	[py]
que	nous	pussions	[pysjɔ̃]
que	vous	pussiez	[pysje]
qu'	ils/elles	pussent	[pys]

passé

que	j'	aie	pu
que	tu	aies	pu
qu'	il/elle	ait	pu
que	nous	ayons	pu
que	vous	ayez	pu
qu'	ils/elles	aient	pu

plus-que-parfait

que	j'	eusse	pu
que	tu	eusses	pu
qu'	il/elle	eût	pu
que	nous	eussions	pu
que	vous	eussiez	pu
qu'	ils/elles	eussent	pu

CONDITIONNEL

présent

je	**pourrais**	[purɛ]
tu	**pourrais**	[purɛ]
il/elle	**pourrait**	[purɛ]
nous	**pourrions**	[purjɔ̃]
vous	**pourriez**	[purje]
ils/elles	**pourraient**	[purɛ]

passé 1ʳᵉ forme

aurais	pu
aurais	pu
aurait	pu
aurions	pu
auriez	pu
auraient	pu

passé 2ᵉ forme

mêmes formes que le subjonctif plus-que-parfait

IMPÉRATIF

présent	passé
inusité	*inusité*

GROUP 3

[vulwar]

Stems:
voul-
veu-/veul-
veuill-
voud-

- The ending is in **-x** (not **-s**) in the first two persons of the present indicative and the present imperative.
- In polite forms "veuille, veuillez" is used (not "veux, voulez"): *veuillez m'excuser.*

INFINITIF

présent	passé
vouloir [vulwar]	avoir voulu

PARTICIPE

présent	passé
voulant [vulā]	voulu/ue, voulus/ues [vuly]
	ayant voulu

INDICATIF

présent

je	**veux**	[vø]
tu	**veux**	[vø]
il/elle	veut	[vø]
nous	voulons	[vulɔ̃]
vous	voulez	[vule]
ils/elles	veulent	[vœl]

imparfait

je	voulais	[vulɛ]
tu	voulais	[vulɛ]
il/elle	voulait	[vulɛ]
nous	voulions	[vuljɔ̃]
vous	vouliez	[vulje]
ils/elles	voulaient	[vulɛ]

futur simple

je	voudrai	[vudre]
tu	voudras	[vudra]
il/elle	voudra	[vudra]
nous	voudrons	[vudrɔ̃]
vous	voudrez	[vudre]
ils/elles	voudront	[vudrɔ̃]

passé simple

je	voulus	[vuly]
tu	voulus	[vuly]
il/elle	voulut	[vuly]
nous	voulûmes	[vulym]
vous	voulûtes	[vulyt]
ils/elles	voulurent	[vulyr]

passé composé

ai	voulu
as	voulu
a	voulu
avons	voulu
avez	voulu
ont	voulu

plus-que-parfait

avais	voulu
avais	voulu
avait	voulu
avions	voulu
aviez	voulu
avaient	voulu

futur antérieur

aurai	voulu
auras	voulu
aura	voulu
aurons	voulu
aurez	voulu
auront	voulu

passé antérieur

eus	voulu
eus	voulu
eut	voulu
eûmes	voulu
eûtes	voulu
eurent	voulu

SUBJONCTIF

présent

que	je	veuille	[vœj]
que	tu	veuilles	[vœj]
qu'	il/elle	veuille	[vœj]
que	nous	voulions	[vuljɔ̃]
que	vous	vouliez	[vulje]
qu'	ils/elles	veuillent	[vœj]

imparfait

que	je	voulusse	[vulys]
que	tu	voulusses	[vulys]
qu'	il/elle	voulût	[vuly]
que	nous	voulussions	[vulysjɔ̃]
que	vous	voulussiez	[vulysje]
qu'	ils/elles	voulussent	[vulys]

passé

que	j'	aie	voulu
que	tu	aies	voulu
qu'	il/elle	ait	voulu
que	nous	ayons	voulu
que	vous	ayez	voulu
qu'	ils/elles	aient	voulu

plus-que-parfait

que	j'	eusse	voulu
que	tu	eusses	voulu
qu'	il/elle	eût	voulu
que	nous	eussions	voulu
que	vous	eussiez	voulu
qu'	ils/elles	eussent	voulu

CONDITIONNEL

présent

je	voudrais	[vudrɛ]
tu	voudrais	[vudrɛ]
il/elle	voudrait	[vudrɛ]
nous	voudrions	[vudrijɔ̃]
vous	voudriez	[vudrije]
ils/elles	voudraient	[vudrɛ]

passé 1ʳᵉ forme

aurais	voulu
aurais	voulu
aurait	voulu
aurions	voulu
auriez	voulu
auraient	voulu

passé 2ᵉ forme

mêmes formes que le subjonctif plus-que-parfait

IMPÉRATIF

présent

veux/veuille	[vø/vœj]
voulons/veuillons	[vulɔ̃/vœjɔ̃]
voulez/veuillez	[vule/vøje]

passé

aie	voulu
ayons	voulu
ayez	voulu

- The present imperative is not related to the present indicative: it is constructed using the stem **sach-**, with the help of the endings of Group 1 (like the present participle and the present subjunctive).

[savwar]

Stems:
sav-
sai-
sau-
s-
sach-

INFINITIF

présent	passé
savoir [savwar]	avoir su

PARTICIPE

présent	passé
sachant [saʃɑ̃]	su/ue, sus/ues [sy]
	ayant su

INDICATIF

présent			passé composé	
je	sais	[sɛ]	ai	su
tu	sais	[sɛ]	as	su
il/elle	sait	[sɛ]	a	su
nous	savons	[savɔ̃]	avons	su
vous	savez	[save]	avez	su
ils/elles	savent	[sav]	ont	su

imparfait			plus-que-parfait	
je	savais	[savɛ]	avais	su
tu	savais	[savɛ]	avais	su
il/elle	savait	[savɛ]	avait	su
nous	savions	[savjɔ̃]	avions	su
vous	saviez	[savje]	aviez	su
ils/elles	savaient	[savɛ]	avaient	su

futur simple			futur antérieur	
je	saurai	[sɔre]	aurai	su
tu	sauras	[sɔra]	auras	su
il/elle	saura	[sɔra]	aura	su
nous	saurons	[sɔrɔ̃]	aurons	su
vous	saurez	[sɔre]	aurez	su
ils/elles	sauront	[sɔrɔ̃]	auront	su

passé simple			passé antérieur	
je	sus	[sy]	eus	su
tu	sus	[sy]	eus	su
il/elle	sut	[sy]	eut	su
nous	sûmes	[sym]	eûmes	su
vous	sûtes	[syt]	eûtes	su
ils/elles	surent	[syr]	eurent	su

SUBJONCTIF

présent			
que	je	sache	[saʃ]
que	tu	saches	[saʃ]
qu'	il/elle	sache	[saʃ]
que	nous	sachions	[saʃjɔ̃]
que	vous	sachiez	[saʃje]
qu'	ils/elles	sachent	[saʃ]

imparfait			
que	je	susse	[sys]
que	tu	susses	[sys]
qu'	il/elle	sût	[sy]
que	nous	sussions	[sysjɔ̃]
que	vous	sussiez	[sysje]
qu'	ils/elles	sussent	[sys]

passé			
que	j'	aie	su
que	tu	aies	su
qu'	il/elle	ait	su
que	nous	ayons	su
que	vous	ayez	su
qu'	ils/elles	aient	su

plus-que-parfait			
que	j'	eusse	su
que	tu	eusses	su
qu'	il/elle	eût	su
que	nous	eussions	su
que	vous	eussiez	su
qu'	ils/elles	eussent	su

CONDITIONNEL

présent			passé 1re forme	
je	saurais	[sɔrɛ]	aurais	su
tu	saurais	[sɔrɛ]	aurais	su
il/elle	saurait	[sɔrɛ]	aurait	su
nous	saurions	[sɔrjɔ̃]	aurions	su
vous	sauriez	[sɔrje]	auriez	su
ils/elles	sauraient	[sɔrɛ]	auraient	su

passé 2e forme

mêmes formes que le subjonctif plus-que-parfait

IMPÉRATIF

présent		passé	
sache	[saʃ]	aie	su
sachons	[saʃɔ̃]	ayons	su
sachez	[saʃe]	ayez	su

GROUP 3

[dəvwar]

Stems:
dev-
doi-/doiv-
d-

- Careful with the circumflex accent (^) in the masculine singular of the past participle (the accent is not used in the feminine and the plural forms).

INFINITIF

présent	passé
devoir [dəvwar]	avoir dû

PARTICIPE

présent	passé
devant [dəvã]	dû/ue, dus/ues [dy]
	ayant dû

INDICATIF

présent			passé composé	
je	dois	[dwa]	ai	dû
tu	dois	[dwa]	as	dû
il/elle	doit	[dwa]	a	dû
nous	devons	[d(ə)vɔ̃]	avons	dû
vous	devez	[d(ə)ve]	avez	dû
ils/elles	doivent	[dwav]	ont	dû

imparfait			plus-que-parfait	
je	devais	[d(ə)vɛ]	avais	dû
tu	devais	[d(ə)vɛ]	avais	dû
il/elle	devait	[dəvɛ]	avait	dû
nous	devions	[dəvjɔ̃]	avions	dû
vous	deviez	[dəvje]	aviez	dû
ils/elles	devaient	[dəvɛ]	avaient	dû

futur simple			futur antérieur	
je	devrai	[dəvre]	aurai	dû
tu	devras	[dəvra]	auras	dû
il/elle	devra	[dəvra]	aura	dû
nous	devrons	[dəvrɔ̃]	aurons	dû
vous	devrez	[dəvre]	aurez	dû
ils/elles	devront	[dəvrɔ̃]	auront	dû

passé simple			passé antérieur	
je	dus	[dy]	eus	dû
tu	dus	[dy]	eus	dû
il/elle	dut	[dy]	eut	dû
nous	dûmes	[dym]	eûmes	dû
vous	dûtes	[dyt]	eûtes	dû
ils/elles	durent	[dyr]	eurent	dû

SUBJONCTIF

présent			
que je	doive	[dwav]	
que tu	doives	[dwav]	
qu' il/elle	doive	[dwav]	
que nous	devions	[dəvjɔ̃]	
que vous	deviez	[dəvje]	
qu' ils/elles	doivent	[dwav]	

imparfait			
que je	dusse	[dys]	
que tu	dusses	[dys]	
qu' il/elle	dût	[dy]	
que nous	dussions	[dysjɔ̃]	
que vous	dussiez	[dysje]	
qu' ils/elles	dussent	[dys]	

passé		
que j'	aie	dû
que tu	aies	dû
qu' il/elle	ait	dû
que nous	ayons	dû
que vous	ayez	dû
qu' ils/elles	aient	dû

plus-que-parfait		
que j'	eusse	dû
que tu	eusses	dû
qu' il/elle	eût	dû
que nous	eussions	dû
que vous	eussiez	dû
qu' ils/elles	eussent	dû

CONDITIONNEL

présent			passé 1ʳᵉ forme	
je	devrais	[dəvrɛ]	aurais	dû
tu	devrais	[dəvrɛ]	aurais	dû
il/elle	devrait	[dəvrɛ]	aurait	dû
nous	devrions	[dəvrijɔ̃]	aurions	dû
vous	devriez	[dəvrije]	auriez	dû
ils/elles	devraient	[dəvrɛ]	auraient	dû

passé 2ᵉ forme

mêmes formes que le subjonctif plus-que-parfait

IMPÉRATIF

présent		passé	
dois	[dwa]	aie	dû
devons	[dəvɔ̃]	ayons	dû
devez	[dəve]	ayez	dû

Redevoir, the only derivative of "devoir", follows this model.

- The past participle is invariable.
- An impersonal, defective verb.

[falwar]

Stems:
**fall-/faill-
fau-
faud-**

INFINITIF

présent	passé
falloir [falwar]	avoir fallu

PARTICIPE

présent	passé
inusité	**fallu** [faly] ayant fallu

INDICATIF

présent		passé composé	
il faut	[fo]	a	fallu
imparfait		**plus-que-parfait**	
il fallait	[falɛ]	avait	fallu
futur simple		**futur antérieur**	
il faudra	[fodra]	aura	fallu
passé simple		**passé antérieur**	
il fallut	[faly]	eut	fallu

SUBJONCTIF

présent	
qu'il faille	[faj]
imparfait	
qu'il fallût	[faly]
passé	
qu'il ait fallu	
plus-que-parfait	
qu'il eût fallu	

CONDITIONNEL

présent		passé 1re forme	
il faudrait	[fodrɛ]	aurait	fallu

passé 2e forme
mêmes formes que le subjonctif plus-que-parfait

IMPÉRATIF

présent	passé
inusité	inusité

GROUP 1

[eme]

Stem:
aim-

- A model for the regular conjugation of Group 1 (infinitive in -**er**).
- Careful: some verbs form their compound tenses with "être" (see "aller", table 3).

INFINITIF

présent	passé
aimer [eme]	avoir aimé

PARTICIPE

présent	passé
aimant [emã]	aimé/ée, aimés/ées [eme] ayant aimé

INDICATIF

présent

j'	aime	[ɛm]
tu	aimes	[ɛm]
il/elle	aime	[ɛm]
nous	aimons	[emɔ̃]
vous	aimez	[eme]
ils/elles	aiment	[ɛm]

imparfait

j'	aimais	[emɛ]
tu	aimais	[emɛ]
il/elle	aimait	[emɛ]
nous	aimions	[emjɔ̃]
vous	aimiez	[emje]
ils/elles	aimaient	[emɛ]

futur simple

j'	aimerai	[ɛm(ə)re]
tu	aimeras	[ɛm(ə)ra]
il/elle	aimera	[ɛm(ə)ra]
nous	aimerons	[em(ə)rɔ̃]
vous	aimerez	[em(ə)re]
ils/elles	aimeront	[ɛm(ə)rɔ̃]

passé simple

j'	aimai	[eme]
tu	aimas	[ema]
il/elle	aima	[ema]
nous	aimâmes	[emam]
vous	aimâtes	[emat]
ils/elles	aimèrent	[emɛr]

passé composé

ai	aimé
as	aimé
a	aimé
avons	aimé
avez	aimé
ont	aimé

plus-que-parfait

avais	aimé
avais	aimé
avait	aimé
avions	aimé
aviez	aimé
avaient	aimé

futur antérieur

aurai	aimé
auras	aimé
aura	aimé
aurons	aimé
aurez	aimé
auront	aimé

passé antérieur

eus	aimé
eus	aimé
eut	aimé
eûmes	aimé
eûtes	aimé
eurent	aimé

SUBJONCTIF

présent

que	j'	aime	[ɛm]
que	tu	aimes	[ɛm]
qu'	il/elle	aime	[ɛm]
que	nous	aimions	[emjɔ̃]
que	vous	aimiez	[emje]
qu'	ils/elles	aiment	[ɛm]

imparfait

que	j'	aimasse	[emas]
que	tu	aimasses	[emas]
qu'	il/elle	aimât	[ema]
que	nous	aimassions	[emasjɔ̃]
que	vous	aimassiez	[emasje]
qu'	ils/elles	aimassent	[emas]

passé

que	j'	aie	aimé
que	tu	aies	aimé
qu'	il/elle	ait	aimé
que	nous	ayons	aimé
que	vous	ayez	aimé
qu'	ils/elles	aient	aimé

plus-que-parfait

que	j'	eusse	aimé
que	tu	eusses	aimé
qu'	il/elle	eût	aimé
que	nous	eussions	aimé
que	vous	eussiez	aimé
qu'	ils/elles	eussent	aimé

CONDITIONNEL

présent

j'	aimerais	[ɛm(ə)rɛ]
tu	aimerais	[ɛm(ə)rɛ]
il/elle	aimerait	[ɛm(ə)rɛ]
nous	aimerions	[emərjɔ̃]
vous	aimeriez	[emərje]
ils/elles	aimeraient	[ɛm(ə)rɛ]

passé 1ʳᵉ forme

aurais	aimé
aurais	aimé
aurait	aimé
aurions	aimé
auriez	aimé
auraient	aimé

passé 2ᵉ forme

mêmes formes que le subjonctif plus-que-parfait

IMPÉRATIF

présent		passé	
aime	[ɛm]	aie	aimé
aimons	[emɔ̃]	ayons	aimé
aimez	[eme]	ayez	aimé

Serves as a model for all the verbs in Group 1, even those whose stem ends in a vowel (*cré/er, jou/er, salu/er...*) where one should remember the -**e**- in the future indicative and the present conditional (nous jouerions).

- The final **-é** of the stem appears in all forms. Careful with the sequence of vowels, in particular the past participle in the feminine: **créée, créées**.
- The final **-é** of the stem always takes an acute accent.

[kree]

Stem:
cré-

INFINITIF

présent	passé
créer [kree]	avoir créé

PARTICIPE

présent	passé
créant [kreã]	créé/**créée**, créés/**créées** [kree]
	ayant créé

INDICATIF

présent

je	crée	[krɛ]
tu	crées	[krɛ]
il/elle	crée	[krɛ]
nous	créons	[kreɔ̃]
vous	créez	[kree]
ils/elles	créent	[krɛ]

imparfait

je	créais	[krɛɛ]
tu	créais	[krɛɛ]
il/elle	créait	[krɛɛ]
nous	créions	[krejɔ̃]
vous	créiez	[kreje]
ils/elles	créaient	[krɛɛ]

futur simple

je	créerai	[krere]
tu	créeras	[krera]
il/elle	créera	[krera]
nous	créerons	[krerɔ̃]
vous	créerez	[krere]
ils/elles	créeront	[krerɔ̃]

passé simple

je	créai	[kree]
tu	créas	[krea]
il/elle	créa	[krea]
nous	créâmes	[kream]
vous	créâtes	[kreat]
ils/elles	créèrent	[kreɛr]

passé composé

ai	créé
as	créé
a	créé
avons	créé
avez	créé
ont	créé

plus-que-parfait

avais	créé
avais	créé
avait	créé
avions	créé
aviez	créé
avaient	créé

futur antérieur

aurai	créé
auras	créé
aura	créé
aurons	créé
aurez	créé
auront	créé

passé antérieur

eus	créé
eus	créé
eut	créé
eûmes	créé
eûtes	créé
eurent	créé

SUBJONCTIF

présent

que	je	crée	[krɛ]
que	tu	crées	[krɛ]
qu'	il/elle	crée	[krɛ]
que	nous	créions	[krejɔ̃]
que	vous	créiez	[kreje]
qu'	ils/elles	créent	[krɛ]

imparfait

que	je	créasse	[kreas]
que	tu	créasses	[kreas]
qu'	il/elle	créât	[krea]
que	nous	créassions	[kreasjɔ̃]
que	vous	créassiez	[kreasje]
qu'	ils/elles	créassent	[kreas]

passé

que	j'	aie	créé
que	tu	aies	créé
qu'	il/elle	ait	créé
que	nous	ayons	créé
que	vous	ayez	créé
qu'	ils/elles	aient	créé

plus-que-parfait

que	j'	eusse	créé
que	tu	eusses	créé
qu'	il/elle	eût	créé
que	nous	eussions	créé
que	vous	eussiez	créé
qu'	ils/elles	eussent	créé

CONDITIONNEL

présent

je	créerais	[krerɛ]
tu	créerais	[krerɛ]
il/elle	créerait	[krerɛ]
nous	créerions	[krerjɔ̃]
vous	créeriez	[krerje]
ils/elles	créeraient	[krerɛ]

passé 1ʳᵉ forme

aurais	créé
aurais	créé
aurait	créé
aurions	créé
auriez	créé
auraient	créé

passé 2ᵉ forme

mêmes formes que le subjonctif plus-que-parfait

IMPÉRATIF

présent

crée	[krɛ]
créons	[kreɔ̃]
créez	[kree]

passé

aie	créé
ayons	créé
ayez	créé

Serves as a model for the derivatives of "créer" (*procréer, recréer*) and the few, rare verbs in **-éer** (*agréer, béer...*).

GROUP 1

[etydje]

Stem:
étudi-

- The final **-i** of the stem appears in all forms. It is placed next to the **-i-** of certain endings: four forms, therefore, have double **-i-**.

INFINITIF

présent	passé
étudier [etydje]	avoir étudié

PARTICIPE

présent	passé
étudiant [etydjɑ̃]	étudié/ée, étudiés/ées [etydje]
	ayant étudié

INDICATIF

présent

j'	étudie	[etydi]
tu	étudies	[etydi]
il/elle	étudie	[etydi]
nous	étudions	[etydjɔ̃]
vous	étudiez	[etydje]
ils/elles	étudient	[etydi]

passé composé

ai	étudié
as	étudié
a	étudié
avons	étudié
avez	étudié
ont	étudié

imparfait

j'	étudiais	[etydjɛ]
tu	étudiais	[etydjɛ]
il/elle	étudiait	[etydjɛ]
nous	**étudiions**	[etydijɔ̃]
vous	**étudiiez**	[etydije]
ils/elles	étudiaient	[etydjɛ]

plus-que-parfait

avais	étudié
avais	étudié
avait	étudié
avions	étudié
aviez	étudié
avaient	étudié

futur simple

j'	étudierai	[etydire]
tu	étudieras	[etydira]
il/elle	étudiera	[etydira]
nous	étudierons	[etydirɔ̃]
vous	étudierez	[etydire]
ils/elles	étudieront	[etydirɔ̃]

futur antérieur

aurai	étudié
auras	étudié
aura	étudié
aurons	étudié
aurez	étudié
auront	étudié

passé simple

j'	étudiai	[etydje]
tu	étudias	[etydja]
il/elle	étudia	[etydja]
nous	étudiâmes	[etydjam]
vous	étudiâtes	[etydjat]
ils/elles	étudièrent	[etydjɛr]

passé antérieur

eus	étudié
eus	étudié
eut	étudié
eûmes	étudié
eûtes	étudié
eurent	étudié

SUBJONCTIF

présent

que	j'	étudie	[etydi]
que	tu	étudies	[etydi]
qu'	il/elle	étudie	[etydi]
que	nous	**étudiions**	[etydijɔ̃]
que	vous	**étudiiez**	[etydije]
qu'	ils/elles	étudient	[etydi]

imparfait

que	j'	étudiasse	[etydjas]
que	tu	étudiasses	[etydjas]
qu'	il/elle	étudiât	[etydja]
que	nous	étudiassions	[etydjasjɔ̃]
que	vous	étudiassiez	[etydjasje]
qu'	ils/elles	étudiassent	[etydjas]

passé

que	j'	aie	étudié
que	tu	aies	étudié
qu'	il/elle	ait	étudié
que	nous	ayons	étudié
que	vous	ayez	étudié
qu'	ils/elles	aient	étudié

plus-que-parfait

que	j'	eusse	étudié
que	tu	eusses	étudié
qu'	il/elle	eût	étudié
que	nous	eussions	étudié
que	vous	eussiez	étudié
qu'	ils/elles	eussent	étudié

CONDITIONNEL

présent

j'	étudierais	[etydirɛ]
tu	étudierais	[etydirɛ]
il/elle	étudierait	[etydirɛ]
nous	étudierions	[etydirjɔ̃]
vous	étudieriez	[etydirje]
ils/elles	étudieraient	[etydirɛ]

passé 1ʳᵉ forme

aurais	étudié
aurais	étudié
aurait	étudié
aurions	étudié
auriez	étudié
auraient	étudié

passé 2ᵉ forme

mêmes formes que le subjonctif plus-que-parfait

IMPÉRATIF

présent		passé	
étudie	[etydi]	aie	étudié
étudions	[etydjɔ̃]	ayons	étudié
étudiez	[etydje]	ayez	étudié

Serves as a model for all verbs in **-ier** (*apprécier, copier, lier, nier, prier...*).

[distɛ̃ge]

Stem:
distingu-

- The final **-u** of the stem appears in all forms, even in the endings starting with **-o-** or **-a-**.

INFINITIF

présent	passé
distinguer [distɛ̃ge]	avoir distingué

PARTICIPE

présent	passé
distinguant [distɛ̃gɑ̃]	distingué/ée, distingués/ées [distɛ̃ge] ayant distingué

INDICATIF

présent

je	distingue	[-tɛ̃g]
tu	distingues	[-tɛ̃g]
il/elle	distingue	[-tɛ̃g]
nous	**distinguons**	[-tɛ̃gɔ̃]
vous	distinguez	[-tɛ̃ge]
ils/elles	distinguent	[-tɛ̃g]

passé composé

ai	distingué
as	distingué
a	distingué
avons	distingué
avez	distingué
ont	distingué

imparfait

je	**distinguais**	[-tɛ̃gɛ]
tu	**distinguais**	[-tɛ̃gɛ]
il/elle	**distinguait**	[-tɛ̃gɛ]
nous	distinguions	[-tɛ̃gjɔ̃]
vous	distinguiez	[-tɛ̃gje]
ils/elles	**distinguaient**	[-tɛ̃gɛ]

plus-que-parfait

avais	distingué
avais	distingué
avait	distingué
avions	distingué
aviez	distingué
avaient	distingué

futur simple

je	distinguerai	[-tɛ̃g(ə)re]
tu	distingueras	[-tɛ̃g(ə)ra]
il/elle	distinguera	[-tɛ̃g(ə)ra]
nous	distinguerons	[-tɛ̃g(ə)rɔ̃]
vous	distinguerez	[-tɛ̃g(ə)re]
ils/elles	distingueront	[-tɛ̃g(ə)rɔ̃]

futur antérieur

aurai	distingué
auras	distingué
aura	distingué
aurons	distingué
aurez	distingué
auront	distingué

passé simple

je	**distinguai**	[-tɛ̃ge]
tu	**distinguas**	[-tɛ̃ga]
il/elle	**distingua**	[-tɛ̃ga]
nous	**distinguâmes**	[-tɛ̃gam]
vous	**distinguâtes**	[-tɛ̃gat]
ils/elles	distinguèrent	[-tɛ̃gɛr]

passé antérieur

eus	distingué
eus	distingué
eut	distingué
eûmes	distingué
eûtes	distingué
eurent	distingué

SUBJONCTIF

présent

que	je	distingue	[-tɛ̃g]
que	tu	distingues	[-tɛ̃g]
qu'	il/elle	distingue	[-tɛ̃g]
que	nous	distinguions	[-tɛ̃gjɔ̃]
que	vous	distinguiez	[-tɛ̃gje]
qu'	ils/elles	distinguent	[-tɛ̃g]

imparfait

que	je	**distinguasse**	[-tɛ̃gas]
que	tu	**distinguasses**	[-tɛ̃gas]
qu'	il/elle	**distinguât**	[-tɛ̃ga]
que	nous	**distinguassions**	[-tɛ̃gasjɔ̃]
que	vous	**distinguassiez**	[-tɛ̃gasje]
qu'	ils/elles	**distinguassent**	[-tɛ̃gas]

passé

que	j'	aie	distingué
que	tu	aies	distingué
qu'	il/elle	ait	distingué
que	nous	ayons	distingué
que	vous	ayez	distingué
qu'	ils/elles	aient	distingué

plus-que-parfait

que	j'	eusse	distingué
que	tu	eusses	distingué
qu'	il/elle	eût	distingué
que	nous	eussions	distingué
que	vous	eussiez	distingué
qu'	ils/elles	eussent	distingué

CONDITIONNEL

présent

je	distinguerais	[-tɛ̃g(ə)rɛ]
tu	distinguerais	[-tɛ̃g(ə)rɛ]
il/elle	distinguerait	[-tɛ̃g(ə)rɛ]
nous	distinguerions	[-tɛ̃gərjɔ̃]
vous	distingueriez	[-tɛ̃gərje]
ils/elles	distingueraient	[-tɛ̃g(ə)rɛ]

passé 1ʳᵉ forme

aurais	distingué
aurais	distingué
aurait	distingué
aurions	distingué
auriez	distingué
auraient	distingué

passé 2ᵉ forme

mêmes formes que le subjonctif plus-que-parfait

IMPÉRATIF

présent		passé	
distingue	[-tɛ̃g]	aie	distingué
distinguons	[-tɛ̃gɔ̃]	ayons	distingué
distinguez	[-tɛ̃ge]	ayez	distingué

Serves as a model for all the verbs in **-guer** (*conjuguer, naviguer...*) and all verbs in **-quer** (*indiquer, manquer...*); in French **-q**- is always followed by **-u-**, except at the end of a word.

GROUP 1

[mɑ̃ʒe]

Stem:
mang-/mange-

- Before an ending beginning with -o- or -a-, the final -g of the stem is followed by an -e- to keep the soft sound [ʒ].

INFINITIF

présent	passé
manger [mɑ̃ʒe]	avoir mangé

PARTICIPE

présent	passé
mangeant [mɑ̃ʒɑ̃]	mangé/ée, mangés/ées [mɑ̃ʒe] ayant mangé

INDICATIF

présent

je	mange	[mɑ̃ʒ]
tu	manges	[mɑ̃ʒ]
il/elle	mange	[mɑ̃ʒ]
nous	**mangeons**	[mɑ̃ʒɔ̃]
vous	mangez	[mɑ̃ʒe]
ils/elles	mangent	[mɑ̃ʒ]

imparfait

je	**mangeais**	[mɑ̃ʒɛ]
tu	**mangeais**	[mɑ̃ʒɛ]
il/elle	**mangeait**	[mɑ̃ʒɛ]
nous	mangions	[mɑ̃ʒjɔ̃]
vous	mangiez	[mɑ̃ʒje]
ils/elles	**mangeaient**	[mɑ̃ʒɛ]

futur simple

je	mangerai	[mɑ̃ʒre]
tu	mangeras	[mɑ̃ʒra]
il/elle	mangera	[mɑ̃ʒra]
nous	mangerons	[mɑ̃ʒrɔ̃]
vous	mangerez	[mɑ̃ʒre]
ils/elles	mangeront	[mɑ̃ʒrɔ̃]

passé simple

je	**mangeai**	[mɑ̃ʒe]
tu	**mangeas**	[mɑ̃ʒa]
il/elle	**mangea**	[mɑ̃ʒa]
nous	**mangeâmes**	[mɑ̃ʒam]
vous	**mangeâtes**	[mɑ̃ʒat]
ils/elles	mangèrent	[mɑ̃ʒɛr]

passé composé

ai	mangé
as	mangé
a	mangé
avons	mangé
avez	mangé
ont	mangé

plus-que-parfait

avais	mangé
avais	mangé
avait	mangé
avions	mangé
aviez	mangé
avaient	mangé

futur antérieur

aurai	mangé
auras	mangé
aura	mangé
aurons	mangé
aurez	mangé
auront	mangé

passé antérieur

eus	mangé
eus	mangé
eut	mangé
eûmes	mangé
eûtes	mangé
eurent	mangé

SUBJONCTIF

présent

que	je	mange	[mɑ̃ʒ]
que	tu	manges	[mɑ̃ʒ]
qu'	il/elle	mange	[mɑ̃ʒ]
que	nous	mangions	[mɑ̃ʒjɔ̃]
que	vous	mangiez	[mɑ̃ʒje]
qu'	ils/elles	mangent	[mɑ̃ʒ]

imparfait

que	je	**mangeasse**	[mɑ̃ʒas]
que	tu	**mangeasses**	[mɑ̃ʒas]
qu'	il/elle	**mangeât**	[mɑ̃ʒa]
que	nous	**mangeassions**	[mɑ̃ʒasjɔ̃]
que	vous	**mangeassiez**	[mɑ̃ʒasje]
qu'	ils/elles	**mangeassent**	[mɑ̃ʒas]

passé

que	j'	aie	mangé
que	tu	aies	mangé
qu'	il/elle	ait	mangé
que	nous	ayons	mangé
que	vous	ayez	mangé
qu'	ils/elles	aient	mangé

plus-que-parfait

que	j'	eusse	mangé
que	tu	eusses	mangé
qu'	il/elle	eût	mangé
que	nous	eussions	mangé
que	vous	eussiez	mangé
qu'	ils/elles	eussent	mangé

CONDITIONNEL

présent

je	mangerais	[mɑ̃ʒrɛ]
tu	mangerais	[mɑ̃ʒrɛ]
il/elle	mangerait	[mɑ̃ʒrɛ]
nous	mangerions	[mɑ̃ʒərjɔ̃]
vous	mangeriez	[mɑ̃ʒərje]
ils/elles	mangeraient	[mɑ̃ʒrɛ]

passé 1re forme

aurais	mangé
aurais	mangé
aurait	mangé
aurions	mangé
auriez	mangé
auraient	mangé

passé 2e forme

mêmes formes que le subjonctif plus-que-parfait

IMPÉRATIF

présent		passé	
mange	[mɑ̃ʒ]	aie	mangé
mangeons	[mɑ̃ʒɔ̃]	ayons	mangé
mangez	[mɑ̃ʒe]	ayez	mangé

Serves as a model for all verbs in -**ger** (*arranger, changer, déménager, neiger, obliger, ranger, voyager...*).

- Before an ending beginning with -**o**- or -**a**-, the final -**c** of the stem takes a cedilla (ç) to keep the soft sound [s].

[plase]
Stem:
plac-/plaç-

INFINITIF

présent	passé
placer [plase]	avoir placé

PARTICIPE

présent	passé
plaçant [plasɑ̃]	placé/ée, placés/ées [plase] ayant placé

INDICATIF

présent

je	place	[plas]
tu	places	[plas]
il/elle	place	[plas]
nous	**plaçons**	[plasɔ̃]
vous	placez	[plase]
ils/elles	placent	[plas]

imparfait

je	**plaçais**	[plasɛ]
tu	**plaçais**	[plasɛ]
il/elle	**plaçait**	[plasɛ]
nous	placions	[plasjɔ̃]
vous	placiez	[plasje]
ils/elles	**plaçaient**	[plasɛ]

futur simple

je	placerai	[plasre]
tu	placeras	[plasra]
il/elle	placera	[plasra]
nous	placerons	[plasrɔ̃]
vous	placerez	[plasre]
ils/elles	placeront	[plasrɔ̃]

passé simple

je	**plaçai**	[plase]
tu	**plaças**	[plasa]
il/elle	**plaça**	[plasa]
nous	**plaçâmes**	[plasam]
vous	**plaçâtes**	[plasat]
ils/elles	placèrent	[plasɛr]

passé composé

ai	placé
as	placé
a	placé
avons	placé
avez	placé
ont	placé

plus-que-parfait

avais	placé
avais	placé
avait	placé
avions	placé
aviez	placé
avaient	placé

futur antérieur

aurai	placé
auras	placé
aura	placé
aurons	placé
aurez	placé
auront	placé

passé antérieur

eus	placé
eus	placé
eut	placé
eûmes	placé
eûtes	placé
eurent	placé

SUBJONCTIF

présent

que	je	place	[plas]
que	tu	places	[plas]
qu'	il/elle	place	[plas]
que	nous	placions	[plasjɔ̃]
que	vous	placiez	[plasje]
qu'	ils/elles	placent	[plas]

imparfait

que	je	**plaçasse**	[plasas]
que	tu	**plaçasses**	[plasas]
qu'	il/elle	**plaçât**	[plasa]
que	nous	**plaçassions**	[plasasjɔ̃]
que	vous	**plaçassiez**	[plasasje]
qu'	ils/elles	**plaçassent**	[plasas]

passé

que	j'	aie	placé
que	tu	aies	placé
qu'	il/elle	ait	placé
que	nous	ayons	placé
que	vous	ayez	placé
qu'	ils/elles	aient	placé

plus-que-parfait

que	j'	eusse	placé
que	tu	eusses	placé
qu'	il/elle	eût	placé
que	nous	eussions	placé
que	vous	eussiez	placé
qu'	ils/elles	eussent	placé

CONDITIONNEL

présent

je	placerais	[plasrɛ]
tu	placerais	[plasrɛ]
il/elle	placerait	[plasrɛ]
nous	placerions	[plasərjɔ̃]
vous	placeriez	[plasərje]
ils/elles	placeraient	[plasrɛ]

passé 1re forme

aurais	placé
aurais	placé
aurait	placé
aurions	placé
auriez	placé
auraient	placé

passé 2e forme

mêmes formes que le subjonctif plus-que-parfait

IMPÉRATIF

présent		passé	
place	[plas]	aie	placé
plaçons	[plasɔ̃]	ayons	placé
placez	[plase]	ayez	placé

Serves as a model for all verbs in -**cer** (*annoncer, avancer, coincer, commencer, prononcer, tracer...*).

GROUP 1

[akjese]

Stems:
acquiesc-/
acquiesç-

- Follows model 17, but careful: remember the -s- which always precedes the final -c (or -ç) of the stem.
- The past participle is invariable.

INFINITIF

présent	passé
acquiescer [akjese]	avoir acquiescé

PARTICIPE

présent	passé
acquiesçant [akjesã]	acquiescé [akjese] ayant acquiescé

INDICATIF

présent

j'	acquiesce	[-jɛs]
tu	acquiesces	[-jɛs]
il/elle	acquiesce	[-jɛs]
nous	**acquiesçons**	[-jesɔ̃]
vous	acquiescez	[-jese]
ils/elles	acquiescent	[-jɛs]

imparfait

j'	**acquiesçais**	[-jesɛ]
tu	**acquiesçais**	[-jesɛ]
il/elle	**acquiesçait**	[-jesɛ]
nous	acquiescions	[-jesjɔ̃]
vous	acquiesciez	[-jesje]
ils/elles	**acquiesçaient**	[-jesɛ]

futur simple

j'	acquiescerai	[-jɛsre]
tu	acquiesceras	[-jɛsra]
il/elle	acquiescera	[-jɛsra]
nous	acquiescerons	[-jɛsrɔ̃]
vous	acquiescerez	[-jɛsre]
ils/elles	acquiesceront	[-jɛsrɔ̃]

passé simple

j'	**acquiesçai**	[-jese]
tu	**acquiesças**	[-jesa]
il/elle	**acquiesça**	[-jesa]
nous	**acquiesçâmes**	[-jesam]
vous	**acquiesçâtes**	[-jesat]
ils/elles	acquiescèrent	[-jesɛr]

passé composé

ai	acquiescé
as	acquiescé
a	acquiescé
avons	acquiescé
avez	acquiescé
ont	acquiescé

plus-que-parfait

avais	acquiescé
avais	acquiescé
avait	acquiescé
avions	acquiescé
aviez	acquiescé
avaient	acquiescé

futur antérieur

aurai	acquiescé
auras	acquiescé
aura	acquiescé
aurons	acquiescé
aurez	acquiescé
auront	acquiescé

passé antérieur

eus	acquiescé
eus	acquiescé
eut	acquiescé
eûmes	acquiescé
eûtes	acquiescé
eurent	acquiescé

SUBJONCTIF

présent

que	j'	acquiesce	[-jɛs]
que	tu	acquiesces	[-jɛs]
qu'	il/elle	acquiesce	[-jɛs]
que	nous	acquiescions	[-jesjɔ̃]
que	vous	acquiesciez	[-jesje]
qu'	ils/elles	acquiescent	[-jɛs]

imparfait

que	j'	**acquiesçasse**	[-jesas]
que	tu	**acquiesçasses**	[-jesas]
qu'	il/elle	**acquiesçât**	[-jesa]
que	nous	**acquiesçassions**	[-jesasjɔ̃]
que	vous	**acquiesçassiez**	[-jesasje]
qu'	ils/elles	**acquiesçassent**	[-jesas]

passé

que	j'	aie	acquiescé
que	tu	aies	acquiescé
qu'	il/elle	ait	acquiescé
que	nous	ayons	acquiescé
que	vous	ayez	acquiescé
qu'	ils/elles	aient	acquiescé

plus-que-parfait

que	j'	eusse	acquiescé
que	tu	eusses	acquiescé
qu'	il/elle	eût	acquiescé
que	nous	eussions	acquiescé
que	vous	eussiez	acquiescé
qu'	ils/elles	eussent	acquiescé

CONDITIONNEL

présent

j'	acquiescerais	[-jɛsrɛ]
tu	acquiescerais	[-jɛsrɛ]
il/elle	acquiescerait	[-jɛsrɛ]
nous	acquiescerions	[-jesərjɔ̃]
vous	acquiesceriez	[-jesərje]
ils/elles	acquiesceraient	[-jɛsrɛ]

passé 1ʳᵉ forme

aurais	acquiescé
aurais	acquiescé
aurait	acquiescé
aurions	acquiescé
auriez	acquiescé
auraient	acquiescé

passé 2ᵉ forme

mêmes formes que le subjonctif plus-que-parfait

IMPÉRATIF

présent

acquiesce	[-jɛs]
acquiesçons	[-jesɔ̃]
acquiescez	[-jese]

passé

aie	acquiescé
ayons	acquiescé
ayez	acquiescé

- Before an ending where there is only one syllable which has a silent -**e**-, it is the stem **cèd**- (with a grave accent) which serves to construct the verbal form: *je cède* (but: *nous cédons*).
- In the future simple and the present conditional, -**é**- is normally pronounced [ɛ].

[sede]
Stems:
céd-
cèd-

INFINITIF

présent	passé
céder [sede]	avoir cédé

PARTICIPE

présent	passé
cédant [sedɑ̃]	cédé/ée, cédés/ées [sede]
	ayant cédé

INDICATIF

présent			passé composé	
je	**cède**	[sɛd]	ai	cédé
tu	**cèdes**	[sɛd]	as	cédé
il/elle	**cède**	[sɛd]	a	cédé
nous	cédons	[sedɔ̃]	avons	cédé
vous	cédez	[sede]	avez	cédé
ils/elles	**cèdent**	[sɛd]	ont	cédé

imparfait			plus-que-parfait	
je	cédais	[sedɛ]	avais	cédé
tu	cédais	[sedɛ]	avais	cédé
il/elle	cédait	[sedɛ]	avait	cédé
nous	cédions	[sedjɔ̃]	avions	cédé
vous	cédiez	[sedje]	aviez	cédé
ils/elles	cédaient	[sedɛ]	avaient	cédé

futur simple			futur antérieur	
je	céderai	[sɛdre]	aurai	cédé
tu	céderas	[sɛdra]	auras	cédé
il/elle	cédera	[sɛdra]	aura	cédé
nous	céderons	[sɛdrɔ̃]	aurons	cédé
vous	céderez	[sɛdre]	aurez	cédé
ils/elles	céderont	[sɛdrɔ̃]	auront	cédé

passé simple			passé antérieur	
je	cédai	[sede]	eus	cédé
tu	cédas	[seda]	eus	cédé
il/elle	céda	[seda]	eut	cédé
nous	cédâmes	[sedam]	eûmes	cédé
vous	cédâtes	[sedat]	eûtes	cédé
ils/elles	cédèrent	[sedɛr]	eurent	cédé

SUBJONCTIF

présent			
que	je	**cède**	[sɛd]
que	tu	**cèdes**	[sɛd]
qu'	il/elle	**cède**	[sɛd]
que	nous	cédions	[sedjɔ̃]
que	vous	cédiez	[sedje]
qu'	ils/elles	**cèdent**	[sɛd]

imparfait			
que	je	cédasse	[sedas]
que	tu	cédasses	[sedas]
qu'	il/elle	cédât	[seda]
que	nous	cédassions	[sedasjɔ̃]
que	vous	cédassiez	[sedasje]
qu'	ils/elles	cédassent	[sedas]

passé			
que	j'	aie	cédé
que	tu	aies	cédé
qu'	il/elle	ait	cédé
que	nous	ayons	cédé
que	vous	ayez	cédé
qu'	ils/elles	aient	cédé

plus-que-parfait			
que	j'	eusse	cédé
que	tu	eusses	cédé
qu'	il/elle	eût	cédé
que	nous	eussions	cédé
que	vous	eussiez	cédé
qu'	ils/elles	eussent	cédé

CONDITIONNEL

présent			passé 1ʳᵉ forme	
je	céderais	[sɛdrɛ]	aurais	cédé
tu	céderais	[sɛdrɛ]	aurais	cédé
il/elle	céderait	[sɛdrɛ]	aurait	cédé
nous	céderions	[sedərjɔ̃]	aurions	cédé
vous	céderiez	[sedərje]	auriez	cédé
ils/elles	céderaient	[sɛdrɛ]	auraient	cédé

passé 2ᵉ forme

mêmes formes que le subjonctif plus-que-parfait

IMPÉRATIF

présent		passé	
cède	[sɛd]	aie	cédé
cédons	[sedɔ̃]	ayons	cédé
cédez	[sede]	ayez	cédé

The alternate forms -**é**-/-**è**- are found in all verbs of Group 1 which have an -**e**- with an acute accent (é) before the last consonant sound of the stem (*aérer, compléter, espérer, répéter, sécher...*).

GROUP 1

[prɔteʒe]

Stems:
protég-/protége-
protèg-

- Before an ending beginning with -**o**- or -**a**-, the final -**g** of the stem is followed by an -**e**- to keep the soft sound [ʒ].
- Note the alternate forms -**é**-/-**è**- of the stem (see table 19).

INFINITIF

présent	passé
protéger [prɔteʒe]	avoir protégé

PARTICIPE

présent	passé
protégeant [prɔteʒɑ̃]	protégé/ée, protégés/ées [prɔteʒe] ayant protégé

INDICATIF

présent			passé composé	
je	**protège**	[-tɛʒ]	ai	protégé
tu	**protèges**	[-tɛʒ]	as	protégé
il/elle	**protège**	[-tɛʒ]	a	protégé
nous	**protégeons**	[-teʒɔ̃]	avons	protégé
vous	protégez	[-teʒe]	avez	protégé
ils/elles	**protègent**	[-tɛʒ]	ont	protégé

imparfait			plus-que-parfait	
je	**protégeais**	[-teʒɛ]	avais	protégé
tu	**protégeais**	[-teʒɛ]	avais	protégé
il/elle	**protégeait**	[-teʒɛ]	avait	prptégé
nous	protégions	[-teʒjɔ̃]	avions	protégé
vous	protégiez	[-teʒje]	aviez	protégé
ils/elles	**protégeaient**	[-teʒɛ]	avaient	protégé

futur simple			futur antérieur	
je	protégerai	[-tɛʒre]	aurai	protégé
tu	protégeras	[-tɛʒra]	auras	protégé
il/elle	protégera	[-tɛʒra]	aura	protégé
nous	protégerons	[-tɛʒrɔ̃]	aurons	protégé
vous	protégerez	[-tɛʒre]	aurez	protégé
ils/elles	protégeront	[-tɛʒrɔ̃]	auront	protégé

passé simple			passé antérieur	
je	**protégeai**	[-teʒe]	eus	protégé
tu	**protégeas**	[-teʒa]	eus	protégé
il/elle	**protégea**	[-teʒa]	eut	protégé
nous	**protégeâmes**	[-teʒam]	eûmes	protégé
vous	**protégeâtes**	[-teʒat]	eûtes	protégé
ils/elles	protégèrent	[-teʒɛr]	eurent	protégé

SUBJONCTIF

présent			
que	je	**protège**	[-tɛʒ]
que	tu	**protèges**	[-tɛʒ]
qu'	il/elle	**protège**	[-tɛʒ]
que	nous	protégions	[-teʒjɔ̃]
que	vous	protégiez	[-teʒje]
qu'	ils/elles	**protègent**	[-tɛʒ]

imparfait			
que	je	**protégeasse**	[-teʒas]
que	tu	**protégeasses**	[-teʒas]
qu'	il/elle	**protégeât**	[-teʒa]
que	nous	**protégeassions**	[-teʒasjɔ̃]
que	vous	**protégeassiez**	[-teʒasje]
qu'	ils/elles	**protégeassent**	[-teʒas]

passé			
que	j'	aie	protégé
que	tu	aies	protégé
qu'	il/elle	ait	protégé
que	nous	ayons	protégé
que	vous	ayez	protégé
qu'	ils/elles	aient	protégé

plus-que-parfait			
que	j'	eusse	protégé
que	tu	eusses	protégé
qu'	il/elle	eût	protégé
que	nous	eussions	protégé
que	vous	eussiez	protégé
qu'	ils/elles	eussent	protégé

CONDITIONNEL

présent			passé 1ʳᵉ forme	
je	protégerais	[-tɛʒrɛ]	aurais	protégé
tu	protégerais	[-tɛʒrɛ]	aurais	protégé
il/elle	protégerait	[-tɛʒrɛ]	aurait	protégé
nous	protégerions	[-teʒərjɔ̃]	aurions	protégé
vous	protégeriez	[-teʒərje]	auriez	protégé
ils/elles	protégeraient	[-tɛʒrɛ]	auraient	protégé

passé 2ᵉ forme

mêmes formes que le subjonctif plus-que-parfait

IMPÉRATIF

présent		passé	
protège	[-tɛʒ]	aie	protégé
protégeons	[-teʒɔ̃]	ayons	protégé
protégez	[-teʒe]	ayez	protégé

Serves as a model for verbs in -**éger** (*abréger, alléger, assiéger, siéger...*).

- Before an ending beginning with -**o**- or -**a**-, the final -**c** of the stem takes a cedilla (ç) to keep the soft sound [s].
- Note the alternate forms -**é**-/-**è**- of the stem (see table 19).

[rapjese]

Stems:
rapiéc-/rapiéç-
rapièc-

INFINITIF

présent	passé
rapiécer [rapjese]	avoir rapiécé

PARTICIPE

présent	passé
rapiéçant [rapjesᾶ]	rapiécé/ée, rapiécés/ées [rapjese]
	ayant rapiécé

INDICATIF

présent

je	**rapièce**	[-jɛs]
tu	**rapièces**	[-jɛs]
il/elle	**rapièce**	[-jɛs]
nous	**rapiéçons**	[-jesɔ̃]
vous	rapiécez	[-jese]
ils/elles	**rapiècent**	[-jɛs]

imparfait

je	**rapiéçais**	[-jesɛ]
tu	**rapiéçais**	[-jesɛ]
il/elle	**rapiéçait**	[-jesɛ]
nous	rapiécions	[-jesjɔ̃]
vous	rapiéciez	[-jesje]
ils/elles	**rapiéçaient**	[-jesɛ]

futur simple

je	rapiécerai	[-jɛsre]
tu	rapiéceras	[-jɛsra]
il/elle	rapiécera	[-jɛsra]
nous	rapiécerons	[-jɛsrɔ̃]
vous	rapiécerez	[-jɛsre]
ils/elles	rapiéceront	[-jɛsrɔ̃]

passé simple

je	**rapiéçai**	[-jese]
tu	**rapiéças**	[-jesa]
il/elle	**rapiéça**	[-jesa]
nous	**rapiéçâmes**	[-jesam]
vous	**rapiéçâtes**	[-jesat]
ils/elles	rapiécèrent	[-jesɛr]

passé composé

ai	rapiécé
as	rapiécé
a	rapiécé
avons	rapiécé
avez	rapiécé
ont	rapiécé

plus-que-parfait

avais	rapiécé
avais	rapiécé
avait	rapiécé
avions	rapiécé
aviez	rapiécé
avaient	rapiécé

futur antérieur

aurai	rapiécé
auras	rapiécé
aura	rapiécé
aurons	rapiécé
aurez	rapiécé
auront	rapiécé

passé antérieur

eus	rapiécé
eus	rapiécé
eut	rapiécé
eûmes	rapiécé
eûtes	rapiécé
eurent	rapiécé

SUBJONCTIF

présent

que	je	**rapièce**	[-jɛs]
que	tu	**rapièces**	[-jɛs]
qu'	il/elle	**rapièce**	[-jɛs]
que	nous	rapiécions	[-jesjɔ̃]
que	vous	rapiéciez	[-jesje]
qu'	ils/elles	**rapiècent**	[-jɛs]

imparfait

que	je	**rapiéçasse**	[-jesas]
que	tu	**rapiéçasses**	[-jesas]
qu'	il/elle	**rapiéçât**	[-jesa]
que	nous	**rapiéçassions**	[-jesasjɔ̃]
que	vous	**rapiéçassiez**	[-jesasje]
qu'	ils/elles	**rapiéçassent**	[-jesas]

passé

que	j'	aie	rapiécé
que	tu	aies	rapiécé
qu'	il/elle	ait	rapiécé
que	nous	ayons	rapiécé
que	vous	ayez	rapiécé
qu'	ils/elles	aient	rapiécé

plus-que-parfait

que	j'	eusse	rapiécé
que	tu	eusses	rapiécé
qu'	il/elle	eût	rapiécé
que	nous	eussions	rapiécé
que	vous	eussiez	rapiécé
qu'	ils/elles	eussent	rapiécé

CONDITIONNEL

présent

je	rapiécerais	[-jɛsrɛ]
tu	rapiécerais	[-jɛsrɛ]
il/elle	rapiécerait	[-jɛsrɛ]
nous	rapiécerions	[-jesərjɔ̃]
vous	rapiéceriez	[-jesərje]
ils/elles	rapiéceraient	[-jɛsrɛ]

passé 1ʳᵉ forme

aurais	rapiécé
aurais	rapiécé
aurait	rapiécé
aurions	rapiécé
auriez	rapiécé
auraient	rapiécé

passé 2ᵉ forme

mêmes formes que le subjonctif plus-que-parfait

IMPÉRATIF

présent		passé	
rapièce	[-jɛs]	aie	rapiécé
rapiéçons	[-jesɔ̃]	ayons	rapiécé
rapiécez	[-jese]	ayez	rapiécé

GROUP 1

[aple]

Stems:
appel-
appell-

- The stem **appell**- (with double -**l**-) serves to construct the forms whose ending has a silent -**e**- and for all forms of the future simple and the present conditional.

INFINITIF

présent	passé
appeler [aple]	avoir appelé

PARTICIPE

présent	passé
appelant [aplã]	appelé/ée, appelés/ées [aple] ayant appelé

INDICATIF

présent			passé composé	
j'	appelle	[apɛl]	ai	appelé
tu	appelles	[apɛl]	as	appelé
il/elle	appelle	[apɛl]	a	appelé
nous	appelons	[aplɔ̃]	avons	appelé
vous	appelez	[aple]	avez	appelé
ils/elles	appellent	[apɛl]	ont	appelé

imparfait			plus-que-parfait	
j'	appelais	[aplɛ]	avais	appelé
tu	appelais	[aplɛ]	avais	appelé
il/elle	appelait	[aplɛ]	avait	appelé
nous	appelions	[apəljɔ̃]	avions	appelé
vous	appeliez	[apəlje]	aviez	appelé
ils/elles	appelaient	[aplɛ]	avaient	appelé

futur simple			futur antérieur	
j'	appellerai	[apɛlre]	aurai	appelé
tu	appelleras	[apɛlra]	auras	appelé
il/elle	appellera	[apɛlra]	aura	appelé
nous	appellerons	[apɛlrɔ̃]	aurons	appelé
vous	appellerez	[apɛlre]	aurez	appelé
ils/elles	appelleront	[apɛlrɔ̃]	auront	appelé

passé simple			passé antérieur	
j'	appelai	[aple]	eus	appelé
tu	appelas	[apla]	eus	appelé
il/elle	appela	[apla]	eut	appelé
nous	appelâmes	[aplam]	eûmes	appelé
vous	appelâtes	[aplat]	eûtes	appelé
ils/elles	appelèrent	[aplɛr]	eurent	appelé

SUBJONCTIF

présent				
que	j'	appelle		[apɛl]
que	tu	appelles		[apɛl]
qu'	il/elle	appelle		[apɛl]
que	nous	appelions		[apəljɔ̃]
que	vous	appeliez		[apəlje]
qu'	ils/elles	appellent		[apɛl]

imparfait				
que	j'	appelasse		[aplas]
que	tu	appelasses		[aplas]
qu'	il/elle	appelât		[apla]
que	nous	appelassions		[aplasjɔ̃]
que	vous	appelassiez		[aplasje]
qu'	ils/elles	appelassent		[aplas]

passé				
que	j'	aie	appelé	
que	tu	aies	appelé	
qu'	il/elle	ait	appelé	
que	nous	ayons	appelé	
que	vous	ayez	appelé	
qu'	ils/elles	aient	appelé	

plus-que-parfait				
que	j'	eusse	appelé	
que	tu	eusses	appelé	
qu'	il/elle	eût	appelé	
que	nous	eussions	appelé	
que	vous	eussiez	appelé	
qu'	ils/elles	eussent	appelé	

CONDITIONNEL

présent			passé 1ʳᵉ forme	
j'	appellerais	[apɛlrɛ]	aurais	appelé
tu	appellerais	[apɛlrɛ]	aurais	appelé
il/elle	appellerait	[apɛlrɛ]	aurait	appelé
nous	appellerions	[apelərjɔ̃]	aurions	appelé
vous	appelleriez	[apelərje]	auriez	appelé
ils/elles	appelleraient	[apɛlrɛ]	auraient	appelé

passé 2ᵉ forme
mêmes formes que le subjonctif plus-que-parfait

IMPÉRATIF

présent		passé		
appelle	[apɛl]	aie	appelé	
appelons	[aplɔ̃]	ayons	appelé	
appelez	[aple]	ayez	appelé	

Serves as a model for the majority of verbs in -**eler** (*chanceler, épeler, rappeler...*); however, *harceler* can also be conjugated with "geler" (table 24).

- Careful: although certain forms are pronounced with an -**e**- as in "app**e**ler", the double -**l**- of the stem appears throughout.

[-əle]
Stem:
interpell-

INFINITIF

présent	passé
interpeller [-əle]	avoir interpellé

PARTICIPE

présent	passé
interpellant [-əlã]	interpellé/ée, interpellés/ées [-əle] ayant interpellé

INDICATIF

présent

j'	interpelle	[-ɛl]
tu	interpelles	[-ɛl]
il/elle	interpelle	[-ɛl]
nous	**interpellons**	[-əlɔ̃]
vous	**interpellez**	[-əle]
ils/elles	interpellent	[-ɛl]

imparfait

j'	**interpellais**	[-əlɛ]
tu	**interpellais**	[-əlɛ]
il/elle	**interpellait**	[-əlɛ]
nous	**interpellions**	[-əljɔ̃]
vous	**interpelliez**	[-əlje]
ils/elles	**interpellaient**	[-əlɛ]

futur simple

j'	interpellerai	[-ɛlre]
tu	interpelleras	[-ɛlra]
il/elle	interpellera	[-ɛlra]
nous	interpellerons	[-ɛlrɔ̃]
vous	interpellerez	[-ɛlre]
ils/elles	interpelleront	[-ɛlrɔ̃]

passé simple

j'	**interpellai**	[-əle]
tu	**interpellas**	[-əla]
il/elle	**interpella**	[-əla]
nous	**interpellâmes**	[-əlam]
vous	**interpellâtes**	[-əlat]
ils/elles	**interpellèrent**	[-əlɛr]

passé composé

ai	interpellé	
as	interpellé	
a	interpellé	
avons	interpellé	
avez	interpellé	
ont	interpellé	

plus-que-parfait

avais	interpellé
avais	interpellé
avait	interpellé
avions	interpellé
aviez	interpellé
avaient	interpellé

futur antérieur

aurai	interpellé
auras	interpellé
aura	interpellé
aurons	interpellé
aurez	interpellé
auront	interpellé

passé antérieur

eus	interpellé
eus	interpellé
eut	interpellé
eûmes	interpellé
eûtes	interpellé
eurent	interpellé

SUBJONCTIF

présent

que	j'	interpelle	[-ɛl]
que	tu	interpelles	[-ɛl]
qu'	il/elle	interpelle	[-ɛl]
que	nous	**interpellions**	[-əljɔ̃]
que	vous	**interpelliez**	[-əlje]
qu'	ils/elles	interpellent	[-ɛl]

imparfait

que	j'	**interpellasse**	[-əlas]
que	tu	**interpellasses**	[-əlas]
qu'	il/elle	**interpellât**	[-əla]
que	nous	**interpellassions**	[-əlasjɔ̃]
que	vous	**interpellassiez**	[-əlasje]
qu'	ils/elles	**interpellassent**	[-əlas]

passé

que	j'	aie	interpellé
que	tu	aies	interpellé
qu'	il/elle	ait	interpellé
que	nous	ayons	interpellé
que	vous	ayez	interpellé
qu'	ils/elles	aient	interpellé

plus-que-parfait

que	j'	eusse	interpellé
que	tu	eusses	interpellé
qu'	il/elle	eût	interpellé
que	nous	eussions	interpellé
que	vous	eussiez	interpellé
qu'	ils/elles	eussent	interpellé

CONDITIONNEL

présent

j'	interpellerais	[-ɛlrɛ]
tu	interpellerais	[-ɛlrɛ]
il/elle	interpellerait	[-ɛlrɛ]
nous	interpellerions	[-ɛlərjɔ̃]
vous	interpelleriez	[-ɛlərje]
ils/elles	interpelleraient	[-ɛlrɛ]

passé 1ʳᵉ forme

aurais	interpellé
aurais	interpellé
aurait	interpellé
aurions	interpellé
auriez	interpellé
auraient	interpellé

passé 2ᵉ forme

mêmes formes que le subjonctif plus-que-parfait

IMPÉRATIF

présent		passé	
interpelle	[-ɛl]	aie	interpellé
interpellons	[-əlɔ̃]	ayons	interpellé
interpellez	[-əle]	ayez	interpellé

GROUP 1

[ʒəle]

Stems:
gel-
gèl-

- The stem **gèl-** (with a grave accent) serves to construct the forms whose ending has a silent -e- and the forms of the future simple and the present conditional.

INFINITIF

présent	passé
geler [ʒəle]	avoir gelé

PARTICIPE

présent	passé
gelant [ʒəlɑ̃]	gelé/ée, gelés/ées [ʒəle]
	ayant gelé

INDICATIF

présent

je	**gèle**	[ʒɛl]
tu	**gèles**	[ʒɛl]
il/elle	**gèle**	[ʒɛl]
nous	gelons	[ʒəlɔ̃]
vous	gelez	[ʒəle]
ils/elles	**gèlent**	[ʒɛl]

imparfait

je	gelais	[ʒəlɛ]
tu	gelais	[ʒəlɛ]
il/elle	gelait	[ʒəlɛ]
nous	gelions	[ʒəljɔ̃]
vous	geliez	[ʒəlje]
ils/elles	gelaient	[ʒəlɛ]

futur simple

je	**gèlerai**	[ʒɛlre]
tu	**gèleras**	[ʒɛlra]
il/elle	**gèlera**	[ʒɛlra]
nous	**gèlerons**	[ʒɛlrɔ̃]
vous	**gèlerez**	[ʒɛlre]
ils/elles	**gèleront**	[ʒɛlrɔ̃]

passé simple

je	gelai	[ʒəle]
tu	gelas	[ʒəla]
il/elle	gela	[ʒəla]
nous	gelâmes	[ʒəlam]
vous	gelâtes	[ʒəlat]
ils/elles	gelèrent	[ʒəlɛr]

passé composé

ai	gelé
as	gelé
a	gelé
avons	gelé
avez	gelé
ont	gelé

plus-que-parfait

avais	gelé
avais	gelé
avait	gelé
avions	gelé
aviez	gelé
avaient	gelé

futur antérieur

aurai	gelé
auras	gelé
aura	gelé
aurons	gelé
aurez	gelé
auront	gelé

passé antérieur

eus	gelé
eus	gelé
eut	gelé
eûmes	gelé
eûtes	gelé
eurent	gelé

SUBJONCTIF

présent

que	je	**gèle**	[ʒɛl]
que	tu	**gèles**	[ʒɛl]
qu'	il/elle	**gèle**	[ʒɛl]
que	nous	gelions	[ʒəljɔ̃]
que	vous	geliez	[ʒəlje]
qu'	ils/elles	**gèlent**	[ʒɛl]

imparfait

que	je	gelasse	[ʒəlas]
que	tu	gelasses	[ʒəlas]
qu'	il/elle	gelât	[ʒəla]
que	nous	gelassions	[ʒəlasjɔ̃]
que	vous	gelassiez	[ʒəlasje]
qu'	ils/elles	gelassent	[ʒəlas]

passé

que	j'	aie	gelé
que	tu	aies	gelé
qu'	il/elle	ait	gelé
que	nous	ayons	gelé
que	vous	ayez	gelé
qu'	ils/elles	aient	gelé

plus-que-parfait

que	j'	eusse	gelé
que	tu	eusses	gelé
qu'	il/elle	eût	gelé
que	nous	eussions	gelé
que	vous	eussiez	gelé
qu'	ils/elles	eussent	gelé

CONDITIONNEL

présent

je	**gèlerais**	[ʒɛlrɛ]
tu	**gèlerais**	[ʒɛlrɛ]
il/elle	**gèlerait**	[ʒɛlrɛ]
nous	**gèlerions**	[ʒelərjɔ̃]
vous	**gèleriez**	[ʒelərje]
ils/elles	**gèleraient**	[ʒɛlrɛ]

passé 1ʳᵉ forme

aurais	gelé
aurais	gelé
aurait	gelé
aurions	gelé
auriez	gelé
auraient	gelé

passé 2ᵉ forme

mêmes formes que le subjonctif plus-que-parfait

IMPÉRATIF

présent		passé	
gèle	[ʒɛl]	aie	gelé
gelons	[ʒəlɔ̃]	ayons	gelé
gelez	[ʒəle]	ayez	gelé

Serves as a model for the compounds of "geler" and other verbs in -**eler** (celer, déceler, ciseler, écarteler, marteler, modeler, peler) and also verbs in -**emer**, -**ener**, -**eser**, -**ever** (semer, mener, peser, lever...).

- Before an ending beginning with -**o**- or -**a**-, the final -**c** of the stem takes a cedilla to keep the soft sound [s].
- Careful with the alternate stem forms **dépèc-/dépec-**: they occur in the present indicative, the present subjunctive and the present imperative.

[depəse]

Stems:
dépec-/dépeç-
dépèc-

INFINITIF

présent	passé
dépecer [depəse]	avoir dépecé

PARTICIPE

présent	passé
dépeçant [depəsɑ̃]	dépecé/ée, dépecés/ées [depəse]
	ayant dépecé

INDICATIF

présent			passé composé	
je	**dépèce**	[depɛs]	ai	dépecé
tu	**dépèces**	[depɛs]	as	dépecé
il/elle	**dépèce**	[depɛs]	a	dépecé
nous	**dépeçons**	[depəsɔ̃]	avons	dépecé
vous	dépecez	[depəse]	avez	dépecé
ils/elles	**dépècent**	[depɛs]	ont	dépecé

imparfait			plus-que-parfait	
je	**dépeçais**	[depəsɛ]	avais	dépecé
tu	**dépeçais**	[depəsɛ]	avais	dépecé
il/elle	**dépeçait**	[depəsɛ]	avait	dépecé
nous	dépecions	[depəsjɔ̃]	avions	dépecé
vous	dépeciez	[depəsje]	aviez	dépecé
ils/elles	**dépeçaient**	[depəsɛ]	avaient	dépecé

futur simple			futur antérieur	
je	**dépècerai**	[depɛsre]	aurai	dépecé
tu	**dépèceras**	[depɛsra]	auras	dépecé
il/elle	**dépècera**	[depɛsra]	aura	dépecé
nous	**dépècerons**	[depɛsrɔ̃]	aurons	dépecé
vous	**dépècerez**	[depɛsre]	aurez	dépecé
ils/elles	**dépèceront**	[depɛsrɔ̃]	auront	dépecé

passé simple			passé antérieur	
je	**dépeçai**	[depəse]	eus	dépecé
tu	**dépeças**	[depəsa]	eus	dépecé
il/elle	**dépeça**	[depəsa]	eut	dépecé
nous	**dépeçâmes**	[depəsam]	eûmes	dépecé
vous	**dépeçâtes**	[depəsat]	eûtes	dépecé
ils/elles	dépecèrent	[depəsɛr]	eurent	dépecé

SUBJONCTIF

présent				
que	je	**dépèce**	[depɛs]	
que	tu	**dépèces**	[depɛs]	
qu'	il/elle	**dépèce**	[depɛs]	
que	nous	dépecions	[depəsjɔ̃]	
que	vous	dépeciez	[depəsje]	
qu'	ils/elles	**dépècent**	[depɛs]	

imparfait				
que	je	**dépeçasse**	[depəsas]	
que	tu	**dépeçasses**	[depəsas]	
qu'	il/elle	**dépeçât**	[depəsa]	
que	nous	**dépeçassions**	[depəsasjɔ̃]	
que	vous	**dépeçassiez**	[depəsasje]	
qu'	ils/elles	**dépeçassent**	[depəsas]	

passé			
que	j'	aie	dépecé
que	tu	aies	dépecé
qu'	il/elle	ait	dépecé
que	nous	ayons	dépecé
que	vous	ayez	dépecé
qu'	ils/elles	aient	dépecé

plus-que-parfait			
que	j'	eusse	dépecé
que	tu	eusses	dépecé
qu'	il/elle	eût	dépecé
que	nous	eussions	dépecé
que	vous	eussiez	dépecé
qu'	ils/elles	eussent	dépecé

CONDITIONNEL

présent			passé 1ʳᵉ forme	
je	**dépècerais**	[depɛsrɛ]	aurais	dépecé
tu	**dépècerais**	[depɛsrɛ]	aurais	dépecé
il/elle	**dépècerait**	[depɛsrɛ]	aurait	dépecé
nous	**dépècerions**	[depesərjɔ̃]	aurions	dépecé
vous	**dépèceriez**	[depesərje]	auriez	dépecé
ils/elles	**dépèceraient**	[depɛsrɛ]	auraient	dépecé

passé 2ᵉ forme
mêmes formes que le subjonctif plus-que-parfait

IMPÉRATIF

présent		passé	
dépèce	[depɛs]	aie	dépecé
dépeçons	[depəsɔ̃]	ayons	dépecé
dépecez	[depəse]	ayez	dépecé

[ʒəte]

Stems:
jet-
jett-

● The stem **jett-** (with double **-t-**) serves to construct the forms whose ending begins with an **-e-**, except in the 2nd person plural of the present indicative and the present imperative.

INFINITIF

présent	passé
jeter [ʒəte]	avoir jeté

PARTICIPE

présent	passé
jetant [ʒətɑ̃]	jeté/ée, jetés/ées [ʒəte]
	ayant jeté

INDICATIF

présent

je	**jette**	[ʒɛt]
tu	**jettes**	[ʒɛt]
il/elle	**jette**	[ʒɛt]
nous	jetons	[ʒətɔ̃]
vous	jetez	[ʒəte]
ils/elles	**jettent**	[ʒɛt]

imparfait

je	jetais	[ʒətɛ]
tu	jetais	[ʒətɛ]
il/elle	jetait	[ʒətɛ]
nous	jetions	[ʒətjɔ̃]
vous	jetiez	[ʒətje]
ils/elles	jetaient	[ʒətɛ]

futur simple

je	**jetterai**	[ʒɛtre]
tu	**jetteras**	[ʒɛtra]
il/elle	**jettera**	[ʒɛtra]
nous	**jetterons**	[ʒɛtrɔ̃]
vous	**jetterez**	[ʒɛtre]
ils/elles	**jetteront**	[ʒɛtrɔ̃]

passé simple

je	jetai	[ʒəte]
tu	jetas	[ʒəta]
il/elle	jeta	[ʒəta]
nous	jetâmes	[ʒətam]
vous	jetâtes	[ʒətat]
ils/elles	jetèrent	[ʒətɛr]

passé composé

ai	jeté
as	jeté
a	jeté
avons	jeté
avez	jeté
ont	jeté

plus-que-parfait

avais	jeté
avais	jeté
avait	jeté
avions	jeté
aviez	jeté
avaient	jeté

futur antérieur

aurai	jeté
auras	jeté
aura	jeté
aurons	jeté
aurez	jeté
auront	jeté

passé antérieur

eus	jeté
eus	jeté
eut	jeté
eûmes	jeté
eûtes	jeté
eurent	jeté

SUBJONCTIF

présent

que	je	**jette**	[ʒɛt]
que	tu	**jettes**	[ʒɛt]
qu'	il/elle	**jette**	[ʒɛt]
que	nous	jetions	[ʒətjɔ̃]
que	vous	jetiez	[ʒətje]
qu'	ils/elles	**jettent**	[ʒɛt]

imparfait

que	je	jetasse	[ʒətas]
que	tu	jetasses	[ʒətas]
qu'	il/elle	jetât	[ʒəta]
que	nous	jetassions	[ʒətasjɔ̃]
que	vous	jetassiez	[ʒətasje]
qu'	ils/elles	jetassent	[ʒətas]

passé

que	j'	aie	jeté
que	tu	aies	jeté
qu'	il/elle	ait	jeté
que	nous	ayons	jeté
que	vous	ayez	jeté
qu'	ils/elles	aient	jeté

plus-que-parfait

que	j'	eusse	jeté
que	tu	eusses	jeté
qu'	il/elle	eût	jeté
que	nous	eussions	jeté
que	vous	eussiez	jeté
qu'	ils/elles	eussent	jeté

CONDITIONNEL

présent

je	**jetterais**	[ʒɛtrɛ]
tu	**jetterais**	[ʒɛtrɛ]
il/elle	**jetterait**	[ʒɛtrɛ]
nous	**jetterions**	[ʒɛtərjɔ̃]
vous	**jetteriez**	[ʒɛtərje]
ils/elles	**jetteraient**	[ʒɛtrɛ]

passé 1ʳᵉ forme

aurais	jeté
aurais	jeté
aurait	jeté
aurions	jeté
auriez	jeté
auraient	jeté

passé 2ᵉ forme

mêmes formes que le subjonctif plus-que-parfait

IMPÉRATIF

présent		passé	
jette	[ʒɛt]	aie	jeté
jetons	[ʒətɔ̃]	ayons	jeté
jetez	[ʒəte]	ayez	jeté

Serves as a model for the majority of verbs in **-eter** (except those indicated in table 27).

[aʃte]
Stems:
achet-
achèt-

- The stem **achèt-** (with a grave accent) serves to construct the forms whose ending begins with a silent -**e**-.

INFINITIF

présent	passé
acheter [aʃte]	avoir acheté

PARTICIPE

présent	passé
achetant [aʃtɑ̃]	acheté/ée, achetés/ées [aʃte]
	ayant acheté

INDICATIF

présent

j'	**achète**	[aʃɛt]
tu	**achètes**	[aʃɛt]
il/elle	**achète**	[aʃɛt]
nous	achetons	[aʃtɔ̃]
vous	achetez	[aʃte]
ils/elles	**achètent**	[aʃɛt]

imparfait

j'	achetais	[aʃtɛ]
tu	achetais	[aʃtɛ]
il/elle	achetait	[aʃtɛ]
nous	achetions	[aʃ(ə)tjɔ̃]
vous	achetiez	[aʃ(ə)tje]
ils/elles	achetaient	[aʃtɛ]

futur simple

j'	**achèterai**	[aʃɛtre]
tu	**achèteras**	[aʃɛtra]
il/elle	**achètera**	[aʃɛtra]
nous	**achèterons**	[aʃɛtrɔ̃]
vous	**achèterez**	[aʃɛtre]
ils/elles	**achèteront**	[aʃɛtrɔ̃]

passé simple

j'	achetai	[aʃte]
tu	achetas	[aʃta]
il/elle	acheta	[aʃta]
nous	achetâmes	[aʃtam]
vous	achetâtes	[aʃtat]
ils/elles	achetèrent	[aʃtɛr]

passé composé

ai	acheté	
as	acheté	
a	acheté	
avons	acheté	
avez	acheté	
ont	acheté	

plus-que-parfait

avais	acheté	
avais	acheté	
avait	acheté	
avions	acheté	
aviez	acheté	
avaient	acheté	

futur antérieur

aurai	acheté	
auras	acheté	
aura	acheté	
aurons	acheté	
aurez	acheté	
auront	acheté	

passé antérieur

eus	acheté	
eus	acheté	
eut	acheté	
eûmes	acheté	
eûtes	acheté	
eurent	acheté	

SUBJONCTIF

présent

que	j'	**achète**	[aʃɛt]
que	tu	**achètes**	[aʃɛt]
qu'	il/elle	**achète**	[aʃɛt]
que	nous	achetions	[aʃ(ə)tjɔ̃]
que	vous	achetiez	[aʃ(ə)tje]
qu'	ils/elles	**achètent**	[aʃɛt]

imparfait

que	j'	achetasse	[aʃtas]
que	tu	achetasses	[aʃtas]
qu'	il/elle	achetât	[aʃta]
que	nous	achetassions	[aʃtasjɔ̃]
que	vous	achetassiez	[aʃtasje]
qu'	ils/elles	achetassent	[aʃtas]

passé

que	j'	aie	acheté
que	tu	aies	acheté
qu'	il/elle	ait	acheté
que	nous	ayons	acheté
que	vous	ayez	acheté
qu'	ils/elles	aient	acheté

plus-que-parfait

que	j'	eusse	acheté
que	tu	eusses	acheté
qu'	il/elle	eût	acheté
que	nous	eussions	acheté
que	vous	eussiez	acheté
qu'	ils/elles	eussent	acheté

CONDITIONNEL

présent

j'	**achèterais**	[aʃɛtrɛ]
tu	**achèterais**	[aʃɛtrɛ]
il/elle	**achèterait**	[aʃɛtrɛ]
nous	**achèterions**	[aʃɛtərjɔ̃]
vous	**achèteriez**	[aʃɛtərje]
ils/elles	**achèteraient**	[aʃɛtrɛ]

passé 1ʳᵉ forme

aurais	acheté	
aurais	acheté	
aurait	acheté	
aurions	acheté	
auriez	acheté	
auraient	acheté	

passé 2ᵉ forme

mêmes formes que le subjonctif plus-que-parfait

IMPÉRATIF

présent		passé	
achète	[aʃɛt]	aie	acheté
achetons	[aʃtɔ̃]	ayons	acheté
achetez	[aʃte]	ayez	acheté

Serves as a model for *racheter* and a few other verbs in -**eter** (*bégueter, corseter, crocheter, fileter, fureter, haleter…*)

[peje]

Stems:
pay-
pai-

- The stem **pai**- serves to construct the forms whose ending begins with a silent -**e**-.
- Note -**y**- + -**i**- in the 1st and 2nd person plural in the *imparfait* indicative and the present subjunctive.
- This verb can be conjugated in two ways (see also table 29) and this is the most used form.

INFINITIF

présent	passé
payer [peje]	avoir payé

PARTICIPE

présent	passé
payant [pejã]	payé/ée, payés/ées [peje]
	ayant payé

INDICATIF

présent				passé composé	
je	paie	[pɛ]		ai	payé
tu	paies	[pɛ]		as	payé
il/elle	paie	[pɛ]		a	payé
nous	payons	[pejɔ̃]		avons	payé
vous	payez	[peje]		avez	payé
ils/elles	paient	[pɛ]		ont	payé

imparfait				plus-que-parfait	
je	payais	[pejɛ]		avais	payé
tu	payais	[pejɛ]		avais	payé
il/elle	payait	[pejɛ]		avait	payé
nous	payions	[pejjɔ̃]		avions	payé
vous	payiez	[pejje]		aviez	payé
ils/elles	payaient	[pejɛ]		avaient	payé

futur simple				futur antérieur	
je	paierai	[pere]		aurai	payé
tu	paieras	[pera]		auras	payé
il/elle	paiera	[pera]		aura	payé
nous	paierons	[perɔ̃]		aurons	payé
vous	paierez	[pere]		aurez	payé
ils/elles	paieront	[perɔ̃]		auront	payé

passé simple				passé antérieur	
je	payai	[peje]		eus	payé
tu	payas	[peja]		eus	payé
il/elle	paya	[peja]		eut	payé
nous	payâmes	[pejam]		eûmes	payé
vous	payâtes	[pejat]		eûtes	payé
ils/elles	payèrent	[pejɛr]		eurent	payé

SUBJONCTIF

présent				
que	je	paie	[pɛ]
que	tu	paies	[pɛ]
qu'	il/elle	paie	[pɛ]
que	nous	payions	[pejjɔ̃]
que	vous	payiez	[pejje]
qu'	ils/elles	paient	[pɛ]

imparfait				
que	je	payasse	[pejas]
que	tu	payasses	[pejas]
qu'	il/elle	payât	[peja]
que	nous	payassions	[pejasjɔ̃]
qué	vous	payassiez	[pejasje]
qu'	ils/elles	payassent	[pejas]

passé				
que	j'	aie	payé
que	tu	aies	payé
qu'	il/elle	ait	payé
que	nous	ayons	payé
que	vous	ayez	payé
qu'	ils/elles	aient	payé

plus-que-parfait				
que	j'	eusse	payé
que	tu	eusses	payé
qu'	il/elle	eût	payé
que	nous	eussions	payé
que	vous	eussiez	payé
qu'	ils/elles	eussent	payé

CONDITIONNEL

présent				passé 1ʳᵉ forme	
je	paierais	[perɛ]		aurais	payé
tu	paierais	[perɛ]		aurais	payé
il/elle	paierait	[perɛ]		aurait	payé
nous	paierions	[perjɔ̃]		aurions	payé
vous	paieriez	[perje]		auriez	payé
ils/elles	paieraient	[perɛ]		auraient	payé

passé 2ᵉ forme

mêmes formes que le subjonctif plus-que-parfait

IMPÉRATIF

présent		passé	
paie	[pɛ]	aie	payé
payons	[pejɔ̃]	ayons	payé
payez	[peje]	ayez	payé

All verbs in -**ayer** can be constructed in two ways like "payer": *balayer, effrayer, essayer, rayer...*.

- The -**y**- of the stem is present throughout.
  It is followed by an -**i**- in the 1st and 2nd person
  plural in the *imparfait* indicative and the present
  subjunctive.

[peje]
Stems:
pay-

INFINITIF

présent	passé
payer [peje]	avoir payé

PARTICIPE

présent	passé
payant [pejɑ̃]	payé/ée, payés/ées [peje]
	ayant payé

INDICATIF

présent			passé composé	
je	paye	[pɛj]	ai	payé
tu	payes	[pɛj]	as	payé
il/elle	paye	[pɛj]	a	payé
nous	payons	[pejɔ̃]	avons	payé
vous	payez	[peje]	avez	payé
ils/elles	payent	[pɛj]	ont	payé

imparfait			plus-que-parfait	
je	payais	[pejɛ]	avais	payé
tu	payais	[pejɛ]	avais	payé
il/elle	payait	[pejɛ]	avait	payé
nous	**payions**	[pejjɔ̃]	avions	payé
vous	**payiez**	[pejje]	aviez	payé
ils/elles	payaient	[pejɛ]	avaient	payé

futur simple			futur antérieur	
je	payerai	[pɛjre]	aurai	payé
tu	payeras	[pɛjra]	auras	payé
il/elle	payera	[pɛjra]	aura	payé
nous	payerons	[pɛjrɔ̃]	aurons	payé
vous	payerez	[pɛjre]	aurez	payé
ils/elles	payeront	[pɛjrɔ̃]	auront	payé

passé simple			passé antérieur	
je	payai	[peje]	eus	payé
tu	payas	[peja]	eus	payé
il/elle	paya	[peja]	eut	payé
nous	payâmes	[pejam]	eûmes	payé
vous	payâtes	[pejat]	eûtes	payé
ils/elles	payèrent	[pejɛr]	eurent	payé

SUBJONCTIF

présent				
que	je	paye		[pɛj]
que	tu	payes		[pɛj]
qu'	il/elle	paye		[pɛj]
que	nous	**payions**		[pejjɔ̃]
que	vous	**payiez**		[pejje]
qu'	ils/elles	payent		[pɛj]

imparfait				
que	je	payasse		[pejas]
que	tu	payasses		[pejas]
qu'	il/elle	payât		[peja]
que	nous	payassions		[pejasjɔ̃]
que	vous	payassiez		[pejasje]
qu'	ils/elles	payassent		[pejas]

passé			
que	j'	aie	payé
que	tu	aies	payé
qu'	il/elle	ait	payé
que	nous	ayons	payé
que	vous	ayez	payé
qu'	ils/elles	aient	payé

plus-que-parfait			
que	j'	eusse	payé
que	tu	eusses	payé
qu'	il/elle	eût	payé
que	nous	eussions	payé
que	vous	eussiez	payé
qu'	ils/elles	eussent	payé

CONDITIONNEL

présent			passé 1re forme	
je	payerais	[pɛjrɛ]	aurais	payé
tu	payerais	[pɛjrɛ]	aurais	payé
il/elle	payerait	[pɛjrɛ]	aurait	payé
nous	payerions	[pɛjərjɔ̃]	aurions	payé
vous	payeriez	[pɛjərje]	auriez	payé
ils/elles	payeraient	[pɛjrɛ]	auraient	payé

passé 2e forme

mêmes formes que le subjonctif plus-que-parfait

IMPÉRATIF

présent		passé	
paye	[pɛj]	aie	payé
payons	[pejɔ̃]	ayons	payé
payez	[peje]	ayez	payé

Serves as a model for the few, rare verbs
in -**eyer** (*capeyer, faseyer, grasseyer,
langueyer*).

GROUP 1

[ãplwaje]

Stems:
employ-
emploi-

- The stem emploi- must be used to construct the forms whose ending begins with a silent **-e**.
- Note **-y-** + **-i-** in the 1st and 2nd person plural of the *imparfait* indicative and the present subjunctive.

INFINITIF

présent	passé
employer [ãplwaje]	avoir employé

PARTICIPE

présent	passé
employant [ãplwajã]	employé/ée, employés/ées [ãplwaje]
	ayant employé

INDICATIF

présent

			passé composé	
j'	emploie	[-wa]	ai	employé
tu	emploies	[-wa]	as	employé
il/elle	emploie	[-wa]	a	employé
nous	employons	[-wajõ]	avons	employé
vous	employez	[-waje]	avez	employé
ils/elles	emploient	[-wa]	ont	employé

imparfait

			plus-que-parfait	
j'	employais	[-wajɛ]	avais	employé
tu	employais	[-wajɛ]	avais	employé
il/elle	employait	[-wajɛ]	avait	employé
nous	employions	[-wajjõ]	avions	employé
vous	employiez	[-wajje]	aviez	employé
ils/elles	employaient	[-wajɛ]	avaient	employé

futur simple

			futur antérieur	
j'	emploierai	[-warе]	aurai	employé
tu	emploieras	[-wara]	auras	employé
il/elle	emploiera	[-wara]	aura	employé
nous	emploierons	[-warõ]	aurons	employé
vous	emploierez	[-warе]	aurez	employé
ils/elles	emploieront	[-warõ]	auront	employé

passé simple

			passé antérieur	
j'	employai	[-waje]	eus	employé
tu	employas	[-waja]	eus	employé
il/elle	employa	[-waja]	eut	employé
nous	employâmes	[-wajam]	eûmes	employé
vous	employâtes	[-wajat]	eûtes	employé
ils/elles	employèrent	[-wajɛr]	eurent	employé

SUBJONCTIF

présent

que	j'	emploie		[-wa]
que	tu	emploies		[-wa]
qu'	il/elle	emploie		[-wa]
que	nous	employions		[-wajjõ]
que	vous	employiez		[-wajje]
qu'	ils/elles	emploient		[-wa]

imparfait

que	j'	employasse		[-wajas]
que	tu	employasses		[-wajas]
qu'	il/elle	employât		[-waja]
que	nous	employassions		[-wajasjõ]
que	vous	employassiez		[-wajasje]
qu'	ils/elles	employassent		[-wajas]

passé

que	j'	aie	employé
que	tu	aies	employé
qu'	il/elle	ait	employé
que	nous	ayons	employé
que	vous	ayez	employé
qu'	ils/elles	aient	employé

plus-que-parfait

que	j'	eusse	employé
que	tu	eusses	employé
qu'	il/elle	eût	employé
que	nous	eussions	employé
que	vous	eussiez	employé
qu'	ils/elles	eussent	employé

CONDITIONNEL

présent

			passé 1re forme	
j'	emploierais	[-warɛ]	aurais	employé
tu	emploierais	[-warɛ]	aurais	employé
il/elle	emploierait	[-warɛ]	aurait	employé
nous	emploierions	[-warjõ]	aurions	employé
vous	emploieriez	[-warje]	auriez	employé
ils/elles	emploieraient	[-warɛ]	auraient	employé

passé 2e forme

mêmes formes que le subjonctif plus-que-parfait

IMPÉRATIF

présent		passé	
emploie	[-wa]	aie	employé
employons	[-wajõ]	ayons	employé
employez	[-waje]	ayez	employé

Serves as a model for verbs in **-oyer** (*aboyer, nettoyer, tutoyer...*) **except envoyer**, which is irregular (see table 32).

- The stem **essui-** must be used to construct the forms whose ending begins with a silent **-e-**.
- Note **-y-** + **-i-** in the 1st and 2nd person plural in the *imparfait* indicative and the present subjunctive.

[esɥije]
Stems:
essuy-
essui-

INFINITIF

présent	passé
essuyer [esɥije]	avoir essuyé

PARTICIPE

présent	passé
essuyant [esɥijɑ̃]	essuyé/ée, essuyés/ées [esɥije]
	ayant essuyé

INDICATIF

présent			passé composé	
j'	essuie	[esɥi]	ai	essuyé
tu	essuies	[esɥi]	as	essuyé
il/elle	essuie	[esɥi]	a	essuyé
nous	essuyons	[esɥijɔ̃]	avons	essuyé
vous	essuyez	[esɥije]	avez	essuyé
ils/elles	essuient	[esɥi]	ont	essuyé

imparfait			plus-que-parfait	
j'	essuyais	[esɥijɛ]	avais	essuyé
tu	essuyais	[esɥijɛ]	avais	essuyé
il/elle	essuyait	[esɥijɛ]	avait	essuyé
nous	essuyions	[esɥijjɔ̃]	avions	essuyé
vous	essuyiez	[esɥijje]	aviez	essuyé
ils/elles	essuyaient	[esɥijɛ]	avaient	essuyé

futur simple			futur antérieur	
j'	essuierai	[esɥire]	aurai	essuyé
tu	essuieras	[esɥira]	auras	essuyé
il/elle	essuiera	[esɥira]	aura	essuyé
nous	essuierons	[esɥirɔ̃]	aurons	essuyé
vous	essuierez	[esɥire]	aurez	essuyé
ils/elles	essuieront	[esɥirɔ̃]	auront	essuyé

passé simple			passé antérieur	
j'	essuyai	[esɥije]	eus	essuyé
tu	essuyas	[esɥija]	eus	essuyé
il/elle	essuya	[esɥija]	eut	essuyé
nous	essuyâmes	[esɥijam]	eûmes	essuyé
vous	essuyâtes	[esɥijat]	eûtes	essuyé
ils/elles	essuyèrent	[esɥijɛr]	eurent	essuyé

SUBJONCTIF

présent			
que j'	essuie	[esɥi]	
que tu	essuies	[esɥi]	
qu' il/elle	essuie	[esɥi]	
que nous	essuyions	[esɥijjɔ̃]	
que vous	essuyiez	[esɥijje]	
qu' ils/elles	essuient	[esɥi]	

imparfait			
que j'	essuyasse	[esɥijas]	
que tu	essuyasses	[esɥijas]	
qu' il/elle	essuyât	[esɥija]	
que nous	essuyassions	[esɥijasjɔ̃]	
que vous	essuyassiez	[esɥijasje]	
qu' ils/elles	essuyassent	[esɥijas]	

passé		
que j'	aie	essuyé
que tu	aies	essuyé
qu' il/elle	ait	essuyé
que nous	ayons	essuyé
que vous	ayez	essuyé
qu' ils/elles	aient	essuyé

plus-que-parfait		
que j'	eusse	essuyé
que tu	eusses	essuyé
qu' il/elle	eût	essuyé
que nous	eussions	essuyé
que vous	eussiez	essuyé
qu' ils/elles	eussent	essuyé

CONDITIONNEL

présent			passé 1re forme	
j'	essuierais	[esɥirɛ]	aurais	essuyé
tu	essuierais	[esɥirɛ]	aurais	essuyé
il/elle	essuierait	[esɥirɛ]	aurait	essuyé
nous	essuierions	[esɥirjɔ̃]	aurions	essuyé
vous	essuieriez	[esɥirje]	auriez	essuyé
ils/elles	essuieraient	[esɥirɛ]	auraient	essuyé

passé 2e forme
mêmes formes que le subjonctif plus-que-parfait

IMPÉRATIF

présent		passé	
essuie	[esɥi]	aie	essuyé
essuyons	[esɥijɔ̃]	ayons	essuyé
essuyez	[esɥije]	ayez	essuyé

Serves as a model for the few verbs in **-uyer** (*appuyer, ennuyer, désennuyer, ressuyer*).

GROUP 1

[ãvwaje]

Stems:
envoy-
envoi-
enverr

- The future indicative and the present conditional are constructed following the model of the verb "voir" (see table 51), using the stem **enverr**-.
- For other forms, the same characteristics as for the verb "employer" apply (see table 30).

INFINITIF

présent	passé
envoyer [ãvwaje]	avoir envoyé

PARTICIPE

présent	passé
envoyant [ãvwajã]	envoyé/ée, envoyés/ées [ãvwaje] ayant envoyé

INDICATIF

présent			passé composé	
j'	envoie	[ãvwa]	ai	envoyé
tu	envoies	[ãvwa]	as	envoyé
il/elle	envoie	[ãvwa]	a	envoyé
nous	envoyons	[ãvwajɔ̃]	avons	envoyé
vous	envoyez	[ãvwaje]	avez	envoyé
ils/elles	envoient	[ãvwa]	ont	envoyé

imparfait			plus-que-parfait	
j'	envoyais	[ãvwajɛ]	avais	envoyé
tu	envoyais	[ãvwajɛ]	avais	envoyé
il/elle	envoyait	[ãvwajɛ]	avait	envoyé
nous	**envoyions**	[ãvwajjɔ̃]	avions	envoyé
vous	**envoyiez**	[ãvwajje]	aviez	envoyé
ils/elles	envoyaient	[ãvwajɛ]	avaient	envoyé

futur simple			futur antérieur	
j'	**enverrai**	[ãvere]	aurai	envoyé
tu	**enverras**	[ãvera]	auras	envoyé
il/elle	**enverra**	[ãvera]	aura	envoyé
nous	**enverrons**	[ãverɔ̃]	aurons	envoyé
vous	**enverrez**	[ãvere]	aurez	envoyé
ils/elles	**enverront**	[ãverɔ̃]	auront	envoyé

passé simple			passé antérieur	
j'	envoyai	[ãvwaje]	eus	envoyé
tu	envoyas	[ãvwaja]	eus	envoyé
il/elle	envoya	[ãvwaja]	eut	envoyé
nous	envoyâmes	[ãvwajam]	eûmes	envoyé
vous	envoyâtes	[ãvwajat]	eûtes	envoyé
ils/elles	envoyèrent	[ãvwajɛr]	eurent	envoyé

SUBJONCTIF

présent			
que	j'	envoie	[ãvwa]
que	tu	envoies	[ãvwa]
qu'	il/elle	envoie	[ãvwa]
que	nous	**envoyions**	[ãvwajjɔ̃]
que	vous	**envoyiez**	[ãvwajje]
qu'	ils/elles	envoient	[ãvwa]

imparfait			
que	j'	envoyasse	[ãvwajas]
que	tu	envoyasses	[ãvwajas]
qu'	il/elle	envoyât	[ãvwaja]
que	nous	envoyassions	[ãvwajasjɔ̃]
que	vous	envoyassiez	[ãvwajasje]
qu'	ils/elles	envoyassent	[ãvwajas]

passé			
que	j'	aie	envoyé
que	tu	aies	envoyé
qu'	il/elle	ait	envoyé
que	nous	ayons	envoyé
que	vous	ayez	envoyé
qu'	ils/elles	aient	envoyé

plus-que-parfait			
que	j'	eusse	envoyé
que	tu	eusses	envoyé
qu'	il/elle	eût	envoyé
que	nous	eussions	envoyé
que	vous	eussiez	envoyé
qu'	ils/elles	eussent	envoyé

CONDITIONNEL

présent			passé 1ʳᵉ forme	
j'	**enverrais**	[ãverɛ]	aurais	envoyé
tu	**enverrais**	[ãverɛ]	aurais	envoyé
il/elle	**enverrait**	[ãverɛ]	aurait	envoyé
nous	**enverrions**	[ãverjɔ̃]	aurions	envoyé
vous	**enverriez**	[ãverje]	auriez	envoyé
ils/elles	**enverraient**	[ãverɛ]	auraient	envoyé

passé 2ᵉ forme
mêmes formes que le subjonctif plus-que-parfait

IMPÉRATIF

présent		passé	
envoie	[ãvwa]	aie	envoyé
envoyons	[ãvwajɔ̃]	ayons	envoyé
envoyez	[ãvwaje]	ayez	envoyé

Serves as a model for *renvoyer*, derived from "envoyer". However the two derived verbs *convoyer* et *dévoyer* are conjugated like "employer" (table 30).

• Two pronunciations and two spellings are possible with certain forms of this little-used verb.

[arg(ɥ)e]

Stems:
argu-[arg]
argu-[argy]

INFINITIF

présent	passé
arguer [arg(ɥ)e]	avoir argué

PARTICIPE

présent	passé
arguant [arg(ɥ)ɑ̃]	argué/ée, argués/ées [arg(ɥ)e]
	ayant argué

INDICATIF

présent

j'	argue	[arg]
	arguë	[argy]
tu	argues	[arg]
	arguës	[argy]
il/elle	argue	[arg]
	arguë	[argy]
nous	arguons	[arg(ɥ)ɔ̃]
vous	arguez	[arg(ɥ)e]
ils/elles	arguent	[arg]
	arguënt	[argy]

imparfait

j'	arguais	[arg(ɥ)ɛ]
tu	arguais	[arg(ɥ)ɛ]
il/elle	arguait	[arg(ɥ)ɛ]
nous	arguions	[arg(y)jɔ̃]
vous	arguiez	[arg(y)je]
ils/elles	arguaient	[arg(ɥ)ɛ]

futur simple

j'	arguerai	[argəre]
	arguërai	[argyre]
tu	argueras	[argəra]
	arguëras	[argyra]
il/elle	arguera	[argəra]
	arguëra	[argyra]
nous	arguerons	[argərɔ̃]
	arguërons	[argyrɔ̃]
vous	arguerez	[argəre]
	arguërez	[argyre]
ils/elles	argueront	[argərɔ̃]
	arguëront	[argyrɔ̃]

passé simple

j'	arguai	[arg(ɥ)e]
tu	arguas	[arg(ɥ)a]
il/elle	argua	[arg(ɥ)a]
nous	arguâmes	[arg(ɥ)am]
vous	arguâtes	[arg(ɥ)at]
ils/elles	arguèrent	[arg(ɥ)ɛr]

passé composé

ai	argué
as	argué
a	argué
avons	argué
avez	argué
ont	argué

plus-que-parfait

avais	argué
avais	argué
avait	argué
avions	argué
aviez	argué
avaient	argué

futur antérieur

aurai	argué
auras	argué
aura	argué
aurons	argué
aurez	argué
auront	argué

passé antérieur

eus	argué
eus	argué
eut	argué
eûmes	argué
eûtes	argué
eurent	argué

SUBJONCTIF

présent

que	j'	argue	[arg]
		arguë	[argy]
que	tu	argues	[arg]
		arguës	[argy]
qu'	il/elle	argue	[arg]
		arguë	[argy]
que	nous	arguions	[arg(y)jɔ̃]
que	vous	arguiez	[arg(y)je]
qu'	ils/elles	arguent	[arg]
		arguënt	[argy]

imparfait

que	j'	arguasse	[arg(ɥ)as]
que	tu	arguasses	[arg(ɥ)as]
qu'	il/elle	arguât	[arg(ɥ)a]
que	nous	arguassions	[arg(ɥ)asjɔ̃]
que	vous	arguassiez	[arg(ɥ)asje]
qu'	ils/elles	arguassent	[arg(ɥ)as]

passé

que	j'	aie	argué
que	tu	aies	argué
qu'	il/elle	ait	argué
que	nous	ayons	argué
que	vous	ayez	argué
qu'	ils/elles	aient	argué

plus-que-parfait

que	j'	eusse	argué
que	tu	eusses	argué
qu'	il/elle	eût	argué
que	nous	eussions	argué
que	vous	eussiez	argué
qu'	ils/elles	eussent	argué

IMPÉRATIF

présent		passé	
argue	[arg]	aie	argué
arguë	[argy]		
arguons	[arg(ɥ)ɔ̃]	ayons	argué
arguez	[arg(ɥ)e]	ayez	argué

CONDITIONNEL

présent

j'	arguerais	[argərɛ]	nous	arguerions	[argərjɔ̃]	
	arguërais	[argyrɛ]		arguërions	[argyrjɔ̃]	
tu	arguerais	[argərɛ]	vous	argueriez	[argərje]	
	arguërais	[argyrɛ]		arguëriez	[argyrje]	
il/elle	arguerait	[argərɛ]	ils/elles	argueraient	[argərɛ]	
	arguërait	[argyrɛ]		arguëraient	[argyrɛ]	

passé 1re forme

j'	aurais	argué
tu	aurais	argué
il/elle	aurait	argué
nous	aurions	argué
vous	auriez	argué
ils/elles	auraient	argué

passé 2e forme : *mêmes formes que le subjonctif plus-que-parfait*

[finir]

Stems:
fin-

● Serves as a model for the regular conjugation of Group 2 (-**ir** in the infinitive and -**issant** in the present participle).

INFINITIF

présent	passé
finir [finir]	avoir fini

PARTICIPE

présent	passé
finissant [finisã]	fini/ie, finis/ies [fini]
	ayant fini

INDICATIF

présent

je	finis	[fini]
tu	finis	[fini]
il/elle	finit	[fini]
nous	finissons	[finisɔ̃]
vous	finissez	[finise]
ils/elles	finissent	[finis]

passé composé

ai	fini
as	fini
a	fini
avons	fini
avez	fini
ont	fini

imparfait

je	finissais	[finisɛ]
tu	finissais	[finisɛ]
il/elle	finissait	[finisɛ]
nous	finissions	[finisjɔ̃]
vous	finissiez	[finisje]
ils/elles	finissaient	[finisɛ]

plus-que-parfait

avais	fini
avais	fini
avait	fini
avions	fini
aviez	fini
avaient	fini

futur simple

je	finirai	[finire]
tu	finiras	[finira]
il/elle	finira	[finira]
nous	finirons	[finirɔ̃]
vous	finirez	[finire]
ils/elles	finiront	[finirɔ̃]

futur antérieur

aurai	fini
auras	fini
aura	fini
aurons	fini
aurez	fini
auront	fini

passé simple

je	finis	[fini]
tu	finis	[fini]
il/elle	finit	[fini]
nous	finîmes	[finim]
vous	finîtes	[finit]
ils/elles	finirent	[finir]

passé antérieur

eus	fini
eus	fini
eut	fini
eûmes	fini
eûtes	fini
eurent	fini

SUBJONCTIF

présent

que	je	finisse	[finis]
que	tu	finisses	[finis]
qu'	il/elle	finisse	[finis]
que	nous	finissions	[finisjɔ̃]
que	vous	finissiez	[finisje]
qu'	ils/elles	finissent	[finis]

imparfait

que	je	finisse	[finis]
que	tu	finisses	[finis]
qu'	il/elle	finît	[fini]
que	nous	finissions	[finisjɔ̃]
que	vous	finissiez	[finisje]
qu'	ils/elles	finissent	[finis]

passé

que	j'	aie	fini
que	tu	aies	fini
qu'	il/elle	ait	fini
que	nous	ayons	fini
que	vous	ayez	fini
qu'	ils/elles	aient	fini

plus-que-parfait

que	j'	eusse	fini
que	tu	eusses	fini
qu'	il/elle	eût	fini
que	nous	eussions	fini
que	vous	eussiez	fini
qu'	ils/elles	eussent	fini

CONDITIONNEL

présent

je	finirais	[finirɛ]
tu	finirais	[finirɛ]
il/elle	finirait	[finirɛ]
nous	finirions	[finirjɔ̃]
vous	finiriez	[finirje]
ils/elles	finiraient	[finirɛ]

passé 1re forme

aurais	fini
aurais	fini
aurait	fini
aurions	fini
auriez	fini
auraient	fini

passé 2e forme

mêmes formes que le subjonctif plus-que-parfait

IMPÉRATIF

présent		passé	
finis	[fini]	aie	fini
finissons	[finisɔ̃]	ayons	fini
finissez	[finise]	ayez	fini

Bénir has a 2nd past participle: **bénit, bénite**, used in set religious expressions (*eau bénite*). *Fleurir* with the meaning "prospérer" forms its present participle and its *imparfait* indicative on a 2nd stem: **flor-** (*florissant, florissait*).

- The dieresis (¨) is present throughout except for the 3 singular persons in the present indicative and the 2nd person singular in the present imperative.
- No circumflex accent on the 1st and 2nd person plural in the past simple and the 2nd person singular in the *imparfait* subjunctive.

[air]
Stems:
haï-
hai-

INFINITIF

présent	passé
haïr [air]	avoir haï

PARTICIPE

présent	passé
haïssant [aisɑ̃]	haï/ïe, haïs/ïes [ai]
	ayant haï

INDICATIF

présent

je	hais	[ɛ]
tu	hais	[ɛ]
il/elle	hait	[ɛ]
nous	haïssons	[aisɔ̃]
vous	haïssez	[aise]
ils/elles	haïssent	[ais]

imparfait

je	haïssais	[aisɛ]
tu	haïssais	[aisɛ]
il/elle	haïssait	[aisɛ]
nous	haïssions	[aisjɔ̃]
vous	haïssiez	[aisje]
ils/elles	haïssaient	[aisɛ]

futur simple

je	haïrai	[aire]
tu	haïras	[aira]
il/elle	haïra	[aira]
nous	haïrons	[airɔ̃]
vous	haïrez	[aire]
ils/elles	haïront	[airɔ̃]

passé simple

je	hais	[ai]
tu	haïs	[ai]
il/elle	haït	[ai]
nous	haïmes	[aim]
vous	haïtes	[ait]
ils/elles	haïrent	[air]

passé composé

ai	haï
as	haï
a	haï
avons	haï
avez	haï
ont	haï

plus-que-parfait

avais	haï
avais	haï
avait	haï
avions	haï
aviez	haï
avaient	haï

futur antérieur

aurai	haï
auras	haï
aura	haï
aurons	haï
aurez	haï
auront	haï

passé antérieur

eus	haï
eus	haï
eut	haï
eûmes	haï
eûtes	haï
eurent	haï

SUBJONCTIF

présent

que	je	haïsse	[ais]
que	tu	haïsses	[ais]
qu'	il/elle	haïsse	[ais]
que	nous	haïssions	[aisjɔ̃]
que	vous	haïssiez	[aisje]
qu'	ils/elles	haïssent	[ais]

imparfait

que	je	haïsse	[ais]
que	tu	haïsses	[ais]
qu'	il/elle	haït	[ai]
que	nous	haïssions	[aisjɔ̃]
que	vous	haïssiez	[aisje]
qu'	ils/elles	haïssent	[ais]

passé

que	j'	aie	haï
que	tu	aies	haï
qu'	il/elle	ait	haï
que	nous	ayons	haï
que	vous	ayez	haï
qu'	ils/elles	aient	haï

plus-que-parfait

que	j'	eusse	haï
que	tu	eusses	haï
qu'	il/elle	eût	haï
que	nous	eussions	haï
que	vous	eussiez	haï
qu'	ils/elles	eussent	haï

CONDITIONNEL

présent

je	haïrais	[airɛ]
tu	haïrais	[airɛ]
il/elle	haïrait	[airɛ]
nous	haïrions	[airjɔ̃]
vous	haïriez	[airje]
ils/elles	haïraient	[airɛ]

passé 1re forme

aurais	haï
aurais	haï
aurait	haï
aurions	haï
auriez	haï
auraient	haï

passé 2e forme

mêmes formes que le subjonctif plus-que-parfait

IMPÉRATIF

présent			passé		
hais	[ɛ]		aie	haï	
haïssons	[aisɔ̃]		ayons	haï	
haïssez	[aise]		ayez	haï	

S'entre-haïr follows this model, but forms its compound tenses with "être" like all reflexive verbs.

GROUP 3

[partir]

Stems:
part-
par-

- The three singular persons of the present indicative and the 2nd person singular of the present imperative are formed using the short stem **par-**.
- Serves as a model for the regular conjugation of Group 3 (present participle in -**ant**, infinitives other than -**er**) for verbs whose compound tenses are formed with "être" (see "Verb index").

INFINITIF

présent	passé
partir [partir]	être parti/ie/is/ies

PARTICIPE

présent	passé
partant [partɑ̃]	parti/ie, partis/ies [parti]
	étant parti/ie/is/ies

INDICATIF

présent

je	**pars**	[par]
tu	**pars**	[par]
il/elle	**part**	[par]
nous	partons	[partɔ̃]
vous	partez	[parte]
ils/elles	partent	[part]

imparfait

je	partais	[partɛ]
tu	partais	[partɛ]
il/elle	partait	[partɛ]
nous	partions	[partjɔ̃]
vous	partiez	[partje]
ils/elles	partaient	[partɛ]

futur simple

je	partirai	[partire]
tu	partiras	[partira]
il/elle	partira	[partira]
nous	partirons	[partirɔ̃]
vous	partirez	[partire]
ils/elles	partiront	[partirɔ̃]

passé simple

je	partis	[parti]
tu	partis	[parti]
il/elle	partit	[parti]
nous	partîmes	[partim]
vous	partîtes	[partit]
ils/elles	partirent	[partir]

passé composé

suis	parti/ie
es	parti/ie
est	parti/ie
sommes	partis/ies
êtes	partis/ies
sont	partis/ies

plus-que-parfait

étais	parti/ie
étais	parti/ie
était	parti/ie
étions	partis/ies
étiez	partis/ies
étaient	partis/ies

futur antérieur

serai	parti/ie
seras	parti/ie
sera	parti/ie
serons	partis/ies
serez	partis/ies
seront	partis/ies

passé antérieur

fus	parti/ie
fus	parti/ie
fut	parti/ie
fûmes	partis/ies
fûtes	partis/ies
furent	partis/ies

SUBJONCTIF

présent

que	je	parte	[part]
que	tu	partes	[part]
qu'	il/elle	parte	[part]
que	nous	partions	[partjɔ̃]
que	vous	partiez	[partje]
qu'	ils/elles	partent	[part]

imparfait

que	je	partisse	[partis]
que	tu	partisses	[partis]
qu'	il/elle	partît	[parti]
que	nous	partissions	[partisjɔ̃]
que	vous	partissiez	[partisje]
qu'	ils/elles	partissent	[partis]

passé

que	je	sois	parti/ie
que	tu	sois	parti/ie
qu'	il/elle	soit	parti/ie
que	nous	soyons	partis/ies
que	vous	soyez	partis/ies
qu'	ils/elles	soient	partis/ies

plus-que-parfait

que	je	fusse	parti/ie
que	tu	fusses	parti/ie
qu'	il/elle	fût	parti/ie
que	nous	fussions	partis/ies
que	vous	fussiez	partis/ies
qu'	ils/elles	fussent	partis/ies

CONDITIONNEL

présent

je	partirais	[partirɛ]
tu	partirais	[partirɛ]
il/elle	partirait	[partirɛ]
nous	partirions	[partirjɔ̃]
vous	partiriez	[partirje]
ils/elles	partiraient	[partirɛ]

passé 1re forme

serais	parti/ie
serais	parti/ie
serait	parti/ie
serions	partis/ies
seriez	partis/ies
seraient	partis/ies

passé 2e forme

mêmes formes que le subjonctif plus-que-parfait

IMPÉRATIF

présent		passé	
pars	[par]	sois	parti/ie
partons	[partɔ̃]	soyons	partis/ies
partez	[parte]	soyez	partis/ies

Many verbs in -**tir** follow this model. But **répartir** (= distribuer), **impartir**, **assortir** (and sometimes **départir**) are conjugated using the model "finir" (Group 2, table 34).

[dɔrmir]

Stems:
dorm-
dor-

- The past participle is invariable.
- The three singular persons of the present indicative and the 2nd person singular of the imperative are formed using the short stem **dor-**.

INFINITIF

présent	passé
dormir [dɔrmir]	avoir dormi

PARTICIPE

présent	passé
dormant [dɔrmã]	**dormi** [dɔrmi]
	ayant dormi

INDICATIF

présent

je	**dors**	[dɔr]
tu	**dors**	[dɔr]
il/elle	**dort**	[dɔr]
nous	dormons	[dɔrmɔ̃]
vous	dormez	[dɔrme]
ils/elles	dorment	[dɔrm]

imparfait

je	dormais	[dɔrmɛ]
tu	dormais	[dɔrmɛ]
il/elle	dormait	[dɔrmɛ]
nous	dormions	[dɔrmjɔ̃]
vous	dormiez	[dɔrmje]
ils/elles	dormaient	[dɔrmɛ]

futur simple

je	dormirai	[dɔrmire]
tu	dormiras	[dɔrmira]
il/elle	dormira	[dɔrmira]
nous	dormirons	[dɔrmirɔ̃]
vous	dormirez	[dɔrmire]
ils/elles	dormiront	[dɔrmirɔ̃]

passé simple

je	dormis	[dɔrmi]
tu	dormis	[dɔrmi]
il/elle	dormit	[dɔrmi]
nous	dormîmes	[dɔrmim]
vous	dormîtes	[dɔrmit]
ils/elles	dormirent	[dɔrmir]

passé composé

ai	dormi
as	dormi
a	dormi
avons	dormi
avez	dormi
ont	dormi

plus-que-parfait

avais	dormi
avais	dormi
avait	dormi
avions	dormi
aviez	dormi
avaient	dormi

futur antérieur

aurai	dormi
auras	dormi
aura	dormi
aurons	dormi
aurez	dormi
auront	dormi

passé antérieur

eus	dormi
eus	dormi
eut	dormi
eûmes	dormi
eûtes	dormi
eurent	dormi

SUBJONCTIF

présent

que	je	dorme	[dɔrm]
que	tu	dormes	[dɔrm]
qu'	il/elle	dorme	[dɔrm]
que	nous	dormions	[dɔrmjɔ̃]
que	vous	dormiez	[dɔrmje]
qu'	ils/elles	dorment	[dɔrm]

imparfait

que	je	dormisse	[dɔrmis]
que	tu	dormisses	[dɔrmis]
qu'	il/elle	dormît	[dɔrmi]
que	nous	dormissions	[dɔrmisjɔ̃]
que	vous	dormissiez	[dɔrmisje]
qu'	ils/elles	dormissent	[dɔrmis]

passe

que	j'	aie	dormi
que	tu	aies	dormi
qu'	il/elle	ait	dormi
que	nous	ayons	dormi
que	vous	ayez	dormi
qu'	ils/elles	aient	dormi

plus-que-parfait

que	j'	eusse	dormi
que	tu	eusses	dormi
qu'	il/elle	eût	dormi
que	nous	eussions	dormi
que	vous	eussiez	dormi
qu'	ils/elles	eussent	dormi

CONDITIONNEL

présent

je	dormirais	[dɔrmirɛ]
tu	dormirais	[dɔrmirɛ]
il/elle	dormirait	[dɔrmirɛ]
nous	dormirions	[dɔrmirjɔ̃]
vous	dormiriez	[dɔrmirje]
ils/elles	dormiraient	[dɔrmirɛ]

passé 1re forme

aurais	dormi
aurais	dormi
aurait	dormi
aurions	dormi
auriez	dormi
auraient	dormi

passé 2e forme

mêmes formes que le subjonctif plus-que-parfait

IMPÉRATIF

présent		passé	
dors	[dɔr]	aie	dormi
dormons	[dɔrmɔ̃]	ayons	dormi
dormez	[dɔrme]	ayez	dormi

Serves as a model for the verbs *endormir* and *rendormir* (which can have transitive meaning, in which case they have a variable past participle: *la malade qu'il a endormie*); and also for *servir, desservir* and *resservir*.

GROUP 3

[bujir]

Stems:
bouill-
bou-

- The three singular persons of the present indicative and the 2nd person singular of the present imperative are formed using the short stem **bou-**.

INFINITIF

présent	passé
bouillir [bujir]	avoir bouilli

PARTICIPE

présent	passé
bouillant [bujɑ̃]	bouilli/ie, bouillis/ies [buji]
	ayant bouilli

INDICATIF

présent

je	**bous**	[bu]
tu	**bous**	[bu]
il/elle	**bout**	[bu]
nous	bouillons	[bujɔ̃]
vous	bouillez	[buje]
ils/elles	bouillent	[buj]

passé composé

ai	bouilli	
as	bouilli	
a	bouilli	
avons	bouilli	
avez	bouilli	
ont	bouilli	

imparfait

je	bouillais	[bujɛ]
tu	bouillais	[bujɛ]
il/elle	bouillait	[bujɛ]
nous	bouillions	[bujjɔ̃]
vous	bouilliez	[bujje]
ils/elles	bouillaient	[bujɛ]

plus-que-parfait

avais	bouilli	
avais	bouilli	
avait	bouilli	
avions	bouilli	
aviez	bouilli	
avaient	bouilli	

futur simple

je	bouillirai	[bujire]
tu	bouilliras	[bujira]
il/elle	bouillira	[bujira]
nous	bouillirons	[bujirɔ̃]
vous	bouillirez	[bujire]
ils/elles	bouilliront	[bujirɔ̃]

futur antérieur

aurai	bouilli	
auras	bouilli	
aura	bouilli	
aurons	bouilli	
aurez	bouilli	
auront	bouilli	

passé simple

je	bouillis	[buji]
tu	bouillis	[buji]
il/elle	bouillit	[buji]
nous	bouillîmes	[bujim]
vous	bouillîtes	[bujit]
ils/elles	bouillirent	[bujir]

passé antérieur

eus	bouilli	
eus	bouilli	
eut	bouilli	
eûmes	bouilli	
eûtes	bouilli	
eurent	bouilli	

SUBJONCTIF

présent

que	je	bouille	[buj]
que	tu	bouilles	[buj]
qu'	il/elle	bouille	[buj]
que	nous	bouillions	[bujjɔ̃]
que	vous	bouilliez	[bujje]
qu'	ils/elles	bouillent	[buj]

imparfait

que	je	bouillisse	[bujis]
que	tu	bouillisses	[bujis]
qu'	il/elle	bouillît	[buji]
que	nous	bouillissions	[bujisjɔ̃]
que	vous	bouillissiez	[bujisje]
qu'	ils/elles	bouillissent	[bujis]

passé

que	j'	aie	bouilli
que	tu	aies	bouilli
qu'	il/elle	ait	bouilli
que	nous	ayons	bouilli
que	vous	ayez	bouilli
qu'	ils/elles	aient	bouilli

plus-que-parfait

que	j'	eusse	bouilli
que	tu	eusses	bouilli
qu'	il/elle	eût	bouilli
que	nous	eussions	bouilli
que	vous	eussiez	bouilli
qu'	ils/elles	eussent	bouilli

CONDITIONNEL

présent

je	bouillirais	[bujirɛ]
tu	bouillirais	[bujirɛ]
il/elle	bouillirait	[bujirɛ]
nous	bouillirions	[bujirjɔ̃]
vous	bouilliriez	[bujirje]
ils/elles	bouilliraient	[bujirɛ]

passé 1re forme

aurais	bouilli	
aurais	bouilli	
aurait	bouilli	
aurions	bouilli	
auriez	bouilli	
auraient	bouilli	

passé 2e forme

mêmes formes que le subjonctif plus-que-parfait

IMPÉRATIF

présent		passé	
bous	[bu]	aie	bouilli
bouillons	[bujɔ̃]	ayons	bouilli
bouillez	[buje]	ayez	bouilli

- The stem **fuy-** (with **-y-**) is used to construct the forms whose ending has a vowel other than silent **-e-** when spoken.
- Note **-y-** + **-i-** in the 1st and 2nd person singular of the *imparfait* indicative and the present subjunctive.

[fɥir]
Stems:
fui-
fuy-

INFINITIF

présent	passé
fuir [fɥir]	avoir fui

PARTICIPE

présent	passé
fuyant [fɥijɑ̃]	fui/ie, fuis/ies [fɥi]
	ayant fui

INDICATIF

présent			passé composé	
je	fuis	[fɥi]	ai	fui
tu	fuis	[fɥi]	as	fui
il/elle	fuit	[fɥi]	a	fui
nous	**fuyons**	[fɥijɔ̃]	avons	fui
vous	**fuyez**	[fɥije]	avez	fui
ils/elles	fuient	[fɥi]	ont	fui

imparfait			plus-que-parfait	
je	**fuyais**	[fɥijɛ]	avais	fui
tu	**fuyais**	[fɥijɛ]	avais	fui
il/elle	**fuyait**	[fɥijɛ]	avait	fui
nous	**fuyions**	[fɥijjɔ̃]	avions	fui
vous	**fuyiez**	[fɥijje]	aviez	fui
ils/elles	**fuyaient**	[fɥijɛ]	avaient	fui

futur simple			futur antérieur	
je	fuirai	[fɥire]	aurai	fui
tu	fuiras	[fɥira]	auras	fui
il/elle	fuira	[fɥira]	aura	fui
nous	fuirons	[fɥirɔ̃]	aurons	fui
vous	fuirez	[fɥire]	aurez	fui
ils/elles	fuiront	[fɥirɔ̃]	auront	fui

passé simple			passé antérieur	
je	fuis	[fɥi]	eus	fui
tu	fuis	[fɥi]	eus	fui
il/elle	fuit	[fɥi]	eut	fui
nous	fuîmes	[fɥim]	eûmes	fui
vous	fuîtes	[fɥit]	eûtes	fui
ils/elles	fuirent	[fɥir]	eurent	fui

SUBJONCTIF

présent			
que	je	fuie	[fɥi]
que	tu	fuies	[fɥi]
qu'	il/elle	fuie	[fɥi]
que	nous	**fuyions**	[fɥijjɔ̃]
que	vous	**fuyiez**	[fɥijje]
qu'	ils/elles	fuient	[fɥi]

imparfait			
que	je	fuisse	[fɥis]
que	tu	fuisses	[fɥis]
qu'	il/elle	fuît	[fɥi]
que	nous	fuissions	[fɥisjɔ̃]
que	vous	fuissiez	[fɥisje]
qu'	ils/elles	fuissent	[fɥis]

passé			
que	j'	aie	fui
que	tu	aies	fui
qu'	il/elle	ait	fui
que	nous	ayons	fui
que	vous	ayez	fui
qu'	ils/elles	aient	fui

plus-que-parfait			
que	j'	eusse	fui
que	tu	eusses	fui
qu'	il/elle	eût	fui
que	nous	eussions	fui
que	vous	eussiez	fui
qu'	ils/elles	eussent	fui

CONDITIONNEL

présent			passé 1ʳᵉ forme	
je	fuirais	[fɥirɛ]	aurais	fui
tu	fuirais	[fɥirɛ]	aurais	fui
il/elle	fuirait	[fɥirɛ]	aurait	fui
nous	fuirions	[fɥirjɔ̃]	aurions	fui
vous	fuiriez	[fɥirje]	auriez	fui
ils/elles	fuiraient	[fɥirɛ]	auraient	fui

passé 2ᵉ forme

mêmes formes que le subjonctif plus-que-parfait

IMPÉRATIF

présent		passé	
fuis	[fɥi]	aie	fui
fuyons	[fɥijɔ̃]	ayons	fui
fuyez	[fɥije]	ayez	fui

S'enfuir follows this model but is conjugated with "être" like all reflexive verbs.

GROUP 3

[rəvetir]

Stem:
revêt-

- One stem only, which has a circumflex accent throughout. Three simple tense forms therefore carry two circumflex accents: the 1st and 2nd person plural in the past simple and the 3rd person singular in the *imparfait* subjunctive.

INFINITIF

présent	passé
revêtir [rəvetir]	avoir revêtu

PARTICIPE

présent	passé
revêtant [rəvetã]	revêtu/ue, revêtus/ues [rəvety] ayant revêtu

INDICATIF

présent

je	revêts	[rəvɛ]
tu	revêts	[rəvɛ]
il/elle	revêt	[rəvɛ]
nous	revêtons	[rəvetɔ̃]
vous	revêtez	[rəvete]
ils/elles	revêtent	[rəvɛt]

imparfait

je	revêtais	[rəvetɛ]
tu	revêtais	[rəvetɛ]
il/elle	revêtait	[rəvetɛ]
nous	revêtions	[rəvetjɔ̃]
vous	revêtiez	[rəvetje]
ils/elles	revêtaient	[rəvetɛ]

futur simple

je	revêtirai	[rəvetire]
tu	revêtiras	[rəvetira]
il/elle	revêtira	[rəvetira]
nous	revêtirons	[rəvetirɔ̃]
vous	revêtirez	[rəvetire]
ils/elles	revêtiront	[rəvetirɔ̃]

passé simple

je	revêtis	[rəveti]
tu	revêtis	[rəveti]
il/elle	revêtit	[rəveti]
nous	revêtîmes	[rəvetim]
vous	revêtîtes	[rəvetit]
ils/elles	revêtirent	[rəvetir]

passé composé

ai	revêtu
as	revêtu
a	revêtu
avons	revêtu
avez	revêtu
ont	revêtu

plus-que-parfait

avais	revêtu
avais	revêtu
avait	revêtu
avions	revêtu
aviez	revêtu
avaient	revêtu

futur antérieur

aurai	revêtu
auras	revêtu
aura	revêtu
aurons	revêtu
aurez	revêtu
auront	revêtu

passé antérieur

eus	revêtu
eus	revêtu
eut	revêtu
eûmes	revêtu
eûtes	revêtu
eurent	revêtu

SUBJONCTIF

présent

que	je	revête	[rəvɛt]
que	tu	revêtes	[rəvɛt]
qu'	il/elle	revête	[rəvɛt]
que	nous	revêtions	[rəvetjɔ̃]
que	vous	revêtiez	[rəvetje]
qu'	ils/elles	revêtent	[rəvɛt]

imparfait

que	je	revêtisse	[rəvetis]
que	tu	revêtisses	[rəvetis]
qu'	il/elle	**revêtît**	[rəveti]
que	nous	revêtissions	[rəvetisjɔ̃]
que	vous	revêtissiez	[rəvetisje]
qu'	ils/elles	revêtissent	[rəvetis]

passé

que	j'	aie	revêtu
que	tu	aies	revêtu
qu'	il/elle	ait	revêtu
que	nous	ayons	revêtu
que	vous	ayez	revêtu
qu'	ils/elles	aient	revêtu

plus-que-parfait

que	j'	eusse	revêtu
que	tu	eusses	revêtu
qu'	il/elle	eût	revêtu
que	nous	eussions	revêtu
que	vous	eussiez	revêtu
qu'	ils/elles	eussent	revêtu

CONDITIONNEL

présent

je	revêtirais	[rəvetirɛ]
tu	revêtirais	[rəvetirɛ]
il/elle	revêtirait	[rəvetirɛ]
nous	revêtirions	[rəvetirjɔ̃]
vous	revêtiriez	[rəvetirje]
ils/elles	revêtiraient	[rəvetirɛ]

passé 1ʳᵉ forme

aurais	revêtu
aurais	revêtu
aurait	revêtu
aurions	revêtu
auriez	revêtu
auraient	revêtu

passé 2ᵉ forme

mêmes formes que le subjonctif plus-que-parfait

IMPÉRATIF

présent

revêts	[rəvɛ]
revêtons	[rəvetɔ̃]
revêtez	[rəvete]

passé

aie	revêtu
ayons	revêtu
ayez	revêtu

Vêtir and *dévêtir* follow this model, but sometimes "vêtir" is conjugated like a verb in Group 2 (table 34), especially in the *imparfait* indicative.

[kurir]
Stem:
cour-

- One stem only, with final **-r** throughout. The future simple and the present conditional therefore have double **-r-** (one from the stem and one from the ending), which are usually pronounced.

INFINITIF

présent	passé
courir [kurir]	avoir couru

PARTICIPE

présent	passé
courant [kurã]	couru/ue, courus/ues [kury] ayant couru

INDICATIF

présent

je	cours	[kur]
tu	cours	[kur]
il/elle	court	[kur]
nous	courons	[kurõ]
vous	courez	[kure]
ils/elles	courent	[kur]

imparfait

je	courais	[kurɛ]
tu	courais	[kurɛ]
il/elle	courait	[kurɛ]
nous	courions	[kurjõ]
vous	couriez	[kurje]
ils/elles	couraient	[kurɛ]

futur simple

je	**courrai**	[kur(r)e]
tu	**courras**	[kur(r)a]
il/elle	**courra**	[kur(r)a]
nous	**courrons**	[kur(r)õ]
vous	**courrez**	[kur(r)e]
ils/elles	**courront**	[kur(r)õ]

passé simple

je	courus	[kury]
tu	courus	[kury]
il/elle	courut	[kury]
nous	courûmes	[kurym]
vous	courûtes	[kuryt]
ils/elles	coururent	[kuryr]

passé composé

ai	couru
as	couru
a	couru
avons	couru
avez	couru
ont	couru

plus-que-parfait

avais	couru
avais	couru
avait	couru
avions	couru
aviez	couru
avaient	couru

futur antérieur

aurai	couru
auras	couru
aura	couru
aurons	couru
aurez	couru
auront	couru

passé antérieur

eus	couru
eus	couru
eut	couru
eûmes	couru
eûtes	couru
eurent	couru

SUBJONCTIF

présent

que	je	coure	[kur]
que	tu	coures	[kur]
qu'	il/elle	coure	[kur]
que	nous	courions	[kurjõ]
que	vous	couriez	[kurje]
qu'	ils/elles	courent	[kur]

imparfait

que	je	courusse	[kurys]
que	tu	courusses	[kurys]
qu'	il/elle	courût	[kury]
que	nous	courussions	[kurysjõ]
que	vous	courussiez	[kurysje]
qu'	ils/elles	courussent	[kurys]

passé

que	j'	aie	couru
que	tu	aies	couru
qu'	il/elle	ait	couru
que	nous	ayons	couru
que	vous	ayez	couru
qu'	ils/elles	aient	couru

plus-que-parfait

que	j'	eusse	couru
que	tu	eusses	couru
qu'	il/elle	eût	couru
que	nous	eussions	couru
que	vous	eussiez	couru
qu'	ils/elles	eussent	couru

CONDITIONNEL

présent

je	**courrais**	[kur(r)ɛ]
tu	**courrais**	[kur(r)ɛ]
il/elle	**courrait**	[kur(r)ɛ]
nous	**courrions**	[kur(r)jõ]
vous	**courriez**	[kur(r)je]
ils/elles	**courraient**	[kur(r)ɛ]

passé 1ʳᵉ forme

aurais	couru
aurais	couru
aurait	couru
aurions	couru
auriez	couru
auraient	couru

passé 2ᵉ forme

mêmes formes que le subjonctif plus-que-parfait

IMPÉRATIF

présent		passé	
cours	[kur]	aie	couru
courons	[kurõ]	ayons	couru
courez	[kure]	ayez	couru

Seven verbs derived from "courir" follow this model (*accourir, concourir, discourir, encourir, parcourir, recourir, secourir*), but **accourir** can form its compound tenses with either "être" or "avoir".

GROUP 3

[murir]

Stems:
mour-
meur-
mor-

- Careful with the future simple and the present conditional: double -**r**- throughout (one from the stem + one from the ending).
- The stem **meur**- serves to conjugate the forms of the three singular persons and the 3rd person plural in the present indicative and the present subjunctive as well as the 2nd person singular of the present imperative.
- The short stem **mor**- serves only to form the past participle.
- The compound tenses are constructed with "être".

INFINITIF

présent	passé
mourir [murir]	être mort/te, morts/tes

PARTICIPE

présent	passé
mourant [murã]	mort/te, morts/tes [mɔr/mɔrt]
	étant mort/te, morts/tes

INDICATIF

présent

je	meurs	[mœr]
tu	meurs	[mœr]
il/elle	meurt	[mœr]
nous	mourons	[murɔ̃]
vous	mourez	[mure]
ils/elles	meurent	[mœr]

imparfait

je	mourais	[murɛ]
tu	mourais	[murɛ]
il/elle	mourait	[murɛ]
nous	mourions	[murjɔ̃]
vous	mouriez	[murje]
ils/elles	mouraient	[murɛ]

futur simple

je	mourrai	[mur(r)e]
tu	mourras	[mur(r)a]
il/elle	mourra	[mur(r)a]
nous	mourrons	[mur(r)ɔ̃]
vous	mourrez	[mur(r)e]
ils/elles	mourront	[mur(r)ɔ̃]

passé simple

je	mourus	[mury]
tu	mourus	[mury]
il/elle	mourut	[mury]
nous	mourûmes	[murym]
vous	mourûtes	[muryt]
ils/elles	moururent	[muryr]

passé composé

suis	mort/te	
es	mort/te	
est	mort/te	
sommes	morts/tes	
êtes	morts/tes	
sont	morts/tes	

plus-que-parfait

étais	mort/te	
étais	mort/te	
était	mort/te	
étions	morts/tes	
étiez	morts/tes	
étaient	morts/tes	

futur antérieur

serai	mort/te
seras	mort/te
sera	mort/te
serons	morts/tes
serez	morts/tes
seront	morts/tes

passé antérieur

fus	mort/te
fus	mort/te
fut	mort/te
fûmes	morts/tes
fûtes	morts/tes
furent	morts/tes

SUBJONCTIF

présent

que	je	meure	[mœr]
que	tu	meures	[mœr]
qu'	il/elle	meure	[mœr]
que	nous	mourions	[murjɔ̃]
que	vous	mouriez	[murje]
qu'	ils/elles	meurent	[mœr]

imparfait

que	je	mourusse	[murys]
que	tu	mourusses	[murys]
qu'	il/elle	mourût	[mury]
que	nous	mourussions	[murysjɔ̃]
que	vous	mourussiez	[murysje]
qu'	ils/elles	mourussent	[murys]

passé

que	je	sois	mort/te
que	tu	sois	mort/te
qu'	il/elle	soit	mort/te
que	nous	soyons	morts/tes
que	vous	soyez	morts/tes
qu'	ils/elles	soient	morts/tes

plus-que-parfait

que	je	fusse	mort/te
que	tu	fusses	mort/te
qu'	il/elle	fût	mort/te
que	nous	fussions	morts/tes
que	vous	fussiez	morts/tes
qu'	ils/elles	fussent	morts/tes

CONDITIONNEL

présent

je	mourrais	[mur(r)ɛ]
tu	mourrais	[mur(r)ɛ]
il/elle	mourrait	[mur(r)ɛ]
nous	mourrions	[mur(r)jɔ̃]
vous	mourriez	[mur(r)je]
ils/elles	mourraient	[mur(r)ɛ]

passé 1ʳᵉ forme

serais	mort/te
serais	mort/te
serait	mort/te
serions	morts/tes
seriez	morts/tes
seraient	morts/tes

passé 2ᵉ forme

mêmes formes que le subjonctif plus-que-parfait

IMPÉRATIF

présent		passé	
meurs	[mœr]	sois	mort/te
mourons	[murɔ̃]	soyons	morts/tes
mourez	[mure]	soyez	morts/tes

- Careful with the accents: there is a grave accent before an ending which has a silent -e- but there is no accent when the ending is a single consonant.
- Double -r- in the future simple and the present conditional.

[akerir]

Stems:
acquér-/acquer-
acquier-/acquièr-
acqu-

INFINITIF

présent	passé
acquérir [akerir]	avoir acquis

PARTICIPE

présent	passé
acquérant [akerã]	acquis/ise, acquis/ises [aki/iz]
	ayant acquis

INDICATIF

présent

j'	acquiers	[akjɛr]
tu	acquiers	[akjɛr]
il/elle	acquiert	[akjɛr]
nous	acquérons	[akerɔ̃]
vous	acquérez	[akere]
ils/elles	acquièrent	[akjɛr]

passé composé

ai	acquis
as	acquis
a	acquis
avons	acquis
avez	acquis
ont	acquis

imparfait

j'	acquérais	[akerɛ]
tu	acquérais	[akerɛ]
il/elle	acquérait	[akerɛ]
nous	acquérions	[akerjɔ̃]
vous	acquériez	[akerje]
ils/elles	acquéraient	[akerɛ]

plus-que-parfait

avais	acquis
avais	acquis
avait	acquis
avions	acquis
aviez	acquis
avaient	acquis

futur simple

j'	acquerrai	[aker(r)e]
tu	acquerras	[aker(r)a]
il/elle	acquerra	[aker(r)a]
nous	acquerrons	[aker(r)ɔ̃]
vous	acquerrez	[aker(r)e]
ils/elles	acquerront	[aker(r)ɔ̃]

futur antérieur

aurai	acquis
auras	acquis
aura	acquis
aurons	acquis
aurez	acquis
auront	acquis

passé simple

j'	acquis	[aki]
tu	acquis	[aki]
il/elle	acquit	[aki]
nous	acquîmes	[akim]
vous	acquîtes	[akit]
ils/elles	acquirent	[akir]

passé antérieur

eus	acquis
eus	acquis
eut	acquis
eûmes	acquis
eûtes	acquis
eurent	acquis

SUBJONCTIF

présent

que	j'	acquière	[akjɛr]
que	tu	acquières	[akjɛr]
qu'	il/elle	acquière	[akjɛr]
que	nous	acquérions	[akerjɔ̃]
que	vous	acquériez	[akerje]
qu'	ils/elles	acquièrent	[akjɛr]

imparfait

que	j'	acquisse	[akis]
que	tu	acquisses	[akis]
qu'	il/elle	acquît	[aki]
que	nous	acquissions	[akisjɔ̃]
que	vous	acquissiez	[akisje]
qu'	ils/elles	acquissent	[akis]

passé

que	j'	aie	acquis
que	tu	aies	acquis
qu'	il/elle	ait	acquis
que	nous	ayons	acquis
que	vous	ayez	acquis
qu'	ils/elles	aient	acquis

plus-que-parfait

que	j'	eusse	acquis
que	tu	eusses	acquis
qu'	il/elle	eût	acquis
que	nous	eussions	acquis
que	vous	eussiez	acquis
qu'	ils/elles	eussent	acquis

CONDITIONNEL

présent

j'	acquerrais	[aker(r)ɛ]
tu	acquerrais	[aker(r)ɛ]
il/elle	acquerrait	[aker(r)ɛ]
nous	acquerrions	[aker(r)jɔ̃]
vous	acquerriez	[aker(r)je]
ils/elles	acquerraient	[aker(r)ɛ]

passé 1ʳᵉ forme

aurais	acquis
aurais	acquis
aurait	acquis
aurions	acquis
auriez	acquis
auraient	acquis

passé 2ᵉ forme

mêmes formes que le subjonctif plus-que-parfait

IMPÉRATIF

présent		passé	
acquiers	[akjɛr]	aie	acquis
acquérons	[akerɔ̃]	ayons	acquis
acquérez	[akere]	ayez	acquis

Serves as a model for *conquérir, reconquérir, s'enquérir* and *requérir*, but "s'enquérir" (reflexive) is conjugated with "être". The verb *quérir* (= chercher) is today only used in the present infinitive.

GROUP 3

[uvrir]

Stems:
ouvr-
ouver-

- The endings of the present indicative, the present subjunctive and the present imperative are the same as those of regular verbs in Group 1 (verbs in -**er**).
- The endings of the future simple, the present conditional and the *imparfait* subjunctive are those of Group 2 (verbs in -**ir**, -**issant**).

INFINITIF

présent	passé
ouvrir [uvrir]	avoir ouvert

PARTICIPE

présent	passé
ouvrant [uvrã]	ouvert/te, ouverts/tes [uvɛr/ɛrt]
	ayant ouvert

INDICATIF

présent

j'	ouvre	[uvr]
tu	ouvres	[uvr]
il/elle	ouvre	[uvr]
nous	ouvrons	[uvrɔ̃]
vous	ouvrez	[uvre]
ils/elles	ouvrent	[uvr]

passé composé

ai	ouvert
as	ouvert
a	ouvert
avons	ouvert
avez	ouvert
ont	ouvert

imparfait

j'	ouvrais	[uvrɛ]
tu	ouvrais	[uvrɛ]
il/elle	ouvrait	[uvrɛ]
nous	ouvrions	[uvrijɔ̃]
vous	ouvriez	[uvrije]
ils/elles	ouvraient	[uvrɛ]

plus-que-parfait

avais	ouvert
avais	ouvert
avait	ouvert
avions	ouvert
aviez	ouvert
avaient	ouvert

futur simple

j'	ouvrirai	[uvrire]
tu	ouvriras	[uvrira]
il/elle	ouvrira	[uvrira]
nous	ouvrirons	[uvrirɔ̃]
vous	ouvrirez	[uvrire]
ils/elles	ouvriront	[uvrirɔ̃]

futur antérieur

aurai	ouvert
auras	ouvert
aura	ouvert
aurons	ouvert
aurez	ouvert
auront	ouvert

passé simple

j'	ouvris	[uvri]
tu	ouvris	[uvri]
il/elle	ouvrit	[uvri]
nous	ouvrîmes	[uvrim]
vous	ouvrîtes	[uvrit]
ils/elles	ouvrirent	[uvrir]

passé antérieur

eus	ouvert
eus	ouvert
eut	ouvert
eûmes	ouvert
eûtes	ouvert
eurent	ouvert

SUBJONCTIF

présent

que	j'	ouvre	[uvr]
que	tu	ouvres	[uvr]
qu'	il/elle	ouvre	[uvr]
que	nous	ouvrions	[uvrijɔ̃]
que	vous	ouvriez	[uvrije]
qu'	ils/elles	ouvrent	[uvr]

imparfait

que	j'	ouvrisse	[uvris]
que	tu	ouvrisses	[uvris]
qu'	il/elle	ouvrît	[uvri]
que	nous	ouvrissions	[uvrisjɔ̃]
que	vous	ouvrissiez	[uvrisje]
qu'	ils/elles	ouvrissent	[uvris]

passé

que	j'	aie	ouvert
que	tu	aies	ouvert
qu'	il/elle	ait	ouvert
que	nous	ayons	ouvert
que	vous	ayez	ouvert
qu'	ils/elles	aient	ouvert

plus-que-parfait

que	j'	eusse	ouvert
que	tu	eusses	ouvert
qu'	il/elle	eût	ouvert
que	nous	eussions	ouvert
que	vous	eussiez	ouvert
qu'	ils/elles	eussent	ouvert

CONDITIONNEL

présent

j'	ouvrirais	[uvrirɛ]
tu	ouvrirais	[uvrirɛ]
il/elle	ouvrirait	[uvrirɛ]
nous	ouvririons	[uvrirjɔ̃]
vous	ouvririez	[uvrirje]
ils/elles	ouvriraient	[uvrirɛ]

passé 1re forme

aurais	ouvert
aurais	ouvert
aurait	ouvert
aurions	ouvert
auriez	ouvert
auraient	ouvert

passé 2e forme

mêmes formes que le subjonctif plus-que-parfait

IMPÉRATIF

présent		passé	
ouvre	[uvr]	aie	ouvert
ouvrons	[uvrɔ̃]	ayons	ouvert
ouvrez	[uvre]	ayez	ouvert

This model is followed by: verbs derived from "ouvrir" (*entrouvrir, rentrouvrir, rouvrir*); *couvrir* and its derived verbs (*découvrir, recouvrir*); also *offrir* and *souffrir*.

[køjir]
Stem:
cueill-

- Careful with the spelling of the stem: in order to have a hard sound [k], the **c**- is followed by a -**u**-: *cueillir*.
- The past simple and the *imparfait* subjunctive are the only two simple tenses which have the endings of Group 3. The other simple tenses are formed using the endings of Group 1 (see table 12).

INFINITIF

présent	passé
cueillir [køjir]	avoir cueilli

PARTICIPE

présent	passé
cueillant [køjã]	cueilli/ie, cueillis/ies [køji]
	ayant cueilli

INDICATIF

présent			passé composé	
je	cueille	[kœj]	ai	cueilli
tu	cueilles	[kœj]	as	cueilli
il/elle	cueille	[kœj]	a	cueilli
nous	cueillons	[køjɔ̃]	avons	cueilli
vous	cueillez	[køje]	avez	cueilli
ils/elles	cueillent	[kœj]	ont	cueilli

imparfait			plus-que-parfait	
je	cueillais	[køjɛ]	avais	cueilli
tu	cueillais	[køjɛ]	avais	cueilli
il/elle	cueillait	[køjɛ]	avait	cueilli
nous	cueillions	[køjjɔ̃]	avions	cueilli
vous	cueilliez	[køjje]	aviez	cueilli
ils/elles	cueillaient	[køjɛ]	avaient	cueilli

futur simple			futur antérieur	
je	cueillerai	[kœjre]	aurai	cueilli
tu	cueilleras	[kœjra]	auras	cueilli
il/elle	cueillera	[kœjra]	aura	cueilli
nous	cueillerons	[kœjrɔ̃]	aurons	cueilli
vous	cueillerez	[kœjre]	aurez	cueilli
ils/elles	cueilleront	[kœjrɔ̃]	auront	cueilli

passé simple			passé antérieur	
je	cueillis	[køji]	eus	cueilli
tu	cueillis	[køji]	eus	cueilli
il/elle	cueillit	[køji]	eut	cueilli
nous	cueillîmes	[køjim]	eûmes	cueilli
vous	cueillîtes	[køjit]	eûtes	cueilli
ils/elles	cueillirent	[køjir]	eurent	cueilli

SUBJONCTIF

présent				
que	je	cueille		[kœj]
que	tu	cueilles		[kœj]
qu'	il/elle	cueille		[kœj]
que	nous	cueillions		[køjjɔ̃]
que	vous	cueilliez		[køjje]
qu'	ils/elles	cueillent		[kœj]

imparfait				
que	je	cueillisse		[køjis]
que	tu	cueillisses		[køjis]
qu'	il/elle	cueillît		[køji]
que	nous	cueillissions		[køjisjɔ̃]
que	vous	cueillissiez		[køjisje]
qu'	ils/elles	cueillissent		[køjis]

passé			
que	j'	aie	cueilli
que	tu	aies	cueilli
qu'	il/elle	ait	cueilli
que	nous	ayons	cueilli
que	vous	ayez	cueilli
qu'	ils/elles	aient	cueilli

plus-que-parfait			
que	j'	eusse	cueilli
que	tu	eusses	cueilli
qu'	il/elle	eût	cueilli
que	nous	eussions	cueilli
que	vous	eussiez	cueilli
qu'	ils/elles	eussent	cueilli

CONDITIONNEL

présent			passé 1ʳᵉ forme	
je	cueillerais	[kœjrɛ]	aurais	cueilli
tu	cueillerais	[kœjrɛ]	aurais	cueilli
il/elle	cueillerait	[kœjrɛ]	aurait	cueilli
nous	cueillerions	[køjərjɔ̃]	aurions	cueilli
vous	cueilleriez	[køjərje]	auriez	cueilli
ils/elles	cueilleraient	[kœjrɛ]	auraient	cueilli

passé 2ᵉ forme
mêmes formes que le subjonctif plus-que-parfait

IMPÉRATIF

présent		passé	
cueille	[kœj]	aie	cueilli
cueillons	[køjɔ̃]	ayons	cueilli
cueillez	[køje]	ayez	cueilli

Accueillir and *recueillir* follow this model.

[defajir]

Stem:
défaill-

- The past participle is invariable.
- The endings of the present indicative, the present subjunctive and the present imperative are the same as those of the Group 1 verbs (see table 12).

INFINITIF

présent	passé
défaillir [defajir]	avoir défailli

PARTICIPE

présent	passé
défaillant [defajã]	**défailli** [defaji]
	ayant défailli

INDICATIF

présent

je	**défaille**	[-faj]
tu	**défailles**	[-faj]
il/elle	**défaille**	[-faj]
nous	**défaillons**	[-fajɔ̃]
vous	**défaillez**	[-faje]
ils/elles	**défaillent**	[-faj]

passé composé

ai	défailli
as	défailli
a	défailli
avons	défailli
avez	défailli
ont	défailli

imparfait

je	défaillais	[-fajɛ]
tu	défaillais	[-fajɛ]
il/elle	défaillait	[-fajɛ]
nous	défaillions	[-fajjɔ̃]
vous	défailliez	[-fajje]
ils/elles	défaillaient	[-fajɛ]

plus-que-parfait

avais	défailli
avais	défailli
avait	défailli
avions	défailli
aviez	défailli
avaient	défailli

futur simple

je	défaillirai	[-fajire]
tu	défailliras	[-fajira]
il/elle	défaillira	[-fajira]
nous	défaillirons	[-fajirɔ̃]
vous	défaillirez	[-fajire]
ils/elles	défailliront	[-fajirɔ̃]

futur antérieur

aurai	défailli
auras	défailli
aura	défailli
aurons	défailli
aurez	défailli
auront	défailli

passé simple

je	défaillis	[-faji]
tu	défaillis	[-faji]
il/elle	défaillit	[-faji]
nous	défaillîmes	[-fajim]
vous	défaillîtes	[-fajit]
ils/elles	défaillirent	[-fajir]

passé antérieur

eus	défailli
eus	défailli
eut	défailli
eûmes	défailli
eûtes	défailli
eurent	défailli

SUBJONCTIF

présent

que	je	**défaille**	[-faj]
que	tu	**défailles**	[-faj]
qu'	il/elle	**défaille**	[-faj]
que	nous	**défaillions**	[-fajjɔ̃]
que	vous	**défailliez**	[-fajje]
qu'	ils/elles	**défaillent**	[-faj]

imparfait

que	je	défaillisse	[-fajis]
que	tu	défaillisses	[-fajis]
qu'	il/elle	défaillît	[-faji]
que	nous	défaillissions	[-fajisjɔ̃]
que	vous	défaillissiez	[-fajisje]
qu'	ils/elles	défaillissent	[-fajis]

passé

que	j'	aie	défailli
que	tu	aies	défailli
qu'	il/elle	ait	défailli
que	nous	ayons	défailli
que	vous	ayez	défailli
qu'	ils/elles	aient	défailli

plus-que-parfait

que	j'	eusse	défailli
que	tu	eusses	défailli
qu'	il/elle	eût	défailli
que	nous	eussions	défailli
que	vous	eussiez	défailli
qu'	ils/elles	eussent	défailli

CONDITIONNEL

présent

je	défaillirais	[-fajirɛ]
tu	défaillirais	[-fajirɛ]
il/elle	défaillirait	[-fajirɛ]
nous	défaillirions	[-fajirjɔ̃]
vous	défailliriez	[-fajirje]
ils/elles	défailliraient	[-fajirɛ]

passé 1re forme

aurais	défailli
aurais	défailli
aurait	défailli
aurions	défailli
auriez	défailli
auraient	défailli

passé 2e forme

mêmes formes que le subjonctif plus-que-parfait

IMPÉRATIF

présent

défaille	[-faj]
défaillons	[-fajɔ̃]
défaillez	[-faje]

passé

aie	défailli
ayons	défailli
ayez	défailli

Assaillir and *tressaillir* follow this model. **Faillir** (mostly used in the infinitive, the past simple and the compound tenses) has an invariable past part. and follows the model of "finir" (table 34) in the present ind., the present imp. and the present subj., as well as the imperfect ind.

[wir]

Stems:
ouï-
oi-/oy-
or-

- An archaic verb, with two forms and used today only in the present infinitive, the past participle and in compound tenses, for example in the expression: *j'ai ouï dire que....*

INFINITIF

présent	passé
ouïr [wir]	avoir ouï

PARTICIPE

présent	passé
oyant [ojã]	ouï/ïe, ouïs/ïes [wi] ayant ouï

INDICATIF

présent

j'	ouïs/ois
tu	ouïs/ois
il/elle	ouït/oit
nous	ouïssons/oyons
vous	ouïssez/oyez
ils/elles	ouïssent/oient

passé composé

ai	ouï
as	ouï
a	ouï
avons	ouï
avez	ouï
ont	ouï

imparfait

j'	ouïssais/oyais
tu	ouïssais/oyais
il/elle	ouïssait/oyait
nous	ouïssions/oyions
vous	ouïssiez/oyiez
ils/elles	ouïssaient/oyaient

plus-que-parfait

avais	ouï
avais	ouï
avait	ouï
avions	ouï
aviez	ouï
avaient	ouï

futur simple

j'	ouïrai/orrai
tu	ouïras/orras
il/elle	ouïra/orra
nous	ouïrons/orrons
vous	ouïrez/orrez
ils/elles	ouïront/orront

futur antérieur

aurai	ouï
auras	ouï
aura	ouï
aurons	ouï
aurez	ouï
auront	ouï

passé simple

j'	ouïs
tu	ouïs
il/elle	ouït
nous	ouïmes
vous	ouïtes
ils/elles	ouïrent

passé antérieur

eus	ouï
eus	ouï
eut	ouï
eûmes	ouï
eûtes	ouï
eurent	ouï

SUBJONCTIF

présent

que	j'	ouïsse/oie
que	tu	ouïsses/oies
qu'	il/elle	ouïsse/oie
que	nous	ouïssions/oyions
que	vous	ouïssiez/oyiez
qu'	ils/elles	ouïssent/oient

imparfait

que	j'	ouïsse
que	tu	ouïsses
qu'	il/elle	ouït
que	nous	ouïssions
que	vous	ouïssiez
qu'	ils/elles	ouïssent

passé

que	j'	aie	ouï
que	tu	aies	ouï
qu'	il/elle	ait	ouï
que	nous	ayons	ouï
que	vous	ayez	ouï
qu'	ils/elles	aient	ouï

plus-que-parfait

que	j'	eusse	ouï
que	tu	eusses	ouï
qu'	il/elle	eût	ouï
que	nous	eussions	ouï
que	vous	eussiez	ouï
qu'	ils/elles	eussent	ouï

CONDITIONNEL

présent

j'	ouïrais/orrais
tu	ouïrais/orrais
il/elle	ouïrait/orrait
nous	ouïrions/orrions
vous	ouïriez/orriez
ils/elles	ouïraient/orraient

passé 1re forme

aurais	ouï
aurais	ouï
aurait	ouï
aurions	ouï
auriez	ouï
auraient	ouï

passé 2e forme

mêmes formes que le subjonctif plus-que-parfait

IMPÉRATIF

présent	passé
ouïs/ois	aie ouï
ouïssons/oyons	ayons ouï
ouïssez/oyez	ayez ouï

48 GÉSIR

GROUP 3

[ʒesir]

Stems: gés-; gi-/gî-; gis-

- Careful with the circumflex accent in the 3rd person singular of the present indicative: it also appears in the expression *ci-gît* (= ici gît, ici repose).
- An archaic and defective verb.

INFINITIF

présent	passé
gésir [ʒezir]	inusité

PARTICIPE

présent	passé
gisant [ʒizã]	inusité

INDICATIF

présent			imparfait		
je	gis	[ʒi]	je	gisais	[ʒizɛ]
tu	gis	[ʒi]	tu	gisais	[ʒizɛ]
il/elle	**gît**	[ʒi]	il/elle	gisait	[ʒizɛ]
nous	gisons	[ʒizõ]	nous	gisions	[ʒizjõ]
vous	gisez	[ʒize]	vous	gisiez	[ʒizje]
ils/elles	gisent	[ʒiz]	ils/elles	gisaient	[ʒizɛ]

49 SAILLIR

GROUP 3

[sajir] Stem: saill-

- The past participle is invariable.
- A defective verb, whose strict meaning is "faire saillie par rapport à un plan, dépasser" (= to protrude, to jut out).

INFINITIF

présent	passé
saillir [sajir]	avoir sailli

PARTICIPE

présent	passé
saillant [sajã]	**sailli** [saji]
	ayant sailli

INDICATIF

présent			passé composé		
il/elle	saille	[saj]	a	sailli	
ils/elles	saillent	[saj]	ont	sailli	
imparfait			**plus-que-parfait**		
il/elle	saillait	[sajɛ]	avait	sailli	
ils/elles	saillaient	[sajɛ]	avaient	sailli	
futur simple			**futur antérieur**		
il/elle	saillera	[sajra]	aura	sailli	
ils/elles	sailleront	[sajrõ]	auront	sailli	
passé simple			**passé antérieur**		
il/elle	saillit	[saji]	eut	sailli	
ils/elles	saillirent	[sajir]	eurent	sailli	

SUBJONCTIF

présent		
qu' il/elle	saille	[saj]
qu' ils/elles	saillent	[saj]
imparfait		
qu' il/elle	saillît	[saji]
qu' ils/elles	saillissent	[sajis]
passé		
qu' il/elle	ait	sailli
qu' ils/elles	aient	sailli
plus-que-parfait		
qu' il/elle	eût	sailli
qu' ils/elles	eussent	sailli

CONDITIONNEL

présent			passé 1re forme	
il/elle	saillerait	[sajrɛ]	aurait	sailli
ils/elles	sailleraient	[sajrɛ]	auraient	sailli

passé 2e forme

mêmes formes que le subjonctif plus-que-parfait

IMPÉRATIF

présent	passé
inusité	inusité

The homonym *saillir* (= s'accoupler, en parlant d'animaux) follows the model of "finir" (table 34); it is mostly used in the infinitive and in the 3rd person. Careful: *assaillir* is conjugated like "défaillir" (table 46).

● The -c- in the stem forms takes a cedilla before -o- and -u- to keep the soft sound [s].

[rəsəvwar]

Stems:
recev-/reçoiv-
reçoi-
reç-

INFINITIF

présent	passé
recevoir [rəsəvwar]	avoir reçu

PARTICIPE

présent	passé
recevant [rəsəvã]	reçu/ue, reçus/ues [rəsy]
	ayant reçu

INDICATIF

présent

je	reçois	[rəswa]
tu	reçois	[rəswa]
il/elle	reçoit	[rəswa]
nous	recevons	[rəsəvɔ̃]
vous	recevez	[rəsəve]
ils/elles	reçoivent	[rəswav]

imparfait

je	recevais	[rəsəvɛ]
tu	recevais	[rəsəvɛ]
il/elle	recevait	[rəsəvɛ]
nous	recevions	[rəsəvjɔ̃]
vous	receviez	[rəsəvje]
ils/elles	recevaient	[rəsəvɛ]

futur simple

je	recevrai	[rəsəvre]
tu	recevras	[rəsəvra]
il/elle	recevra	[rəsəvra]
nous	recevrons	[rəsəvrɔ̃]
vous	recevrez	[rəsəvre]
ils/elles	recevront	[rəsəvrɔ̃]

passé simple

je	reçus	[rəsy]
tu	reçus	[rəsy]
il/elle	reçut	[rəsy]
nous	reçûmes	[rəsym]
vous	reçûtes	[rəsyt]
ils/elles	reçurent	[rəsyr]

passé composé

ai	reçu
as	reçu
a	reçu
avons	reçu
avez	reçu
ont	reçu

plus-que-parfait

avais	reçu
avais	reçu
avait	reçu
avions	reçu
aviez	reçu
avaient	reçu

futur antérieur

aurai	reçu
auras	reçu
aura	reçu
aurons	reçu
aurez	reçu
auront	reçu

passé antérieur

eus	reçu
eus	reçu
eut	reçu
eûmes	reçu
eûtes	reçu
eurent	reçu

SUBJONCTIF

présent

que	je	reçoive	[rəswav]
que	tu	reçoives	[rəswav]
qu'	il/elle	reçoive	[rəswav]
que	nous	recevions	[rəsəvjɔ̃]
que	vous	receviez	[rəsəvje]
qu'	ils/elles	reçoivent	[rəswav]

imparfait

que	je	reçusse	[rəsys]
que	tu	reçusses	[rəsys]
qu'	il/elle	reçût	[rəsy]
que	nous	reçussions	[rəsysjɔ̃]
que	vous	reçussiez	[rəsysje]
qu'	ils/elles	reçussent	[rəsys]

passé

que	j'	aie	reçu
que	tu	aies	reçu
qu'	il/elle	ait	reçu
que	nous	ayons	reçu
que	vous	ayez	reçu
qu'	ils/elles	aient	reçu

plus-que-parfait

que	j'	eusse	reçu
que	tu	eusses	reçu
qu'	il/elle	eût	reçu
que	nous	eussions	reçu
que	vous	eussiez	reçu
qu'	ils/elles	eussent	reçu

CONDITIONNEL

présent

je	recevrais	[rəsəvrɛ]
tu	recevrais	[rəsəvrɛ]
il/elle	recevrait	[rəsəvrɛ]
nous	recevrions	[rəsəvrijɔ̃]
vous	recevriez	[rəsəvrije]
ils/elles	recevraient	[rəsəvrɛ]

passé 1ʳᵉ forme

aurais	reçu
aurais	reçu
aurait	reçu
aurions	reçu
auriez	reçu
auraient	reçu

passé 2ᵉ forme

mêmes formes que le subjonctif plus-que-parfait

IMPÉRATIF

présent		passé	
reçois	[rəswa]	aie	reçu
recevons	[rəsəvɔ̃]	ayons	reçu
recevez	[rəsəve]	ayez	reçu

Serves as a model for *apercevoir, concevoir, décevoir, entr'apercevoir* and *percevoir*.

[vwar]

Stems:
voi-
voy-
ver-
v-

- The future simple and the present conditional are formed using the stem **ver-**: the final **-r** of the stem forms double **-r-** with the initial **r-** of the ending.
- Note **-y-** + **-i-** in the 1st and 2nd person plural in the *imparfait* indicative and the present subjunctive.

INFINITIF

présent	passé
voir [vwar]	avoir vu

PARTICIPE

présent	passé
voyant [vwajɑ̃]	vu/ue, vus/ues [vy]
	ayant vu

INDICATIF

présent			passé composé	
je	vois	[vwa]	ai	vu
tu	vois	[vwa]	as	vu
il/elle	voit	[vwa]	a	vu
nous	voyons	[vwajɔ̃]	avons	vu
vous	voyez	[vwaje]	avez	vu
ils/elles	voient	[vwa]	ont	vu

imparfait			plus-que-parfait	
je	voyais	[vwajɛ]	avais	vu
tu	voyais	[vwajɛ]	avais	vu
il/elle	voyait	[vwajɛ]	avait	vu
nous	**voyions**	[vwajjɔ̃]	avions	vu
vous	**voyiez**	[vwajje]	aviez	vu
ils/elles	voyaient	[vwajɛ]	avaient	vu

futur simple			futur antérieur	
je	**verrai**	[vere]	aurai	vu
tu	**verras**	[vera]	auras	vu
il/elle	**verra**	[vera]	aura	vu
nous	**verrons**	[verɔ̃]	aurons	vu
vous	**verrez**	[vere]	aurez	vu
ils/elles	**verront**	[verɔ̃]	auront	vu

passé simple			passé antérieur	
je	vis	[vi]	eus	vu
tu	vis	[vi]	eus	vu
il/elle	vit	[vi]	eut	vu
nous	vîmes	[vim]	eûmes	vu
vous	vîtes	[vit]	eûtes	vu
ils/elles	virent	[vir]	eurent	vu

SUBJONCTIF

présent			
que	je	voie	[vwa]
que	tu	voies	[vwa]
qu'	il/elle	voie	[vwa]
que	nous	**voyions**	[vwajjɔ̃]
que	vous	**voyiez**	[vwajje]
qu'	ils/elles	voient	[vwa]

imparfait			
que	je	visse	[vis]
que	tu	visses	[vis]
qu'	il/elle	vît	[vi]
que	nous	vissions	[visjɔ̃]
que	vous	vissiez	[visje]
qu'	ils/elles	vissent	[vis]

passé			
que	j'	aie	vu
que	tu	aies	vu
qu'	il/elle	ait	vu
que	nous	ayons	vu
que	vous	ayez	vu
qu'	ils/elles	aient	vu

plus-que-parfait			
que	j'	eusse	vu
que	tu	eusses	vu
qu'	il/elle	eût	vu
que	nous	eussions	vu
que	vous	eussiez	vu
qu'	ils/elles	eussent	vu

CONDITIONNEL

présent			passé 1ʳᵉ forme	
je	**verrais**	[verɛ]	aurais	vu
tu	**verrais**	[verɛ]	aurais	vu
il/elle	**verrait**	[verɛ]	aurait	vu
nous	**verrions**	[verjɔ̃]	aurions	vu
vous	**verriez**	[verje]	auriez	vu
ils/elles	**verraient**	[verɛ]	auraient	vu

passé 2ᵉ forme

mêmes formes que le subjonctif plus-que-parfait

IMPÉRATIF

présent		passé	
vois	[vwa]	aie	vu
voyons	[vwajɔ̃]	ayons	vu
voyez	[vwaje]	ayez	vu

Entrevoir and *revoir* follow this model.

[prevwar]

- Note **-y-** + **-i-** in the 1st and 2nd person plural in the *imparfait* indicative and the present subjunctive.

- The future simple and the present conditional are formed in the usual way: the stem **prévoi-** + endings.

Stems:
prévoi-
prévoy-
prév-

INFINITIF

présent	passé
prévoir [prevwar]	avoir prévu

PARTICIPE

présent	passé
prévoyant [prevwajɑ̃]	prévu/ue, prévus/ues [prevy] ayant prévu

INDICATIF

présent

je	prévois	[prevwa]
tu	prévois	[prevwa]
il/elle	prévoit	[prevwa]
nous	prévoyons	[prevwajɔ̃]
vous	prévoyez	[prevwaje]
ils/elles	prévoient	[prevwa]

passé composé

ai	prévu
as	prévu
a	prévu
avons	prévu
avez	prévu
ont	prévu

imparfait

je	prévoyais	[prevwajɛ]
tu	prévoyais	[prevwajɛ]
il/elle	prévoyait	[prevwajɛ]
nous	**prévoyions**	[prevwajjɔ̃]
vous	**prévoyiez**	[prevwajje]
ils/elles	prévoyaient	[prevwajɛ]

plus-que-parfait

avais	prévu
avais	prévu
avait	prévu
avions	prévu
aviez	prévu
avaient	prévu

futur simple

je	prévoirai	[prevware]
tu	prévoiras	[prevwara]
il/elle	prévoira	[prevwara]
nous	prévoirons	[prevwarɔ̃]
vous	prévoirez	[prevware]
ils/elles	prévoiront	[prevwarɔ̃]

futur antérieur

aurai	prévu
auras	prévu
aura	prévu
aurons	prévu
aurez	prévu
auront	prévu

passé simple

je	prévis	[previ]
tu	prévis	[previ]
il/elle	prévit	[previ]
nous	prévîmes	[previm]
vous	prévîtes	[previt]
ils/elles	prévirent	[previr]

passé antérieur

eus	prévu
eus	prévu
eut	prévu
eûmes	prévu
eûtes	prévu
eurent	prévu

SUBJONCTIF

présent

que	je	prévoie	[prevwa]
que	tu	prévoies	[prevwa]
qu'	il/elle	prévoie	[prevwa]
que	nous	**prévoyions**	[prevwajjɔ̃]
que	vous	**prévoyiez**	[prevwajje]
qu'	ils/elles	prévoient	[prevwa]

imparfait

que	je	prévisse	[previs]
que	tu	prévisses	[previs]
qu'	il/elle	prévît	[previ]
que	nous	prévissions	[previsjɔ̃]
que	vous	prévissiez	[previsje]
qu'	ils/elles	prévissent	[previs]

passé

que	j'	aie	prévu
que	tu	aies	prévu
qu'	il/elle	ait	prévu
que	nous	ayons	prévu
que	vous	ayez	prévu
qu'	ils/elles	aient	prévu

plus-que-parfait

que	j'	eusse	prévu
que	tu	eusses	prévu
qu'	il/elle	eût	prévu
que	nous	eussions	prévu
que	vous	eussiez	prévu
qu'	ils/elles	eussent	prévu

CONDITIONNEL

présent

je	prévoirais	[prevwarɛ]
tu	prévoirais	[prevwarɛ]
il/elle	prévoirait	[prevwarɛ]
nous	prévoirions	[prevwarjɔ̃]
vous	prévoiriez	[prevwarje]
ils/elles	prévoiraient	[prevwarɛ]

passé 1ʳᵉ forme

aurais	prévu
aurais	prévu
aurait	prévu
aurions	prévu
auriez	prévu
auraient	prévu

passé 2ᵉ forme

mêmes formes que le subjonctif plus-que-parfait

IMPÉRATIF

présent / passé

présent		passé	
prévois	[prevwa]	aie	prévu
prévoyons	[prevwajɔ̃]	ayons	prévu
prévoyez	[prevwaje]	ayez	prévu

GROUP 3

[purvwar]

Stems:
pourvoi-
pourvoy-
pourv-

- The only difference in conjugation with "prévoir" is that it is the endings in -**u**- (but not in -**i**-) that serve to form the past simple and the *imparfait* subjunctive.

INFINITIF

présent	passé
pourvoir [purvwar]	avoir pourvu

PARTICIPE

présent	passé
pourvoyant [purvwajã]	pourvu/ue, pourvus/ues [purvy] ayant pourvu

---

INDICATIF

présent

je	pourvois	[purvwa]
tu	pourvois	[purvwa]
il/elle	pourvoit	[purvwa]
nous	pourvoyons	[purvwajɔ̃]
vous	pourvoyez	[purvwaje]
ils/elles	pourvoient	[purvwa]

imparfait

je	pourvoyais	[purvwajɛ]
tu	pourvoyais	[purvwajɛ]
il/elle	pourvoyait	[purvwajɛ]
nous	**pourvoyions**	[purvwajjɔ̃]
vous	**pourvoyiez**	[purvwajje]
ils/elles	pourvoyaient	[purvwajɛ]

futur simple

je	pourvoirai	[purvware]
tu	pourvoiras	[purvwara]
il/elle	pourvoira	[purvwara]
nous	pourvoirons	[purvwarɔ̃]
vous	pourvoirez	[purvware]
ils/elles	pourvoiront	[purvwarɔ̃]

passé simple

je	**pourvus**	[purvy]
tu	**pourvus**	[purvy]
il/elle	**pourvut**	[purvy]
nous	**pourvûmes**	[purvym]
vous	**pourvûtes**	[purvyt]
ils/elles	**pourvurent**	[purvyr]

passé composé

ai	pourvu
as	pourvu
a	pourvu
avons	pourvu
avez	pourvu
ont	pourvu

plus-que-parfait

avais	pourvu
avais	pourvu
avait	pourvu
avions	pourvu
aviez	pourvu
avaient	pourvu

futur antérieur

aurai	pourvu
auras	pourvu
aura	pourvu
aurons	pourvu
aurez	pourvu
auront	pourvu

passé antérieur

eus	pourvu
eus	pourvu
eut	pourvu
eûmes	pourvu
eûtes	pourvu
eurent	pourvu

SUBJONCTIF

présent

que	je	pourvoie	[purvwa]
que	tu	pourvoies	[purvwa]
qu'	il/elle	pourvoie	[purvwa]
que	nous	**pourvoyions**	[purvwajjɔ̃]
que	vous	**pourvoyiez**	[purvwajje]
qu'	ils/elles	pourvoient	[purvwa]

imparfait

que	je	**pourvusse**	[purvys]
que	tu	**pourvusses**	[purvys]
qu'	il/elle	**pourvût**	[purvy]
que	nous	**pourvussions**	[purvysjɔ̃]
que	vous	**pourvussiez**	[purvysje]
qu'	ils/elles	**pourvussent**	[purvys]

passé

que	j'	aie	pourvu
que	tu	aies	pourvu
qu'	il/elle	ait	pourvu
que	nous	ayons	pourvu
que	vous	ayez	pourvu
qu'	ils/elles	aient	pourvu

plus-que-parfait

que	j'	eusse	pourvu
que	tu	eusses	pourvu
qu'	il/elle	eût	pourvu
que	nous	eussions	pourvu
que	vous	eussiez	pourvu
qu'	ils/elles	eussent	pourvu

CONDITIONNEL

présent

je	pourvoirais	[purvwarɛ]
tu	pourvoirais	[purvwarɛ]
il/elle	pourvoirait	[purvwarɛ]
nous	pourvoirions	[purvwarjɔ̃]
vous	pourvoiriez	[purvwarje]
ils/elles	pourvoiraient	[purvwarɛ]

passé 1ʳᵉ forme

aurais	pourvu
aurais	pourvu
aurait	pourvu
aurions	pourvu
auriez	pourvu
auraient	pourvu

passé 2ᵉ forme

mêmes formes que le subjonctif plus-que-parfait

IMPÉRATIF

présent		passé	
pourvois	[purvwa]	aie	pourvu
pourvoyons	[purvwajɔ̃]	ayons	pourvu
pourvoyez	[purvwaje]	ayez	pourvu

GROUP 3

- The two long stems alternate for the forms of the present indicative, the present subjunctive and the present subjunctive.
- The past simple and the *imparfait* subjunctive are constructed using the endings in **-u-**.

[emuvwar]
Stems:
émouv-
émeu-
ém-

INFINITIF

présent	passé
émouvoir [emuvwar]	avoir ému

PARTICIPE

présent	passé
émouvant [emuvã]	ému/ue, émus/ues [emy]
	ayant ému

INDICATIF

présent

j'	émeus	[emø]
tu	émeus	[emø]
il/elle	émeut	[emø]
nous	émouvons	[emuvɔ̃]
vous	émouvez	[emuve]
ils/elles	émeuvent	[emœv]

imparfait

j'	émouvais	[emuvɛ]
tu	émouvais	[emuvɛ]
il/elle	émouvait	[emuvɛ]
nous	émouvions	[emuvjɔ̃]
vous	émouviez	[emuvje]
ils/elles	émouvaient	[emuvɛ]

futur simple

j'	émouvrai	[emuvre]
tu	émouvras	[emuvra]
il/elle	émouvra	[emuvra]
nous	émouvrons	[emuvrɔ̃]
vous	émouvrez	[emuvre]
ils/elles	émouvront	[emuvrɔ̃]

passé simple

j'	émus	[emy]
tu	émus	[emy]
il/elle	émut	[emy]
nous	émûmes	[emym]
vous	émûtes	[emyt]
ils/elles	émurent	[emyr]

passé composé

ai	ému	
as	ému	
a	ému	
avons	ému	
avez	ému	
ont	ému	

plus-que-parfait

avais	ému	
avais	ému	
avait	ému	
avions	ému	
aviez	ému	
avaient	ému	

futur antérieur

aurai	ému	
auras	ému	
aura	ému	
aurons	ému	
aurez	ému	
auront	ému	

passé antérieur

eus	ému	
eus	ému	
eut	ému	
eûmes	ému	
eûtes	ému	
eurent	ému	

SUBJONCTIF

présent

que	j'	émeuve	[emœv]
que	tu	émeuves	[emœv]
qu'	il/elle	émeuve	[emœv]
que	nous	émouvions	[emuvjɔ̃]
que	vous	émouviez	[emuvje]
qu'	ils/elles	émeuvent	[emœv]

imparfait

que	j'	émusse	[emys]
que	tu	émusses	[emys]
qu'	il/elle	émût	[emy]
que	nous	émussions	[emysjɔ̃]
que	vous	émussiez	[emysje]
qu'	ils/elles	émussent	[emys]

passé

que	j'	aie	ému
que	tu	aies	ému
qu'	il/elle	ait	ému
que	nous	ayons	ému
que	vous	ayez	ému
qu'	ils/elles	aient	ému

plus-que-parfait

que	j'	eusse	ému
que	tu	eusses	ému
qu'	il/elle	eût	ému
que	nous	eussions	ému
que	vous	eussiez	ému
qu'	ils/elles	eussent	ému

CONDITIONNEL

présent

j'	émouvrais	[emuvrɛ]
tu	émouvrais	[emuvrɛ]
il/elle	émouvrait	[emuvrɛ]
nous	émouvrions	[emuvrijɔ̃]
vous	émouvriez	[emuvrije]
ils/elles	émouvraient	[emuvrɛ]

passé 1ʳᵉ forme

aurais	ému	
aurais	ému	
aurait	ému	
aurions	ému	
auriez	ému	
auraient	ému	

passé 2ᵉ forme

mêmes formes que le subjonctif plus-que-parfait

IMPÉRATIF

présent / passé

présent		passé	
émeus	[emø]	aie	ému
émouvons	[emuvɔ̃]	ayons	ému
émouvez	[emuve]	ayez	ému

Promouvoir follows exactly this model.
(Se) mouvoir takes a circumflex accent (^) in the past participle masculine singular : *mû*.

GROUP 3

[valwar]

Stems:
val-
vau-
vaud-
vaill-

- Note the ending -**x** (not -**s**) in the 1st and 2nd person singular in the present indicative and the 2nd person singular in the present imperative.
- The stem **vaud**- serves to form the future simple and the present conditional.
- The stem **vaill**- is only used for the present subjunctive.

INFINITIF

présent	passé
valoir [valwar]	avoir valu

PARTICIPE

présent	passé
valant [valā]	valu/ue, valus/values [valy] ayant valu

INDICATIF

présent			passé composé	
je	**vaux**	[vo]	ai	valu
tu	**vaux**	[vo]	as	valu
il/elle	vaut	[vo]	a	valu
nous	valons	[valɔ̃]	avons	valu
vous	valez	[vale]	avez	valu
ils/elles	valent	[val]	ont	valu

imparfait			plus-que-parfait	
je	valais	[valɛ]	avais	valu
tu	valais	[valɛ]	avais	valu
il/elle	valait	[valɛ]	avait	valu
nous	valions	[valjɔ̃]	avions	valu
vous	valiez	[valje]	aviez	valu
ils/elles	valaient	[valɛ]	avaient	valu

futur simple			futur antérieur	
je	vaudrai	[vodre]	aurai	valu
tu	vaudras	[vodra]	auras	valu
il/elle	vaudra	[vodra]	aura	valu
nous	vaudrons	[vodrɔ̃]	aurons	valu
vous	vaudrez	[vodre]	aurez	valu
ils/elles	vaudront	[vodrɔ̃]	auront	valu

passé simple			passé antérieur	
je	valus	[valy]	eus	valu
tu	valus	[valy]	eus	valu
il/elle	valut	[valy]	eut	valu
nous	valûmes	[valym]	eûmes	valu
vous	valûtes	[valyt]	eûtes	valu
ils/elles	valurent	[valyr]	eurent	valu

SUBJONCTIF

présent			
que	je	**vaille**	[vaj]
que	tu	**vailles**	[vaj]
qu'	il/elle	**vaille**	[vaj]
que	nous	valions	[valjɔ̃]
que	vous	valiez	[valje]
qu'	ils/elles	**vaillent**	[vaj]

imparfait			
que	je	valusse	[valys]
que	tu	valusses	[valys]
qu'	il/elle	valût	[valy]
que	nous	valussions	[valysjɔ̃]
que	vous	valussiez	[valysje]
qu'	ils/elles	valussent	[valys]

passé			
que	j'	aie	valu
que	tu	aies	valu
qu'	il/elle	ait	valu
que	nous	ayons	valu
que	vous	ayez	valu
qu'	ils/elles	aient	valu

plus-que-parfait			
que	j'	eusse	valu
que	tu	eusses	valu
qu'	il/elle	eût	valu
que	nous	eussions	valu
que	vous	eussiez	valu
qu'	ils/elles	eussent	valu

CONDITIONNEL

présent			passé 1ʳᵉ forme	
je	vaudrais	[vodrɛ]	aurais	valu
tu	vaudrais	[vodrɛ]	aurais	valu
il/elle	vaudrait	[vodrɛ]	aurait	valu
nous	vaudrions	[vodrijɔ̃]	aurions	valu
vous	vaudriez	[vodrije]	auriez	valu
ils/elles	vaudraient	[vodrɛ]	auraient	valu

passé 2ᵉ forme
mêmes formes que le subjonctif plus-que-parfait

IMPÉRATIF

présent		passé	
vaux	[vo]	aie	valu
valons	[valɔ̃]	ayons	valu
valez	[vale]	ayez	valu

Équivaloir and *revaloir* (defective verb) follow this model, but the past participle of "équivaloir" is invariable.

- The only difference with respect to "valoir" is that all forms in the present subjunctive are constructed using the stem **préval-**.

[prevalwar]

Stems:
préval-
prévau-
prévaud-

INFINITIF

présent	passé
prévaloir [-valwar]	avoir prévalu

PARTICIPE

présent	passé
prévalant [-valã]	prévalu/ue, prévalus/ues [-valy]
	ayant prévalu

INDICATIF

présent

je	prévaux	[-vo]
tu	prévaux	[-vo]
il/elle	prévaut	[-vo]
nous	prévalons	[-valɔ̃]
vous	prévalez	[-vale]
ils/elles	prévalent	[-val]

passé composé

ai	prévalu	
as	prévalu	
a	prévalu	
avons	prévalu	
avez	prévalu	
ont	prévalu	

imparfait

je	prévalais	[-valɛ]
tu	prévalais	[-valɛ]
il/elle	prévalait	[-valɛ]
nous	prévalions	[-valjɔ̃]
vous	prévaliez	[-valje]
ils/elles	prévalaient	[-valɛ]

plus-que-parfait

avais	prévalu
avais	prévalu
avait	prévalu
avions	prévalu
aviez	prévalu
avaient	prévalu

futur simple

je	prévaudrai	[-vodre]
tu	prévaudras	[-vodra]
il/elle	prévaudra	[-vodra]
nous	prévaudrons	[-vodrɔ̃]
vous	prévaudrez	[-vodre]
ils/elles	prévaudront	[-vodrɔ̃]

futur antérieur

aurai	prévalu
auras	prévalu
aura	prévalu
aurons	prévalu
aurez	prévalu
auront	prévalu

passé simple

je	prévalus	[-valy]
tu	prévalus	[-valy]
il/elle	prévalut	[-valy]
nous	prévalûmes	[-valym]
vous	prévalûtes	[-valyt]
ils/elles	prévalurent	[-valyr]

passé antérieur

eus	prévalu
eus	prévalu
eut	prévalu
eûmes	prévalu
eûtes	prévalu
eurent	prévalu

SUBJONCTIF

présent

que	je	prévale	[-val]
que	tu	prévales	[-val]
qu'	il/elle	prévale	[-val]
que	nous	prévalions	[-valjɔ̃]
que	vous	prévaliez	[-valje]
qu'	ils/elles	prévalent	[-val]

imparfait

que	je	prévalusse	[-valys]
que	tu	prévalusses	[-valys]
qu'	il/elle	prévalût	[-valy]
que	nous	prévalussions	[-valysjɔ̃]
que	vous	prévalussiez	[-valysje]
qu'	ils/elles	prévalussent	[-valys]

passé

que	j'	aie	prévalu
que	tu	aies	prévalu
qu'	il/elle	ait	prévalu
que	nous	ayons	prévalu
que	vous	ayez	prévalu
qu'	ils/elles	aient	prévalu

plus-que-parfait

que	j'	eusse	prévalu
que	tu	eusses	prévalu
qu'	il/elle	eût	prévalu
que	nous	eussions	prévalu
que	vous	eussiez	prévalu
qu'	ils/elles	eussent	prévalu

CONDITIONNEL

présent

je	prévaudrais	[-vodrɛ]
tu	prévaudrais	[-vodrɛ]
il/elle	prévaudrait	[-vodrɛ]
nous	prévaudrions	[-vodrijɔ̃]
vous	prévaudriez	[-vodrije]
ils/elles	prévaudraient	[-vodrɛ]

passé 1re forme

aurais	prévalu
aurais	prévalu
aurait	prévalu
aurions	prévalu
auriez	prévalu
auraient	prévalu

passé 2e forme

mêmes formes que le subjonctif plus-que-parfait

IMPÉRATIF

présent

prévaux	[-vo]
prévalons	[-valɔ̃]
prévalez	[-vale]

passé

aie	prévalu
ayons	prévalu
ayez	prévalu

[aswar]

Stems:
asse-/ass-
assied-
assey-
assié-

- There are two conjugations for this verb: the one given here is the most used in the reflexive.
- Careful with the silent -e- in the present infinitive: s'asseoir.
- Note -y- + -i- in the 1st and 2nd person plural in the imparfait indicative and the present subjunctive.

INFINITIF

présent	passé
s'asseoir [aswar]	s'être assis/ise is/ises

PARTICIPE

présent	passé
s'asseyant [asejɑ̃]	assis/ise, assis/ises [asi/iz] étant assis/ise/is/ises

INDICATIF

présent

je m'	assieds	[asje]
tu t'	assieds	[asje]
il/elle s'	assied	[asje]
nous nous	asseyons	[asejɔ̃]
vous vous	asseyez	[aseje]
ils/elles s'	asseyent	[asɛj]

passé composé

suis	assis/ise
es	assis/ise
est	assis/ise
sommes	assis/ises
êtes	assis/ises
sont	assis/ises

imparfait

je m'	asseyais	[asɛjɛ]
tu t'	asseyais	[asɛjɛ]
il/elle s'	asseyait	[asɛjɛ]
nous nous	asseyions	[asejjɔ̃]
vous vous	asseyiez	[asejje]
ils/elles s'	asseyaient	[asɛjɛ]

plus-que-parfait

étais	assis/ise
étais	assis/ise
était	assis/ise
étions	assis/ises
étiez	assis/ises
étaient	assis/ises

futur simple

je m'	assiérai	[asjere]
tu t'	assiéras	[asjera]
il/elle s'	assiéra	[asjera]
nous nous	assiérons	[asjerɔ̃]
vous vous	assiérez	[asjere]
ils/elles s'	assiéront	[asjerɔ̃]

futur antérieur

serai	assis/ise
seras	assis/ise
sera	assis/ise
serons	assis/ises
serez	assis/ises
seront	assis/ises

passé simple

je m'	assis	[asi]
tu t'	assis	[asi]
il/elle s'	assit	[asi]
nous nous	assîmes	[asim]
vous vous	assîtes	[asit]
ils/elles s'	assirent	[asir]

passé antérieur

fus	assis/ise
fus	assis/ise
fut	assis/ise
fûmes	assis/ises
fûtes	assis/ises
furent	assis/ises

SUBJONCTIF

présent

que	je m'	asseye	[asɛj]
que	tu t'	asseyes	[asɛj]
qu'	il/elle s'	asseye	[asɛj]
que	nous nous	asseyions	[asejjɔ̃]
que	vous vous	asseyiez	[asejje]
qu'	ils/elles s'	asseyent	[asɛj]

imparfait

que	je m'	assisse	[asis]
que	tu t'	assisses	[asis]
qu'	il/elle s'	assît	[asi]
que	nous nous	assissions	[asisjɔ̃]
que	vous vous	assissiez	[asisje]
qu'	ils/elles s'	assissent	[asis]

passé

que	je me	sois	assis/ise
que	tu te	sois	assis/ise
qu'	il/elle se	soit	assis/ise
que	nous nous	soyons	assis/ises
que	vous vous	soyez	assis/ises
qu'	ils/elles se	soient	assis/ises

plus-que-parfait

que	je me	fusse	assis/ise
que	tu te	fusses	assis/ise
qu'	il/elle se	fût	assis/ise
que	nous nous	fussions	assis/ises
que	vous vous	fussiez	assis/ises
qu'	ils/elles se	fussent	assis/ises

CONDITIONNEL

présent

je m'	assiérais	[asjerɛ]
tu t'	assiérais	[asjerɛ]
il/elle s'	assiérait	[asjerɛ]
nous nous	assiérions	[asjerjɔ̃]
vous vous	assiériez	[asjerje]
ils/elles s'	assiéraient	[asjerɛ]

passé 1re forme

serais	assis/ise
serais	assis/ise
serait	assis/ise
serions	assis/ises
seriez	assis/ises
seraient	assis/ises

passé 2e forme

mêmes formes que le subjonctif plus-que-parfait

IMPÉRATIF

présent		passé
assieds-toi	[asje]	inusité
asseyons-nous	[asejɔ̃]	
asseyez-vous	[aseje]	

Se rasseoir follows this model. Asseoir as well, but it constructs its compound tenses with "avoir".

● Note -**y**- + -**i**- in the 1st and 2nd person plural in the *imparfait* indicative and the present subjunctive.

[aswar]
Stems:
asse-/ass-
assoi-
assoy-

INFINITIF

présent	passé
s'**asseoir** [aswar]	s'être assis/ise is/ises

PARTICIPE

présent	passé
s'assoyant [aswajɑ̃]	assis/ise, assis/ises [asi/iz] étant assis/ise/is/ises

INDICATIF

présent

je m'	assois	[aswa]
tu t'	assois	[aswa]
il/elle s'	assoit	[aswa]
nous nous	assoyons	[aswajɔ̃]
vous vous	assoyez	[aswaje]
ils/elles s'	assoient	[aswa]

passé composé

suis	assis/ise
es	assis/ise
est	assis/ise
sommes	assis/ises
êtes	assis/ises
sont	assis/ises

imparfait

je m'	assoyais	[aswajɛ]
tu t'	assoyais	[aswajɛ]
il/elle s'	assoyait	[aswajɛ]
nous nous	**assoyions**	[aswajjɔ̃]
vous vous	**assoyiez**	[aswajje]
ils/elles s'	assoyaient	[aswajɛ]

plus-que-parfait

étais	assis/ise
étais	assis/ise
était	assis/ise
étions	assis/ises
étiez	assis/ises
étaient	assis/ises

futur simple

je m'	assoirai	[aswarе]
tu t'	assoiras	[aswara]
il/elle s'	assoira	[aswara]
nous nous	assoirons	[aswarɔ̃]
vous vous	assoirez	[aswarе]
ils/elles s'	assoiront	[aswarɔ̃]

futur antérieur

serai	assis/ise
seras	assis/ise
sera	assis/ise
serons	assis/ises
serez	assis/ises
seront	assis/ises

passé simple

je m'	assis	[asi]
tu t'	assis	[asi]
il/elle s'	assit	[asi]
nous nous	assîmes	[asim]
vous vous	assîtes	[asit]
ils/elles s'	assirent	[asir]

passé antérieur

fus	assis/ise
fus	assis/ise
fut	assis/ise
fûmes	assis/ises
fûtes	assis/ises
furent	assis/ises

SUBJONCTIF

présent

que	je m'	assoie	[aswa]
que	tu t'	assoies	[aswa]
qu'	il/elle s'	assoie	[aswa]
que	nous nous	**assoyions**	[aswajjɔ̃]
que	vous vous	**assoyiez**	[aswajje]
qu'	ils/elles s'	assoient	[aswa]

imparfait

que	je m'	assisse	[asis]
que	tu t'	assisses	[asis]
qu'	il/elle s'	assît	[asi]
que	nous nous	assissions	[asisjɔ̃]
que	vous vous	assissiez	[asisje]
qu'	ils/elles s'	assissent	[asis]

passé

que	je me	sois	assis/ise
que	tu te	sois	assis/ise
qu'	il/elle se	soit	assis/ise
que	nous nous	soyons	assis/ises
que	vous vous	soyez	assis/ises
qu'	ils/elles se	soient	assis/ises

plus-que-parfait

que	je me	fusse	assis/ise
que	tu te	fusses	assis/ise
qu'	il/elle se	fût	assis/ise
que	nous nous	fussions	assis/ises
que	vous vous	fussiez	assis/ises
qu'	ils/elles se	fussent	assis/ises

CONDITIONNEL

présent

je m'	assoirais	[aswarɛ]
tu t'	assoirais	[aswarɛ]
il/elle s'	assoirait	[aswarɛ]
nous nous	assoirions	[aswarjɔ̃]
vous vous	assoiriez	[aswarje]
ils/elles s'	assoiraient	[aswarɛ]

passé 1ʳᵉ forme

serais	assis/ise
serais	assis/ise
serait	assis/ise
serions	assis/ises
seriez	assis/ises
seraient	assis/ises

passé 2ᵉ forme

mêmes formes que le subjonctif plus-que-parfait

IMPÉRATIF

présent	passé
assois-toi [aswa]	*inusité*
assoyons-nous [aswajɔ̃]	
assoyez-vous [aswaje]	

Rasseoir follows this model but forms its compound tenses with "avoir".

[syrswar]

Stems:
surseoi-
sursoi-
sursoy-
surs-

- Careful with the spelling of the stem in the infinitive, which is also used to construct certain tenses (future simple and present conditional: **surseoi**-, with a silent -**e**- before -**o**-). This is the only difference with the tenses shown in table 58.
- Note -**y**- + -**i**- in the 1st and 2nd person plural in the *imparfait* indicative and the present subjunctive.
- The past participle is invariable.

INFINITIF

présent	passé
surseoir [syrswar]	avoir sursis

PARTICIPE

présent	passé
sursoyant [syrswajɑ̃]	sursis [syrsi]
	ayant sursis

INDICATIF

présent			passé composé	
je	sursois	[syrswa]	ai	sursis
tu	sursois	[syrswa]	as	sursis
il/elle	sursoit	[syrswa]	a	sursis
nous	sursoyons	[syrswajɔ̃]	avons	sursis
vous	sursoyez	[syrswaje]	avez	sursis
ils/elles	sursoient	[syrswa]	ont	sursis

imparfait			plus-que-parfait	
je	sursoyais	[syrswajɛ]	avais	sursis
tu	sursoyais	[syrswajɛ]	avais	sursis
il/elle	sursoyait	[syrswajɛ]	avait	sursis
nous	**sursoyions**	[syrswajjɔ̃]	avions	sursis
vous	**sursoyiez**	[syrswajje]	aviez	sursis
ils/elles	sursoyaient	[syrswajɛ]	avaient	sursis

futur simple			futur antérieur	
je	**surseoirai**	[syrsware]	aurai	sursis
tu	**surseoiras**	[syrswara]	auras	sursis
il/elle	**surseoira**	[syrswara]	aura	sursis
nous	**surseoirons**	[syrswarɔ̃]	aurons	sursis
vous	**surseoirez**	[syrsware]	aurez	sursis
ils/elles	**surseoiront**	[syrswarɔ̃]	auront	sursis

passé simple			passé antérieur	
je	sursis	[syrsi]	eus	sursis
tu	sursis	[syrsi]	eus	sursis
il/elle	sursit	[syrsi]	eut	sursis
nous	sursîmes	[syrsim]	eûmes	sursis
vous	sursîtes	[syrsit]	eûtes	sursis
ils/elles	sursirent	[syrsir]	eurent	sursis

SUBJONCTIF

présent			
que	je	sursoie	[syrswa]
que	tu	sursoies	[syrswa]
qu'	il/elle	sursoie	[syrswa]
que	nous	**sursoyions**	[syrswajjɔ̃]
que	vous	**sursoyiez**	[syrswajje]
qu'	ils/elles	sursoient	[syrswa]

imparfait			
que	je	sursisse	[syrsi]
que	tu	sursisses	[syrsi]
qu'	il/elle	sursît	[syrsi]
que	nous	sursissions	[syrsisjɔ̃]
que	vous	sursissiez	[syrsisje]
qu'	ils/elles	sursissent	[syrsi]

passé			
que	j'	aie	sursis
que	tu	aies	sursis
qu'	il/elle	ait	sursis
que	nous	ayons	sursis
que	vous	ayez	sursis
qu'	ils/elles	aient	sursis

plus-que-parfait			
que	j'	eusse	sursis
que	tu	eusses	sursis
qu'	il/elle	eût	sursis
que	nous	eussions	sursis
que	vous	eussiez	sursis
qu'	ils/elles	eussent	sursis

CONDITIONNEL

présent			passé 1ʳᵉ forme	
je	**surseoirais**	[syrswarɛ]	aurais	sursis
tu	**surseoirais**	[syrswarɛ]	aurais	sursis
il/elle	**surseoirait**	[syrswarɛ]	aurait	sursis
nous	**surseoirions**	[syrswarjɔ̃]	aurions	sursis
vous	**surseoiriez**	[syrswarje]	auriez	sursis
ils/elles	**surseoiraient**	[syrswarɛ]	auraient	sursis

passé 2ᵉ forme
mêmes formes que le subjonctif plus-que-parfait

IMPÉRATIF

présent		passé	
sursois	[syrswa]	aie	sursis
sursoyons	[syrswajɔ̃]	ayons	sursis
sursoyez	[syrswaje]	ayez	sursis

[swar]

Stems:
seoi-
sied-/sié-
sey-
sé-

- This verb (which has the meaning "convenir" [= to suit]) is archaic and defective. The majority of forms can be found in "asseoir" (table 57).
- In legal language, *séant* (= siégeant) is used and also *sis, sise, sises* (passive past participle meaning "qui est [sont] situé/ée/és/ées" [= is situated at]).

INFINITIF

présent	passé
seoir [swar]	*inusité*

PARTICIPE

présent	passé
seyant [sejã]	*inusité*
séant [seã]	

INDICATIF

présent		
il/elle	sied	[sje]
ils/elles	siéent	[sje]

imparfait		
il/elle	seyait	[sejɛ]
ils/elles	seyaient	[sejɛ]

futur simple		
il/elle	siéra	[sjera]
ils/elles	siéront	[sjer5]

CONDITIONNEL

présent		
il/elle	siérait	[sjerɛ]
ils/elles	siéraient	[sjerɛ]

SUBJONCTIF

présent			
qu'	il/elle	siée	[sje]
qu'	ils/elles	siéent	[sje]

Messeoir (= ne pas convenir) follows this model but only has one present participle: *messéant*.

[pløvwar]

Stems:
pleuv-
pleu-
pl-

- The past participle is invariable.
- With figurative meaning, this verb can be conjugated in the 3rd person plural: *les bonnes nouvelles pleuvaient.*
- Impersonal and defective verb.

INFINITIF

présent	passé
pleuvoir [pløvwar]	avoir plu

PARTICIPE

présent	passé
pleuvant [pløvã]	**plu** [ply]
	ayant plu

INDICATIF

présent		passé composé	
il	pleut [plø]	a	plu
imparfait		**plus-que-parfait**	
il	pleuvait [pløvɛ]	avait	plu
futur simple		**futur antérieur**	
il	pleuvra [pløvra]	aura	plu
passé simple		**passé antérieur**	
il	plut [ply]	eut	plu

CONDITIONNEL

présent		passé 1re forme	
il	pleuvrait [pløvrɛ]	aurait	plu
passé 2e forme			
mêmes formes que le subjonctif plus-que-parfait			

SUBJONCTIF

présent		
qu'	il pleuve	[plœv]
imparfait		
qu'	il plût	[ply]
passé		
qu'	il ait	plu
plus-que-parfait		
qu'	il eût	plu

IMPÉRATIF

présent	passé
inusité	*inusité*

The derived verb *repleuvoir* follows this model.

GROUP 3

[ʃwar]

Stems:
choi-; ch-; cher-

- A defective verb (with the meaning "tomber" [= to fall]) which constructs its compound tenses with "être" (sometimes with "avoir").
- The forms which are still in use are those which have a single syllable and the present conditional (*je choirais*).
- The tenses constructed using the stem **cher-** are archaic: "... *et la bobinette cherra*" (Charles Perrault, *Le Petit Chaperon rouge* [= *Little Red Riding Hood*]).

INFINITIF

présent	passé
choir [ʃwar]	être chu/ue/us/ues

PARTICIPE

présent	passé
inusité	chu/ue, chus/ues [ʃy]
	étant chu/ue/us/ues

INDICATIF

présent			passé composé	
je	chois	[ʃwa]	suis	chu/ue
tu	chois	[ʃwa]	es	chu/ue
il/elle	choit	[ʃwa]	est	chu/ue
nous	inusité		sommes	chus/ues
vous	—		êtes	chus/ues
ils/elles	choient	[ʃwa]	sont	chus/ues

imparfait			plus-que-parfait	
inusité			j'	étais chu/ue
			tu	étais chu/ue
			il	était chu/ue
			nous	étions chus/ues
			vous	étiez chus/ues
			ils/elles	étaient chus/ues

futur simple			futur antérieur	
je	choirai	[ʃware]	serai	chu/ue
	cherrai	[ʃerre]		
tu	choiras	[ʃwara]	seras	chu/ue
	cherras	[ʃerra]		
il/elle	choira	[ʃwara]	sera	chu/ue
	cherra	[ʃerra]		
nous	choirons	[ʃwarɔ̃]	serons	chus/ues
	cherrons	[ʃerrɔ̃]		
vous	choirez	[ʃware]	serez	chus/ues
	cherrez	[ʃerre]		
ils/elles	choiront	[ʃwarɔ̃]	seront	chus/ues
	cherront	[ʃerrɔ̃]		

passé simple			passé antérieur	
je	chus	[ʃy]	fus	chu/ue
tu	chus	[ʃy]	fus	chu/ue
il/elle	chut	[ʃy]	fut	chu/ue
nous	chûmes	[ʃym]	fûmes	chus/ues
vous	chûtes	[ʃyt]	fûtes	chus/ues
ils/elles	churent	[ʃyr]	furent	chus/ues

SUBJONCTIF

présent
inusité

imparfait			
inusité			
—			
qu'	il/elle	chût	[ʃy]
inusité			
—			

passé			
que	je	sois	chu/ue
que	tu	sois	chu/ue
qu'	il/elle	soit	chu/ue
que	nous	soyons	chus/ues
que	vous	soyez	chus/ues
qu'	ils/elles	soient	chus/ues

plus-que-parfait			
que	je	fusse	chu/ue
que	tu	fusses	chu/ue
qu'	il/elle	fût	chu/ue
que	nous	fussions	chus/ues
que	vous	fussiez	chus/ues
qu'	ils/elles	fussent	chus/ues

IMPÉRATIF

présent	passé
inusité	inusité

CONDITIONNEL

présent						passé 1re forme		
je	choirais	[ʃwarɛ]	nous	choirions	[ʃwarjɔ̃]	je	serais	chu/ue
	cherrais	[ʃerrɛ]		cherrions	[ʃerrjɔ̃]	tu	serais	chu/ue
tu	choirais	[ʃwarɛ]	vous	choiriez	[ʃwarje]	il/elle	serait	chu/ue
	cherrais	[ʃerrɛ]		cherriez	[ʃerrje]	nous	serions	chus/ues
il/elle	choirait	[ʃwarɛ]	ils/elles	choiraient	[ʃwarɛ]	vous	seriez	chus/ues
	cherrait	[ʃerrɛ]		cherraient	[ʃerrɛ]	ils/elles	seraient	chus/ues

passé 2e forme : *mêmes formes que le subjonctif plus-que-parfait*

- A defective verb which forms its compound tenses with "être" or "avoir".
- The forms constructed on the stems **éche-** and **écher-** are archaic (used in legal language only), except the present participle, often used in the expression: *le cas échéant* (meaning *si le cas se présente* [= should the need arise]). Don't confuse this verb with the verb "échouer".

[eʃwar]

Stems:
échoi-
éch-
éche-/écher-

INFINITIF

présent	passé
échoir [eʃwar]	être échu/ue/us/ues

PARTICIPE

présent	passé
échéant [eʃeã]	échu/ue, échus/ues [eʃy]
	étant échu/ue/us/ues

INDICATIF

présent			passé composé	
il/elle	échoit	[eʃwa]	est	échu/ue
ils/elles	échoient	[eʃwa]	sont	échus/ues

imparfait			plus-que-parfait	
il/elle	échoyait	[eʃwajɛ]	était	échu/ue
ils/elles	échoyaient	[eʃwajɛ]	étaient	échus/ues

futur simple			futur antérieur	
il/elle	échoira	[eʃwara]	sera	échu/ue
	écherra	[eʃera]		
ils/elles	échoiront	[eʃwarɔ̃]	seront	échus/ues
	écherront	[eʃerɔ̃]		

passé simple			passé antérieur	
il/elle	échut	[eʃy]	fut	échu/ue
ils/elles	échurent	[eʃyr]	furent	échus/ues

SUBJONCTIF

présent			
qu'	il/elle	échoie	[eʃwa]
qu'	ils/elles	échoient	[eʃwa]

imparfait			
qu'	il/elle	échût	[eʃy]
qu'	ils/elles	échussent	[eʃys]

passé			
qu'	il/elle	soit	échu/ue
qu'	ils/elles	soient	échus/ues

plus-que-parfait			
qu'	il/elle	fût	échu/ue
qu'	ils/elles	fussent	échus/ues

CONDITIONNEL

présent			passé 1ʳᵉ forme	
il/elle	échoirait	[eʃwarɛ]	serait	échu/ue
	écherrait	[eʃerɛ]		
ils/elles	échoiraient	[eʃwarɛ]	seraient	échus/ues
	écherraient	[eʃerɛ]		

passé 2ᵉ forme

mêmes formes que le subjonctif plus-que-parfait

IMPÉRATIF

présent	passé
inusité	*inusité*

[deʃwar]

Stems:
déchoi-
déch-

- A defective verb which constructs its tenses with "être" and "avoir" according to meaning.
- Careful with the 1st and 2nd persons plural in the present subjunctive: -**y**- + -**i**-.

INFINITIF

présent	passé
déchoir [deʃwar]	avoir déchu

PARTICIPE

présent	passé
inusité	déchu/ue, déchus/ues [deʃy] ayant déchu

INDICATIF

présent

je	déchois	[deʃwa]
tu	déchois	[deʃwa]
il/elle	déchoit	[deʃwa]
nous	déchoyons	[deʃwajɔ̃]
vous	déchoyez	[deʃwaje]
ils/elles	déchoient	[deʃwa]

passé composé

j'	ai	déchu
tu	as	déchu
il/elle	a	déchu
nous	avons	déchu
vous	avez	déchu
ils/elles	ont	déchu

imparfait

inusité

plus-que-parfait

j'	avais	déchu
tu	avais	déchu
il/elle	avait	déchu
nous	avions	déchu
vous	aviez	déchu
ils/elles	avaient	déchu

futur simple

je	déchoirai	[deʃware]
tu	déchoiras	[deʃwara]
il/elle	déchoira	[deʃwara]
nous	déchoirons	[deʃwarɔ̃]
vous	déchoirez	[deʃware]
ils/elles	déchoiront	[deʃwarɔ̃]

futur antérieur

	aurai	déchu
	auras	déchu
	aura	déchu
	aurons	déchu
	aurez	déchu
	auront	déchu

passé simple

je	déchus	[deʃy]
tu	déchus	[deʃy]
il/elle	déchut	[deʃy]
nous	déchûmes	[deʃym]
vous	déchûtes	[deʃyt]
ils/elles	déchurent	[deʃyr]

passé antérieur

	eus	déchu
	eus	déchu
	eut	déchu
	eûmes	déchu
	eûtes	déchu
	eurent	déchu

SUBJONCTIF

présent

que	je	déchoie	[deʃwa]
que	tu	déchoies	[deʃwa]
qu'	il/elle	déchoie	[deʃwa]
que	nous	**déchoyions**	[deʃwajjɔ̃]
que	vous	**déchoyiez**	[deʃwajje]
qu'	ils/elles	déchoient	[deʃwa]

imparfait

que	je	déchusse	[deʃys]
que	tu	déchusses	[deʃys]
qu'	il/elle	déchût	[deʃy]
que	nous	déchussions	[deʃysjɔ̃]
que	vous	déchussiez	[deʃysje]
qu'	ils/elles	déchussent	[deʃys]

passé

que	j'	aie	déchu
que	tu	aies	déchu
qu'	il/elle	ait	déchu
que	nous	ayons	déchu
que	vous	ayez	déchu
qu'	ils/elles	aient	déchu

plus-que-parfait

que	j'	eusse	déchu
que	tu	eusses	déchu
qu'	il/elle	eût	déchu
que	nous	eussions	déchu
que	vous	eussiez	déchu
qu'	ils/elles	eussent	déchu

CONDITIONNEL

présent

je	déchoirais	[deʃwarɛ]
tu	déchoirais	[deʃwarɛ]
il/elle	déchoirait	[deʃwarɛ]
nous	déchoirions	[deʃwarjɔ̃]
vous	déchoiriez	[deʃwarje]
ils/elles	déchoiraient	[deʃwarɛ]

passé 1ʳᵉ forme

	aurais	déchu
	aurais	déchu
	aurait	déchu
	aurions	déchu
	auriez	déchu
	auraient	déchu

passé 2ᵉ forme

mêmes formes que le subjonctif plus-que-parfait

IMPÉRATIF

présent	passé
inusité	inusité

- The 3rd person singular in the present indicative has no ending; it uses the stem as it stands.

[rãdr]

Stem:
rend-

INFINITIF

présent	passé
rendre [rãdr]	avoir rendu

PARTICIPE

présent	passé
rendant [rãdã]	rendu/ue, rendus/ues [rãdy]
	ayant rendu

INDICATIF

présent

je	rends	[rã]
tu	rends	[rã]
il/elle	**rend**	[rã]
nous	rendons	[rãdɔ̃]
vous	rendez	[rãde]
ils/elles	rendent	[rãd]

imparfait

je	rendais	[rãdɛ]
tu	rendais	[rãdɛ]
il/elle	rendait	[rãdɛ]
nous	rendions	[rãdjɔ̃]
vous	rendiez	[rãdje]
ils/elles	rendaient	[rãdɛ]

futur simple

je	rendrai	[rãdre]
tu	rendras	[rãdra]
il/elle	rendra	[rãdra]
nous	rendrons	[rãdrɔ̃]
vous	rendrez	[rãdre]
ils/elles	rendront	[rãdrɔ̃]

passé simple

je	rendis	[rãdi]
tu	rendis	[rãdi]
il/elle	rendit	[rãdi]
nous	rendîmes	[rãdim]
vous	rendîtes	[rãdit]
ils/elles	rendirent	[rãdir]

passé composé

ai	rendu
as	rendu
a	rendu
avons	rendu
avez	rendu
ont	rendu

plus-que-parfait

avais	rendu
avais	rendu
avait	rendu
avions	rendu
aviez	rendu
avaient	rendu

futur antérieur

aurai	rendu
auras	rendu
aura	rendu
aurons	rendu
aurez	rendu
auront	rendu

passé antérieur

eus	rendu
eus	rendu
eut	rendu
eûmes	rendu
eûtes	rendu
eurent	rendu

SUBJONCTIF

présent

que	je	rende	[rãd]
que	tu	rendes	[rãd]
qu'	il/elle	rende	[rãd]
que	nous	rendions	[rãdjɔ̃]
que	vous	rendiez	[rãdje]
qu'	ils/elles	rendent	[rãd]

imparfait

que	je	rendisse	[rãdis]
que	tu	rendisses	[rãdis]
qu'	il/elle	rendît	[rãdi]
que	nous	rendissions	[rãdisjɔ̃]
que	vous	rendissiez	[rãdisje]
qu'	ils/elles	rendissent	[rãdis]

passé

que	j'	aie	rendu
que	tu	aies	rendu
qu'	il/elle	ait	rendu
que	nous	ayons	rendu
que	vous	ayez	rendu
qu'	ils/elles	aient	rendu

plus-que-parfait

que	j'	eusse	rendu
que	tu	eusses	rendu
qu'	il/elle	eût	rendu
que	nous	eussions	rendu
que	vous	eussiez	rendu
qu'	ils/elles	eussent	rendu

CONDITIONNEL

présent

je	rendrais	[rãdrɛ]
tu	rendrais	[rãdrɛ]
il/elle	rendrait	[rãdrɛ]
nous	rendrions	[rãdrijɔ̃]
vous	rendriez	[rãdrije]
ils/elles	rendraient	[rãdrɛ]

passé 1re forme

passé 1re forme

aurais	rendu
aurais	rendu
aurait	rendu
aurions	rendu
auriez	rendu
auraient	rendu

passé 2e forme

mêmes formes que le subjonctif plus-que-parfait

IMPÉRATIF

présent			passé	
rends	[rã]		aie	rendu
rendons	[rãdɔ̃]		ayons	rendu
rendez	[rãde]		ayez	rendu

Serves as a model for the verbs in -**endre** except "prendre" (*défendre, fendre, descendre, pendre, tendre, vendre*); also the verbs in -**ondre**, -**erdre**, -**ordre** (*fondre, pondre, répondre, tondre, perdre, mordre, tordre*).

[repãdr]

Stem:
répand-

- No ending in the 3rd person singular in the present indicative: *elle répand*.
- Careful: although it is conjugated like the majority of verbs in -**endre**, "répandre" is a verb in -**andre**. The -**a**- of the stem is present throughout.

INFINITIF

présent	passé
répandre [repãdr]	avoir répandu

PARTICIPE

présent	passé
répandant [repãdã]	répandu/ue, répandus/ues [repãdy] ayant répandu

INDICATIF

présent

je	répands	[-pã]
tu	répands	[-pã]
il/elle	**répand**	[-pã]
nous	répandons	[-pãdɔ̃]
vous	répandez	[-pãde]
ils/elles	répandent	[-pãd]

imparfait

je	répandais	[-pãdɛ]
tu	répandais	[-pãdɛ]
il/elle	répandait	[-pãdɛ]
nous	répandions	[-pãdjɔ̃]
vous	répandiez	[-pãdje]
ils/elles	répandaient	[-pãdɛ]

futur simple

je	répandrai	[-pãdre]
tu	répandras	[-pãdra]
il/elle	répandra	[-pãdra]
nous	répandrons	[-pãdrɔ̃]
vous	répandrez	[-pãdre]
ils/elles	répandront	[-pãdrɔ̃]

passé simple

je	répandis	[-pãdi]
tu	répandis	[-pãdi]
il/elle	répandit	[-pãdi]
nous	répandîmes	[-pãdim]
vous	répandîtes	[-pãdit]
ils/elles	répandirent	[-pãdir]

passé composé

ai	répandu
as	répandu
a	répandu
avons	répandu
avez	répandu
ont	répandu

plus-que-parfait

avais	répandu
avais	répandu
avait	répandu
avions	répandu
aviez	répandu
avaient	répandu

futur antérieur

aurai	répandu
auras	répandu
aura	répandu
aurons	répandu
aurez	répandu
auront	répandu

passé antérieur

eus	répandu
eus	répandu
eut	répandu
eûmes	répandu
eûtes	répandu
eurent	répandu

SUBJONCTIF

présent

que	je	répande	[-pãd]
que	tu	répandes	[-pãd]
qu'	il/elle	répande	[-pãd]
que	nous	répandions	[-pãdjɔ̃]
que	vous	répandiez	[-pãdje]
qu'	ils/elles	répandent	[-pãd]

imparfait

que	je	répandisse	[-pãdis]
que	tu	répandisses	[-pãdis]
qu'	il/elle	répandît	[-pãdi]
que	nous	répandissions	[-pãdisjɔ̃]
que	vous	répandissiez	[-pãdisje]
qu'	ils/elles	répandissent	[-pãdis]

passé

que	j'	aie	répandu
que	tu	aies	répandu
qu'	il/elle	ait	répandu
que	nous	ayons	répandu
que	vous	ayez	répandu
qu'	ils/elles	aient	répandu

plus-que-parfait

que	j'	eusse	répandu
que	tu	eusses	répandu
qu'	il/elle	eût	répandu
que	nous	eussions	répandu
que	vous	eussiez	répandu
qu'	ils/elles	eussent	répandu

CONDITIONNEL

présent

je	répandrais	[-pãdrɛ]
tu	répandrais	[-pãdrɛ]
il/elle	répandrait	[-pãdrɛ]
nous	répandrions	[-pãdrijɔ̃]
vous	répandriez	[-pãdrije]
ils/elles	répandraient	[-pãdrɛ]

passé 1ʳᵉ forme

aurais	répandu
aurais	répandu
aurait	répandu
aurions	répandu
auriez	répandu
auraient	répandu

passé 2ᵉ forme

mêmes formes que le subjonctif plus-que-parfait

IMPÉRATIF

présent		passé	
répands	[-pã]	aie	répandu
répandons	[-pãdɔ̃]	ayons	répandu
répandez	[-pãde]	ayez	répandu

Épandre follows this model.

- No ending in the 3rd person singular in the present indicative: *il prend*.
- The stem **prenn-** is used to form the 3rd person plural of the present indicative and the four persons of the present subjunctive. These forms therefore have double -**n**- .

[prãdr]
Stems:
prend
pren-
prenn-
pr-

INFINITIF

présent	passé
prendre [prãdr]	avoir pris

PARTICIPE

présent	passé
prenant [prənã]	pris/ise, pris/ises [pri/iz]
	ayant pris

INDICATIF

présent

je	prends	[prã]
tu	prends	[prã]
il/elle	**prend**	[prã]
nous	prenons	[prənɔ̃]
vous	prenez	[prəne]
ils/elles	**prennent**	[prɛn]

imparfait

je	prenais	[prənɛ]
tu	prenais	[prənɛ]
il/elle	prenait	[prənɛ]
nous	prenions	[prənjɔ̃]
vous	preniez	[prənje]
ils/elles	prenaient	[prənɛ]

futur simple

je	prendrai	[prãdre]
tu	prendras	[prãdra]
il/elle	prendra	[prãdra]
nous	prendrons	[prãdrɔ̃]
vous	prendrez	[prãdre]
ils/elles	prendront	[prãdrɔ̃]

passé simple

je	pris	[pri]
tu	pris	[pri]
il/elle	prit	[pri]
nous	prîmes	[prim]
vous	prîtes	[prit]
ils/elles	prirent	[prir]

passé composé

ai	pris
as	pris
a	pris
avons	pris
avez	pris
ont	pris

plus-que-parfait

avais	pris
avais	pris
avait	pris
avions	pris
aviez	pris
avaient	pris

futur antérieur

aurai	pris
auras	pris
aura	pris
aurons	pris
aurez	pris
auront	pris

passé antérieur

eus	pris
eus	pris
eut	pris
eûmes	pris
eûtes	pris
eurent	pris

SUBJONCTIF

présent

que	je	**prenne**	[prɛn]
que	tu	**prennes**	[prɛn]
qu'	il/elle	**prenne**	[prɛn]
que	nous	prenions	[prənjɔ̃]
que	vous	preniez	[prənje]
qu'	ils/elles	**prennent**	[prɛn]

imparfait

que	je	prisse	[pris]
que	tu	prisses	[pris]
qu'	il/elle	prît	[pri]
que	nous	prissions	[prisjɔ̃]
que	vous	prissiez	[prisje]
qu'	ils/elles	prissent	[pris]

passé

que	j'	aie	pris
que	tu	aies	pris
qu'	il/elle	ait	pris
que	nous	ayons	pris
que	vous	ayez	pris
qu'	ils/elles	aient	pris

plus-que-parfait

que	j'	eusse	pris
que	tu	eusses	pris
qu'	il/elle	eût	pris
que	nous	eussions	pris
que	vous	eussiez	pris
qu'	ils/elles	eussent	pris

CONDITIONNEL

présent

je	prendrais	[prãdrɛ]
tu	prendrais	[prãdrɛ]
il/elle	prendrait	[prãdrɛ]
nous	prendrions	[prãdrijɔ̃]
vous	prendriez	[prãdrije]
ils/elles	prendraient	[prãdrɛ]

passé 1re forme

aurais	pris
aurais	pris
aurait	pris
aurions	pris
auriez	pris
auraient	pris

passé 2e forme

mêmes formes que le subjonctif plus-que-parfait

IMPÉRATIF

présent		passé	
prends	[prã]	aie	pris
prenons	[prənɔ̃]	ayons	pris
prenez	[prəne]	ayez	pris

All the verbs derived from "prendre" follow this model: *apprendre, comprendre, surprendre...*

GROUP 3

[krɛ̃dr]

Stems:
craind-
crain-
craign-

- The -a- in the stems is present throughout the conjugation, although it is not always pronounced in the same way: [ɛ̃], [e] or [ɛ].
- The short stem **crain-** is used to construct the singular forms in the present indicative and the present imperative, as well as the past participle.

INFINITIF

présent	passé
craindre [krɛ̃dr]	avoir craint

PARTICIPE

présent	passé
craignant [krɛɲɑ̃]	**craint**/te, craints/tes [krɛ̃/ɛ̃t]
	ayant craint

INDICATIF

présent

je	**crains**	[krɛ̃]
tu	**crains**	[krɛ̃]
il/elle	**craint**	[krɛ̃]
nous	craignons	[krɛɲɔ̃]
vous	craignez	[krɛɲe]
ils/elles	craignent	[krɛɲ]

imparfait

je	craignais	[krɛɲɛ]
tu	craignais	[krɛɲɛ]
il/elle	craignait	[krɛɲɛ]
nous	craignions	[krɛɲjɔ̃]
vous	craigniez	[krɛɲje]
ils/elles	craignaient	[krɛɲɛ]

futur simple

je	craindrai	[krɛ̃dre]
tu	craindras	[krɛ̃dra]
il/elle	craindra	[krɛ̃dra]
nous	craindrons	[krɛ̃drɔ̃]
vous	craindrez	[krɛ̃dre]
ils/elles	craindront	[krɛ̃drɔ̃]

passé simple

je	craignis	[krɛɲi]
tu	craignis	[krɛɲi]
il/elle	craignit	[krɛɲi]
nous	craignîmes	[krɛɲim]
vous	craignîtes	[krɛɲit]
ils/elles	craignirent	[krɛɲir]

passé composé

ai	craint
as	craint
a	craint
avons	craint
avez	craint
ont	craint

plus-que-parfait

avais	craint
avais	craint
avait	craint
avions	craint
aviez	craint
avaient	craint

futur antérieur

aurai	craint
auras	craint
aura	craint
aurons	craint
aurez	craint
auront	craint

passé antérieur

eus	craint
eus	craint
eut	craint
eûmes	craint
eûtes	craint
eurent	craint

SUBJONCTIF

présent

que	je	craigne	[krɛɲ]
que	tu	craignes	[krɛɲ]
qu'	il/elle	craigne	[krɛɲ]
que	nous	craignions	[krɛɲjɔ̃]
que	vous	craigniez	[krɛɲje]
qu'	ils/elles	craignent	[krɛɲ]

imparfait

que	je	craignisse	[krɛɲis]
que	tu	craignisses	[krɛɲis]
qu'	il/elle	craignît	[krɛɲi]
que	nous	craignissions	[krɛɲisjɔ̃]
que	vous	craignissiez	[krɛɲisje]
qu'	ils/elles	craignissent	[krɛɲis]

passé

que	j'	aie	craint
que	tu	aies	craint
qu'	il/elle	ait	craint
que	nous	ayons	craint
que	vous	ayez	craint
qu'	ils/elles	aient	craint

plus-que-parfait

que	j'	eusse	craint
que	tu	eusses	craint
qu'	il/elle	eût	craint
que	nous	eussions	craint
que	vous	eussiez	craint
qu'	ils/elles	eussent	craint

CONDITIONNEL

présent

je	craindrais	[krɛ̃drɛ]
tu	craindrais	[krɛ̃drɛ]
il/elle	craindrait	[krɛ̃drɛ]
nous	craindrions	[krɛ̃drijɔ̃]
vous	craindriez	[krɛ̃drije]
ils/elles	craindraient	[krɛ̃drɛ]

passé 1ʳᵉ forme

aurais	craint
aurais	craint
aurait	craint
aurions	craint
auriez	craint
auraient	craint

passé 2ᵉ forme

mêmes formes que le subjonctif plus-que-parfait

IMPÉRATIF

présent

crains	[krɛ̃]
craignons	[krɛɲɔ̃]
craignez	[krɛɲe]

passé

aie	craint
ayons	craint
ayez	craint

Contraindre and *plaindre* follow this model.

- The -**e**- in the stems is present throughout, although it is not always pronounced in the same way: [ɛ̃], [e], [ɛ].
- The short stem **pein**- is used to construct the singular forms in the present indicative and the present imperative, as well as the past participle.

[pɛ̃dr]

Stems:
**peind-
pein-
peign-**

INFINITIF

présent	passé
peindre [pɛ̃dr]	avoir peint

PARTICIPE

présent	passé
peignant [peɲɑ̃]	**peint**/te, peints/tes [pɛ̃/ɛ̃t]
	ayant peint

INDICATIF

présent			passé composé	
je	**peins**	[pɛ̃]	ai	peint
tu	**peins**	[pɛ̃]	as	peint
il/elle	**peint**	[pɛ̃]	a	peint
nous	peignons	[peɲɔ̃]	avons	peint
vous	peignez	[peɲe]	avez	peint
ils/elles	peignent	[pɛɲ]	ont	peint

imparfait			plus-que-parfait	
je	peignais	[peɲɛ]	avais	peint
tu	peignais	[peɲɛ]	avais	peint
il/elle	peignait	[peɲɛ]	avait	peint
nous	peignions	[peɲjɔ̃]	avions	peint
vous	peigniez	[peɲje]	aviez	peint
ils/elles	peignaient	[peɲɛ]	avaient	peint

futur simple			futur antérieur	
je	peindrai	[pɛ̃dre]	aurai	peint
tu	peindras	[pɛ̃dra]	auras	peint
il/elle	peindra	[pɛ̃dra]	aura	peint
nous	peindrons	[pɛ̃drɔ̃]	aurons	peint
vous	peindrez	[pɛ̃dre]	aurez	peint
ils/elles	peindront	[pɛ̃drɔ̃]	auront	peint

passé simple			passé antérieur	
je	peignis	[peɲi]	eus	peint
tu	peignis	[peɲi]	eus	peint
il/elle	peignit	[peɲi]	eut	peint
nous	peignîmes	[peɲim]	eûmes	peint
vous	peignîtes	[peɲit]	eûtes	peint
ils/elles	peignirent	[peɲir]	eurent	peint

SUBJONCTIF

présent			
que	je	peigne	[pɛɲ]
que	tu	peignes	[pɛɲ]
qu'	il/elle	peigne	[pɛɲ]
que	nous	peignions	[peɲjɔ̃]
que	vous	peigniez	[peɲje]
qu'	ils/elles	peignent	[pɛɲ]

imparfait			
que	je	peignisse	[peɲis]
que	tu	peignisses	[peɲis]
qu'	il/elle	peignît	[peɲi]
que	nous	peignissions	[peɲisjɔ̃]
que	vous	peignissiez	[peɲisje]
qu'	ils/elles	peignissent	[peɲis]

passé			
que	j'	aie	peint
que	tu	aies	peint
qu'	il/elle	ait	peint
que	nous	ayons	peint
que	vous	ayez	peint
qu'	ils/elles	aient	peint

plus-que-parfait			
que	j'	eusse	peint
que	tu	eusses	peint
qu'	il/elle	eût	peint
que	nous	eussions	peint
que	vous	eussiez	peint
qu'	ils/elles	eussent	peint

CONDITIONNEL

présent			passé 1ʳᵉ forme	
je	peindrais	[pɛ̃drɛ]	aurais	peint
tu	peindrais	[pɛ̃drɛ]	aurais	peint
il/elle	peindrait	[pɛ̃drɛ]	aurait	peint
nous	peindrions	[pɛ̃drijɔ̃]	aurions	peint
vous	peindriez	[pɛ̃drije]	auriez	peint
ils/elles	peindraient	[pɛ̃drɛ]	auraient	peint

passé 2ᵉ forme

mêmes formes que le subjonctif plus-que-parfait

IMPÉRATIF

présent		passé	
peins	[pɛ̃]	aie	peint
peignons	[peɲɔ̃]	ayons	peint
peignez	[peɲe]	ayez	peint

All the verbs in -**eindre** follow this model and the verbs derived from "peindre", *atteindre, ceindre, éteindre, feindre, geindre, teindre....*

GROUP 3

[ʒwɛ̃dr]

Stems:
joind-
join-
joign-

- The short stem **join-** is used to construct the singular forms of the present indicative and the present imperative, as well as the past participle.
- The only difference between this model and those shown in tables 68 and 69 is the vowel -**o**- in the stem.

INFINITIF

présent	passé
joindre [ʒwɛ̃dr]	avoir joint

PARTICIPE

présent	passé
joignant [ʒwaɲã]	joint/te, joints/tes [ʒwɛ̃/ɛ̃t]
	ayant joint

INDICATIF

présent			passé composé		
je	joins	[ʒwɛ̃]	ai	joint	
tu	joins	[ʒwɛ̃]	as	joint	
il/elle	joint	[ʒwɛ̃]	a	joint	
nous	joignons	[ʒwaɲɔ̃]	avons	joint	
vous	joignez	[ʒwaɲe]	avez	joint	
ils/elles	joignent	[ʒwaɲ]	ont	joint	

imparfait			plus-que-parfait		
je	joignais	[ʒwaɲɛ]	avais	joint	
tu	joignais	[ʒwaɲɛ]	avais	joint	
il/elle	joignait	[ʒwaɲɛ]	avait	joint	
nous	joignions	[ʒwaɲjɔ̃]	avions	joint	
vous	joigniez	[ʒwaɲje]	aviez	joint	
ils/elles	joignaient	[ʒwaɲɛ]	avaient	joint	

futur simple			futur antérieur		
je	joindrai	[ʒwɛ̃dre]	aurai	joint	
tu	joindras	[ʒwɛ̃dra]	auras	joint	
il/elle	joindra	[ʒwɛ̃dra]	aura	joint	
nous	joindrons	[ʒwɛ̃drɔ̃]	aurons	joint	
vous	joindrez	[ʒwɛ̃dre]	aurez	joint	
ils/elles	joindront	[ʒwɛ̃drɔ̃]	auront	joint	

passé simple			passé antérieur		
je	joignis	[ʒwaɲi]	eus	joint	
tu	joignis	[ʒwaɲi]	eus	joint	
il/elle	joignit	[ʒwaɲi]	eut	joint	
nous	joignîmes	[ʒwaɲim]	eûmes	joint	
vous	joignîtes	[ʒwaɲit]	eûtes	joint	
ils/elles	joignirent	[ʒwaɲir]	eurent	joint	

SUBJONCTIF

présent				
que	je	joigne	[ʒwaɲ]	
que	tu	joignes	[ʒwaɲ]	
qu'	il/elle	joigne	[ʒwaɲ]	
que	nous	joignions	[ʒwaɲjɔ̃]	
que	vous	joigniez	[ʒwaɲje]	
qu'	ils/elles	joignent	[ʒwaɲ]	

imparfait				
que	je	joignisse	[ʒwaɲis]	
que	tu	joignisses	[ʒwaɲis]	
qu'	il/elle	joignît	[ʒwaɲi]	
que	nous	joignissions	[ʒwaɲisjɔ̃]	
que	vous	joignissiez	[ʒwaɲisje]	
qu'	ils/elles	joignissent	[ʒwaɲis]	

passé				
que	j'	aie	joint	
que	tu	aies	joint	
qu'	il/elle	ait	joint	
que	nous	ayons	joint	
que	vous	ayez	joint	
qu'	ils/elles	aient	joint	

plus-que-parfait				
que	j'	eusse	joint	
que	tu	eusses	joint	
qu'	il/elle	eût	joint	
que	nous	eussions	joint	
que	vous	eussiez	joint	
qu'	ils/elles	eussent	joint	

CONDITIONNEL

présent			passé 1ʳᵉ forme		
je	joindrais	[ʒwɛ̃drɛ]	aurais	joint	
tu	joindrais	[ʒwɛ̃drɛ]	aurais	joint	
il/elle	joindrait	[ʒwɛ̃drɛ]	aurait	joint	
nous	joindrions	[ʒwɛ̃drijɔ̃]	aurions	joint	
vous	joindriez	[ʒwɛ̃drije]	auriez	joint	
ils/elles	joindraient	[ʒwɛ̃drɛ]	auraient	joint	

passé 2ᵉ forme

mêmes formes que le subjonctif plus-que-parfait

IMPÉRATIF

présent		passé		
joins	[ʒwɛ̃]	aie	joint	
joignons	[ʒwaɲɔ̃]	ayons	joint	
joignez	[ʒwaɲe]	ayez	joint	

All the verbs in -**oindre** follow this model: oindre (an archaic and defective verb, rarely used), poindre (an archaic and defective verb) and the verbs derived from "joindre": adjoindre, enjoindre, rejoindre….

- The final **-p** of the stem is present, even when it is not pronounced (in constrast to what happens in tables 65, 66 and 67, the **-t** in the 3rd person in the present indicative is preserved).

[rɔ̃pr]

Stem:
romp-

INFINITIF

présent	passé
rompre [rɔ̃pr]	avoir rompu

PARTICIPE

présent	passé
rompant [rɔ̃pɑ̃]	rompu/ue, rompus/ues [rɔ̃py]
	ayant rompu

INDICATIF

présent			passé composé	
je	**romps**	[rɔ̃]	ai	rompu
tu	**romps**	[rɔ̃]	as	rompu
il/elle	**rompt**	[rɔ̃]	a	rompu
nous	rompons	[rɔ̃pɔ̃]	avons	rompu
vous	rompez	[rɔ̃pe]	avez	rompu
ils/elles	rompent	[rɔ̃p]	ont	rompu

imparfait			plus-que-parfait	
je	rompais	[rɔ̃pɛ]	avais	rompu
tu	rompais	[rɔ̃pɛ]	avais	rompu
il/elle	rompait	[rɔ̃pɛ]	avait	rompu
nous	rompions	[rɔ̃pjɔ̃]	avions	rompu
vous	rompiez	[rɔ̃pje]	aviez	rompu
ils/elles	rompaient	[rɔ̃pɛ]	avaient	rompu

futur simple			futur antérieur	
je	romprai	[rɔ̃pre]	aurai	rompu
tu	rompras	[rɔ̃pra]	auras	rompu
il/elle	rompra	[rɔ̃pra]	aura	rompu
nous	romprons	[rɔ̃prɔ̃]	aurons	rompu
vous	romprez	[rɔ̃pre]	aurez	rompu
ils/elles	rompront	[rɔ̃prɔ̃]	auront	rompu

passé simple			passé antérieur	
je	rompis	[rɔ̃pi]	eus	rompu
tu	rompis	[rɔ̃pi]	eus	rompu
il/elle	rompit	[rɔ̃pi]	eut	rompu
nous	rompîmes	[rɔ̃pim]	eûmes	rompu
vous	rompîtes	[rɔ̃pit]	eûtes	rompu
ils/elles	rompirent	[rɔ̃pir]	eurent	rompu

SUBJONCTIF

présent			
que	je	rompe	[rɔ̃p]
que	tu	rompes	[rɔ̃p]
qu'	il/elle	rompe	[rɔ̃p]
que	nous	rompions	[rɔ̃pjɔ̃]
que	vous	rompiez	[rɔ̃pje]
qu'	ils/elles	rompent	[rɔ̃p]

imparfait			
que	je	rompisse	[rɔ̃pis]
que	tu	rompisses	[rɔ̃pis]
qu'	il/elle	rompît	[rɔ̃pi]
que	nous	rompissions	[rɔ̃pisjɔ̃]
que	vous	rompissiez	[rɔ̃pisje]
qu'	ils/elles	rompissent	[rɔ̃pis]

passé			
que	j'	aie	rompu
que	tu	aies	rompu
qu'	il/elle	ait	rompu
que	nous	ayons	rompu
que	vous	ayez	rompu
qu'	ils/elles	aient	rompu

plus-que-parfait			
que	j'	eusse	rompu
que	tu	eusses	rompu
qu'	il/elle	eût	rompu
que	nous	eussions	rompu
que	vous	eussiez	rompu
qu'	ils/elles	eussent	rompu

CONDITIONNEL

présent			passé 1ʳᵉ forme	
je	romprais	[rɔ̃prɛ]	aurais	rompu
tu	romprais	[rɔ̃prɛ]	aurais	rompu
il/elle	romprait	[rɔ̃prɛ]	aurait	rompu
nous	romprions	[rɔ̃prijɔ̃]	aurions	rompu
vous	rompriez	[rɔ̃prije]	auriez	rompu
ils/elles	rompraient	[rɔ̃prɛ]	auraient	rompu

passé 2ᵉ forme

mêmes formes que le subjonctif plus-que-parfait

IMPÉRATIF

présent		passé		
romps	[rɔ̃]	aie	rompu	
rompons	[rɔ̃pɔ̃]	ayons	rompu	
rompez	[rɔ̃pe]	ayez	rompu	

Corrompre and *interrompre* follow this model.

[vɛ̃kr]

Stems:
vainc-
vainqu-

- No ending in the 3rd person singular in the present indicative (like "rendre", table 65).
- The long stem **vainqu-** is used to construct all the forms whose ending begins with a vowel, except the past participle in -**u**.

INFINITIF

présent	passé
vaincre [vɛ̃kr]	avoir vaincu

PARTICIPE

présent	passé
vainquant [vɛ̃kɑ̃]	**vaincu**/ue, vaincus/ues [vɛ̃ky]
	ayant vaincu

INDICATIF

présent

je	vaincs	[vɛ̃]
tu	vaincs	[vɛ̃]
il/elle	**vainc**	[vɛ̃]
nous	vainquons	[vɛ̃kɔ̃]
vous	vainquez	[vɛ̃ke]
ils/elles	vainquent	[vɛ̃k]

imparfait

je	vainquais	[vɛ̃kɛ]
tu	vainquais	[vɛ̃kɛ]
il/elle	vainquait	[vɛ̃kɛ]
nous	vainquions	[vɛ̃kjɔ̃]
vous	vainquiez	[vɛ̃kje]
ils/elles	vainquaient	[vɛ̃kɛ]

futur simple

je	vaincrai	[vɛ̃kre]
tu	vaincras	[vɛ̃kra]
il/elle	vaincra	[vɛ̃kra]
nous	vaincrons	[vɛ̃krɔ̃]
vous	vaincrez	[vɛ̃kre]
ils/elles	vaincront	[vɛ̃krɔ̃]

passé simple

je	vainquis	[vɛ̃ki]
tu	vainquis	[vɛ̃ki]
il/elle	vainquit	[vɛ̃ki]
nous	vainquîmes	[vɛ̃kim]
vous	vainquîtes	[vɛ̃kit]
ils/elles	vainquirent	[vɛ̃kir]

passé composé

ai	vaincu
as	vaincu
a	vaincu
avons	vaincu
avez	vaincu
ont	vaincu

plus-que-parfait

avais	vaincu
avais	vaincu
avait	vaincu
avions	vaincu
aviez	vaincu
avaient	vaincu

futur antérieur

aurai	vaincu
auras	vaincu
aura	vaincu
aurons	vaincu
aurez	vaincu
auront	vaincu

passé antérieur

eus	vaincu
eus	vaincu
eut	vaincu
eûmes	vaincu
eûtes	vaincu
eurent	vaincu

SUBJONCTIF

présent

que	je	vainque	[vɛ̃k]
que	tu	vainques	[vɛ̃k]
qu'	il/elle	vainque	[vɛ̃k]
que	nous	vainquions	[vɛ̃kjɔ̃]
que	vous	vainquiez	[vɛ̃kje]
qu'	ils/elles	vainquent	[vɛ̃k]

imparfait

que	je	vainquisse	[vɛ̃kis]
que	tu	vainquisses	[vɛ̃kis]
qu'	il/elle	vainquît	[vɛ̃ki]
que	nous	vainquissions	[vɛ̃kisjɔ̃]
que	vous	vainquissiez	[vɛ̃kisje]
qu'	ils/elles	vainquissent	[vɛ̃kis]

passé

que	j'	aie	vaincu
que	tu	aies	vaincu
qu'	il/elle	ait	vaincu
que	nous	ayons	vaincu
que	vous	ayez	vaincu
qu'	ils/elles	aient	vaincu

plus-que-parfait

que	j'	eusse	vaincu
que	tu	eusses	vaincu
qu'	il/elle	eût	vaincu
que	nous	eussions	vaincu
que	vous	eussiez	vaincu
qu'	ils/elles	eussent	vaincu

CONDITIONNEL

présent

je	vaincrais	[vɛ̃krɛ]
tu	vaincrais	[vɛ̃krɛ]
il/elle	vaincrait	[vɛ̃krɛ]
nous	vaincrions	[vɛ̃krijɔ̃]
vous	vaincriez	[vɛ̃krije]
ils/elles	vaincraient	[vɛ̃krɛ]

passé 1ʳᵉ forme

aurais	vaincu
aurais	vaincu
aurait	vaincu
aurions	vaincu
auriez	vaincu
auraient	vaincu

passé 2ᵉ forme

mêmes formes que le subjonctif plus-que-parfait

IMPÉRATIF

présent		passé	
vaincs	[vɛ̃]	aie	vaincu
vainquons	[vɛ̃kɔ̃]	ayons	vaincu
vainquez	[vɛ̃ke]	ayez	vaincu

Convaincre follows this model.

[batr]

Stems:
batt-
bat-

- The short stem **bat-** is used to construct the singular forms in the present indicative and the present imperative. All other forms take double -**t**- (long stem).

INFINITIF

présent	passé
battre [batr]	avoir battu

PARTICIPE

présent	passé
battant [batɑ̃]	battu/ue, battus/ues [baty]
	ayant battu

INDICATIF

présent

je	**bats**	[ba]
tu	**bats**	[ba]
il/elle	**bat**	[ba]
nous	battons	[batɔ̃]
vous	battez	[bate]
ils/elles	battent	[bat]

imparfait

je	battais	[batɛ]
tu	battais	[batɛ]
il/elle	battait	[batɛ]
nous	battions	[batjɔ̃]
vous	battiez	[batje]
ils/elles	battaient	[batɛ]

futur simple

je	battrai	[batre]
tu	battras	[batra]
il/elle	battra	[batra]
nous	battrons	[batrɔ̃]
vous	battrez	[batre]
ils/elles	battront	[batrɔ̃]

passé simple

je	battis	[bati]
tu	battis	[bati]
il/elle	battit	[bati]
nous	battîmes	[batim]
vous	battîtes	[batit]
ils/elles	battirent	[batir]

passé composé

ai	battu
as	battu
a	battu
avons	battu
avez	battu
ont	battu

plus-que-parfait

avais	battu
avais	battu
avait	battu
avions	battu
aviez	battu
avaient	battu

futur antérieur

aurai	battu
auras	battu
aura	battu
aurons	battu
aurez	battu
auront	battu

passé antérieur

eus	battu
eus	battu
eut	battu
eûmes	battu
eûtes	battu
eurent	battu

SUBJONCTIF

présent

que	je	batte	[bat]
que	tu	battes	[bat]
qu'	il/elle	batte	[bat]
que	nous	battions	[batjɔ̃]
que	vous	battiez	[batje]
qu'	ils/elles	battent	[bat]

imparfait

que	je	battisse	[batis]
que	tu	battisses	[batis]
qu'	il/elle	battît	[bati]
que	nous	battissions	[batisjɔ̃]
que	vous	battissiez	[batisje]
qu'	ils/elles	battissent	[batis]

passé

que	j'	aie	battu
que	tu	aies	battu
qu'	il/elle	ait	battu
que	nous	ayons	battu
que	vous	ayez	battu
qu'	ils/elles	aient	battu

plus-que-parfait

que	j'	eusse	battu
que	tu	eusses	battu
qu'	il/elle	eût	battu
que	nous	eussions	battu
que	vous	eussiez	battu
qu'	ils/elles	eussent	battu

CONDITIONNEL

présent

je	battrais	[batrɛ]
tu	battrais	[batrɛ]
il/elle	battrait	[batrɛ]
nous	battrions	[batrijɔ̃]
vous	battriez	[batrije]
ils/elles	battraient	[batrɛ]

passé 1ʳᵉ forme

aurais	battu
aurais	battu
aurait	battu
aurions	battu
auriez	battu
auraient	battu

passé 2ᵉ forme

mêmes formes que le subjonctif plus-que-parfait

IMPÉRATIF

présent		passé	
bats	[ba]	aie	battu
battons	[batɔ̃]	ayons	battu
battez	[bate]	ayez	battu

The verbs derived from "battre" follow this model: *abattre, combattre, débattre, (s')ébattre, embattre, rabattre, rebattre.*

GROUP 3

[kɔnɛtr]

Stems:
connaît-
connai-
connaiss-
conn-

- There is always a circumflex accent (^) on the stem radical -i- when this is followed by -t- (and on the -u- in the 3rd person singular in the *imparfait* subjunctive).
- The double -n- of the stems is present throughout.

INFINITIF

présent	passé
connaître [kɔnɛtr]	avoir connu

PARTICIPE

présent	passé
connaissant [kɔnesɑ̃]	connu/ue, connus/ues [kɔny] ayant connu

INDICATIF

présent			passé composé	
je	connais	[kɔnɛ]	ai	connu
tu	connais	[kɔnɛ]	as	connu
il/elle	**connaît**	[kɔnɛ]	a	connu
nous	connaissons	[kɔnesɔ̃]	avons	connu
vous	connaissez	[kɔnese]	avez	connu
ils/elles	connaissent	[kɔnɛs]	ont	connu

imparfait			plus-que-parfait	
je	connaissais	[kɔnesɛ]	avais	connu
tu	connaissais	[kɔnesɛ]	avais	connu
il/elle	connaissait	[kɔnesɛ]	avait	connu
nous	connaissions	[kɔnesjɔ̃]	avions	connu
vous	connaissiez	[kɔnesje]	aviez	connu
ils/elles	connaissaient	[kɔnesɛ]	avaient	connu

futur simple			futur antérieur	
je	**connaîtrai**	[kɔnetre]	aurai	connu
tu	**connaîtras**	[kɔnetra]	auras	connu
il/elle	**connaîtra**	[kɔnetra]	aura	connu
nous	**connaîtrons**	[kɔnetrɔ̃]	aurons	connu
vous	**connaîtrez**	[kɔnetre]	aurez	connu
ils/elles	**connaîtront**	[kɔnetrɔ̃]	auront	connu

passé simple			passé antérieur	
je	connus	[kɔny]	eus	connu
tu	connus	[kɔny]	eus	connu
il/elle	connut	[kɔny]	eut	connu
nous	connûmes	[kɔnym]	eûmes	connu
vous	connûtes	[kɔnyt]	eûtes	connu
ils/elles	connurent	[kɔnyr]	eurent	connu

SUBJONCTIF

présent			
que	je	connaisse	[kɔnɛs]
que	tu	connaisses	[kɔnɛs]
qu'	il/elle	connaisse	[kɔnɛs]
que	nous	connaissions	[kɔnesjɔ̃]
que	vous	connaissiez	[kɔnesje]
qu'	ils/elles	connaissent	[kɔnɛs]

imparfait			
que	je	connusse	[kɔnys]
que	tu	connusses	[kɔnys]
qu'	il/elle	connût	[kɔny]
que	nous	connussions	[kɔnysjɔ̃]
que	vous	connussiez	[kɔnysje]
qu'	ils/elles	connussent	[kɔnys]

passé			
que	j'	aie	connu
que	tu	aies	connu
qu'	il/elle	ait	connu
que	nous	ayons	connu
que	vous	ayez	connu
qu'	ils/elles	aient	connu

plus-que-parfait			
que	j'	eusse	connu
que	tu	eusses	connu
qu'	il/elle	eût	connu
que	nous	eussions	connu
que	vous	eussiez	connu
qu'	ils/elles	eussent	connu

CONDITIONNEL

présent			passé 1ʳᵉ forme	
je	**connaîtrais**	[kɔnetrɛ]	aurais	connu
tu	**connaîtrais**	[kɔnetrɛ]	aurais	connu
il/elle	**connaîtrait**	[kɔnetrɛ]	aurait	connu
nous	**connaîtrions**	[kɔnetrijɔ̃]	aurions	connu
vous	**connaîtriez**	[kɔnetrije]	auriez	connu
ils/elles	**connaîtraient**	[kɔnetrɛ]	auraient	connu

passé 2ᵉ forme
mêmes formes que le subjonctif plus-que-parfait

IMPÉRATIF

présent		passé	
connais	[kɔnɛ]	aie	connu
connaissons	[kɔnesɔ̃]	ayons	connu
connaissez	[kɔnese]	ayez	connu

Serves as model for the verbs derived from "connaître" (*méconnaître* and *reconnaître*), from *paraître* (*apparaître, comparaître, disparaître, réapparaître, recomparaître, reparaître, transparaître*); *repaître* and *se repaître* (table 100), *paître* (defective).

- There is always a circumflex accent (^) over the stem radical **-i-** when it is followed by **-t-**.
- Differences with "connaître": there is a 4th stem **naqu-**, which is used to construct the forms of the past simple and the *imparfait* subjunctive using the ending **-i-** (not **-u-**); the past participle is irregular (*il est né*).
- The compound tenses are constructed with "être".

[nɛtr]
Stems:
naît-
nai-
naiss-
naqu-

INFINITIF

présent	passé
naître [nɛtr]	être né/ée/és/ées

PARTICIPE

présent	passé
naissant [nesɑ̃]	né/née, nés/nées [ne]
	étant né/ée, nés/ées

INDICATIF

présent			passé composé	
je	nais	[nɛ]	suis	né/ée
tu	nais	[nɛ]	es	né/ée
il/elle	**naît**	[nɛ]	est	né/ée
nous	naissons	[nesɔ̃]	sommes	nés/ées
vous	naissez	[nese]	êtes	nés/ées
ils/elles	naissent	[nɛs]	sont	nés/ées

imparfait			plus-que-parfait	
je	naissais	[nesɛ]	étais	né/ée
tu	naissais	[nesɛ]	étais	né/ée
il/elle	naissait	[nesɛ]	était	né/ée
nous	naissions	[nesjɔ̃]	étions	nés/ées
vous	naissiez	[nesje]	étiez	nés/ées
ils/elles	naissaient	[nesɛ]	étaient	nés/ées

futur simple			futur antérieur	
je	**naîtrai**	[netre]	serai	né/ée
tu	**naîtras**	[netra]	seras	né/ée
il/elle	**naîtra**	[netra]	sera	né/ée
nous	**naîtrons**	[netrɔ̃]	serons	nés/ées
vous	**naîtrez**	[netre]	serez	nés/ées
ils/elles	**naîtront**	[netrɔ̃]	seront	nés/ées

passé simple			passé antérieur	
je	naquis	[naki]	fus	né/ée
tu	naquis	[naki]	fus	né/ée
il/elle	naquit	[naki]	fut	né/ée
nous	naquîmes	[nakim]	fûmes	nés/ées
vous	naquîtes	[nakit]	fûtes	nés/ées
ils/elles	naquirent	[nakir]	furent	nés/ées

SUBJONCTIF

présent		
que je	naisse	[nɛs]
que tu	naisses	[nɛs]
qu' il/elle	naisse	[nɛs]
que nous	naissions	[nesjɔ̃]
que vous	naissiez	[nesje]
qu' ils/elles	naissent	[nɛs]

imparfait		
que je	naquisse	[nakis]
que tu	naquisses	[nakis]
qu' il/elle	naquît	[naki]
que nous	naquissions	[nakisjɔ̃]
que vous	naquissiez	[nakisje]
qu' ils/elles	naquissent	[nakis]

passé		
que je	sois	né/ée
que tu	sois	né/ée
qu' il/elle	soit	né/ée
que nous	soyons	nés/ées
que vous	soyez	nés/ées
qu' ils/elles	soient	nés/ées

plus-que-parfait		
que je	fusse	né/ée
que tu	fusses	né/ée
qu' il/elle	fût	né/ée
que nous	fussions	nés/ées
que vous	fussiez	nés/ées
qu' ils/elles	fussent	nés/ées

CONDITIONNEL

présent			passé 1ʳᵉ forme	
je	**naîtrais**	[netrɛ]	serais	né/ée
tu	**naîtrais**	[netrɛ]	serais	né/ée
il/elle	**naîtrait**	[netrɛ]	serait	né/ée
nous	**naîtrions**	[netrijɔ̃]	serions	nés/ées
vous	**naîtriez**	[netrije]	seriez	nés/ées
ils/elles	**naîtraient**	[netrɛ]	seraient	nés/ées

passé 2ᵉ forme

mêmes formes que le subjonctif plus-que-parfait

IMPÉRATIF

présent		passé	
nais	[nɛ]	sois	né/ée
naissons	[nesɔ̃]	soyons	nés/ées
naissez	[nese]	soyez	nés/ées

Renaître follows this model, but it has no past participle, so there are no compound tenses.

GROUP 3

[dir]

Stems:
di-
dis-
d-

- No circumflex accent (^) over the -i- before -t-, except when -i- is part of the ending (past simple and *imparfait* subjunctive).
- The 2nd person plural in the present indicative and the present imperative are irregular (vous dites).

INFINITIF

présent	passé
dire [dir]	avoir dit

PARTICIPE

présent	passé
disant [dizã]	**dit**/ite, dits/ites [di/it] ayant dit

INDICATIF

présent			passé composé	
je	dis	[di]	ai	dit
tu	dis	[di]	as	dit
il/elle	**dit**	[di]	a	dit
nous	disons	[dizɔ̃]	avons	dit
vous	**dites**	[dit]	avez	dit
ils/elles	disent	[diz]	ont	dit

imparfait			plus-que-parfait	
je	disais	[dizɛ]	avais	dit
tu	disais	[dizɛ]	avais	dit
il/elle	disait	[dizɛ]	avait	dit
nous	disions	[dizjɔ̃]	avions	dit
vous	disiez	[dizje]	aviez	dit
ils/elles	disaient	[dizɛ]	avaient	dit

futur simple			futur antérieur	
je	dirai	[dire]	aurai	dit
tu	diras	[dira]	auras	dit
il/elle	dira	[dira]	aura	dit
nous	dirons	[dirɔ̃]	aurons	dit
vous	direz	[dire]	aurez	dit
ils/elles	diront	[dirɔ̃]	auront	dit

passé simple			passé antérieur	
je	dis	[di]	eus	dit
tu	dis	[di]	eus	dit
il/elle	dit	[di]	eut	dit
nous	dîmes	[dim]	eûmes	dit
vous	dîtes	[dit]	eûtes	dit
ils/elles	dirent	[dir]	eurent	dit

SUBJONCTIF

présent				
que	je	dise	[diz]	
que	tu	dises	[diz]	
qu'	il/elle	dise	[diz]	
que	nous	disions	[dizjɔ̃]	
que	vous	disiez	[dizje]	
qu'	ils/elles	disent	[diz]	

imparfait				
que	je	disse	[dis]	
que	tu	disses	[dis]	
qu'	il/elle	**dît**	[di]	
que	nous	dissions	[disjɔ̃]	
que	vous	dissiez	[disje]	
qu'	ils/elles	dissent	[dis]	

passé				
que	j'	aie	dit	
que	tu	aies	dit	
qu'	il/elle	ait	dit	
que	nous	ayons	dit	
que	vous	ayez	dit	
qu'	ils/elles	aient	dit	

plus-que-parfait				
que	j'	eusse	dit	
que	tu	eusses	dit	
qu'	il/elle	eût	dit	
que	nous	eussions	dit	
que	vous	eussiez	dit	
qu'	ils/elles	eussent	dit	

CONDITIONNEL

présent			passé 1ʳᵉ forme	
je	dirais	[dirɛ]	aurais	dit
tu	dirais	[dirɛ]	aurais	dit
il/elle	dirait	[dirɛ]	aurait	dit
nous	dirions	[dirjɔ̃]	aurions	dit
vous	diriez	[dirje]	auriez	dit
ils/elles	diraient	[dirɛ]	auraient	dit

passé 2ᵉ forme

mêmes formes que le subjonctif plus-que-parfait

IMPÉRATIF

présent		passé	
dis	[di]	aie	dit
disons	[dizɔ̃]	ayons	dit
dites	[dit]	ayez	dit

Redire follows exactly this model. *Contredire, dédire, interdire, médire, prédire* have the 2nd person plural in the present indicative and the present indicative in -**isez**: *vous contredisez, vous interdisez.*

- Only the endings of the infinitive (**-re**) and the past participle (**-it**) belong to Group 3. All the others belong to Group 2 (see "finir", table 34).
- "Maudire" is the only verb derived from "dire" which is constructed in this way.

[modir]

Stems:
maudi-
maud-

INFINITIF

présent	passé
maudire [modir]	avoir maudit

PARTICIPE

présent	passé
maudissant [modisɑ̃]	**maudit**/te, maudits/tes [modi/it] ayant maudit

INDICATIF

présent			passé composé	
je	maudis	[modi]	ai	maudit
tu	maudis	[modi]	as	maudit
il/elle	maudit	[modi]	a	maudit
nous	maudissons	[modisɔ̃]	avons	maudit
vous	maudissez	[modise]	avez	maudit
ils/elles	maudissent	[modis]	ont	maudit

imparfait			plus-que-parfait	
je	maudissais	[modisɛ]	avais	maudit
tu	maudissais	[modisɛ]	avais	maudit
il/elle	maudissait	[modisɛ]	avait	maudit
nous	maudissions	[modisjɔ̃]	avions	maudit
vous	maudissiez	[modisje]	aviez	maudit
ils/elles	maudissaient	[modisɛ]	avaient	maudit

futur simple			futur antérieur	
je	maudirai	[modire]	aurai	maudit
tu	maudiras	[modira]	auras	maudit
il/elle	maudira	[modira]	aura	maudit
nous	maudirons	[modirɔ̃]	aurons	maudit
vous	maudirez	[modire]	aurez	maudit
ils/elles	maudiront	[modirɔ̃]	auront	maudit

passé simple			passé antérieur	
je	maudis	[modi]	eus	maudit
tu	maudis	[modi]	eus	maudit
il/elle	maudit	[modi]	eut	maudit
nous	maudîmes	[modim]	eûmes	maudit
vous	maudîtes	[modit]	eûtes	maudit
ils/elles	maudirent	[modir]	eurent	maudit

SUBJONCTIF

présent				
que	je	maudisse	[modis]	
que	tu	maudisses	[modis]	
qu'	il/elle	maudisse	[modis]	
que	nous	maudissions	[modisjɔ̃]	
que	vous	maudissiez	[modisje]	
qu'	ils/elles	maudissent	[modis]	

imparfait				
que	je	maudisse	[modis]	
que	tu	maudisses	[modis]	
qu'	il/elle	maudît	[modi]	
que	nous	maudissions	[modisjɔ̃]	
que	vous	maudissiez	[modisje]	
qu'	ils/elles	maudissent	[modis]	

passé			
que	j'	aie	maudit
que	tu	aies	maudit
qu'	il/elle	ait	maudit
que	nous	ayons	maudit
que	vous	ayez	maudit
qu'	ils/elles	aient	maudit

plus-que-parfait			
que	j'	eusse	maudit
que	tu	eusses	maudit
qu'	il/elle	eût	maudit
que	nous	eussions	maudit
que	vous	eussiez	maudit
qu'	ils/elles	eussent	maudit

CONDITIONNEL

présent			passé 1re forme	
je	maudirais	[modirɛ]	aurais	maudit
tu	maudirais	[modirɛ]	aurais	maudit
il/elle	maudirait	[modirɛ]	aurait	maudit
nous	maudirions	[modirjɔ̃]	aurions	maudit
vous	maudiriez	[modirje]	auriez	maudit
ils/elles	maudiraient	[modirɛ]	auraient	maudit

passé 2e forme

mêmes formes que le subjonctif plus-que-parfait

IMPÉRATIF

présent		passé	
maudis	[modi]	aie	maudit
maudissons	[modisɔ̃]	ayons	maudit
maudissez	[modise]	ayez	maudit

GROUP 3

[ekrir]

Stems:
écri-
écriv-

- Past participle in -**it** (like "dire", table 76).
- The long stem **écriv-** is used to construct the present participle, the plural persons of the present indicative and imperative, the *imparfait* indicative and the past simple indicative, the present and *imparfait* subjunctives.

INFINITIF

présent	passé
écrire [ekrir]	avoir écrit

PARTICIPE

présent	passé
écrivant [ekrivã]	**écrit**/te, écrits/tes [ekri/it]
	ayant écrit

INDICATIF

présent

j'	écris	[ekri]
tu	écris	[ekri]
il/elle	écrit	[ekri]
nous	écrivons	[ekrivɔ̃]
vous	écrivez	[ekrive]
ils/elles	écrivent	[ekriv]

imparfait

j'	écrivais	[ekrivɛ]
tu	écrivais	[ekrivɛ]
il/elle	écrivait	[ekrivɛ]
nous	écrivions	[ekrivjɔ̃]
vous	écriviez	[ekrivje]
ils/elles	écrivaient	[ekrivɛ]

futur simple

j'	écrirai	[ekrire]
tu	écriras	[ekrira]
il/elle	écrira	[ekrira]
nous	écrirons	[ekrirɔ̃]
vous	écrirez	[ekrire]
ils/elles	écriront	[ekrirɔ̃]

passé simple

j'	écrivis	[ekrivi]
tu	écrivis	[ekrivi]
il/elle	écrivit	[ekrivi]
nous	écrivîmes	[ekrivim]
vous	écrivîtes	[ekrivit]
ils/elles	écrivirent	[ekrivir]

passé composé

ai	écrit
as	écrit
a	écrit
avons	écrit
avez	écrit
ont	écrit

plus-que-parfait

avais	écrit
avais	écrit
avait	écrit
avions	écrit
aviez	écrit
avaient	écrit

futur antérieur

aurai	écrit
auras	écrit
aura	écrit
aurons	écrit
aurez	écrit
auront	écrit

passé antérieur

eus	écrit
eus	écrit
eut	écrit
eûmes	écrit
eûtes	écrit
eurent	écrit

SUBJONCTIF

présent

que	j'	écrive	[ekriv]
que	tu	écrives	[ekriv]
qu'	il/elle	écrive	[ekriv]
que	nous	écrivions	[ekrivjɔ̃]
que	vous	écriviez	[ekrivje]
qu'	ils/elles	écrivent	[ekriv]

imparfait

que	j'	écrivisse	[ekrivis]
que	tu	écrivisses	[ekrivis]
qu'	il/elle	écrivît	[ekrivi]
que	nous	écrivissions	[ekrivisjɔ̃]
que	vous	écrivissiez	[ekrivisje]
qu'	ils/elles	écrivissent	[ekrivis]

passé

que	j'	aie	écrit
que	tu	aies	écrit
qu'	il/elle	ait	écrit
que	nous	ayons	écrit
que	vous	ayez	écrit
qu'	ils/elles	aient	écrit

plus-que-parfait

que	j'	eusse	écrit
que	tu	eusses	écrit
qu'	il/elle	eût	écrit
que	nous	eussions	écrit
que	vous	eussiez	écrit
qu'	ils/elles	eussent	écrit

CONDITIONNEL

présent

j'	écrirais	[ekrirɛ]
tu	écrirais	[ekrirɛ]
il/elle	écrirait	[ekrirɛ]
nous	écririons	[ekrirjɔ̃]
vous	écririez	[ekrirje]
ils/elles	écriraient	[ekrirɛ]

passé 1ʳᵉ forme

aurais	écrit
aurais	écrit
aurait	écrit
aurions	écrit
auriez	écrit
auraient	écrit

passé 2ᵉ forme

mêmes formes que le subjonctif plus-que-parfait

IMPÉRATIF

présent		passé	
écris	[ekri]	aie	écrit
écrivons	[ekrivɔ̃]	ayons	écrit
écrivez	[ekrive]	ayez	écrit

All the verbs derived from "écrire" follow this model: *décrire*, *récrire* and also *circonscrire*, *(ré)inscrire*, *prescrire*, *proscrire*, *souscrire*, *(re)transcrire*.

● The shortest stem **l-** is used to construct the past participle, the past simple and the *imparfait* subjunctive, all taking **-u-** (unlike "écrire").

[lir]
Stems:
li-
lis-
l-

INFINITIF

présent	passé
lire [lir]	avoir lu

PARTICIPE

présent	passé
lisant [lizɑ̃]	lu/ue, lus/ues [ly]
	ayant lu

INDICATIF

présent			passé composé	
je	lis	[li]	ai	lu
tu	lis	[li]	as	lu
il/elle	lit	[li]	a	lu
nous	lisons	[lizɔ̃]	avons	lu
vous	lisez	[lize]	avez	lu
ils/elles	lisent	[liz]	ont	lu

imparfait			plus-que-parfait	
je	lisais	[lizɛ]	avais	lu
tu	lisais	[lizɛ]	avais	lu
il/elle	lisait	[lizɛ]	avait	lu
nous	lisions	[lizjɔ̃]	avions	lu
vous	lisiez	[lizje]	aviez	lu
ils/elles	lisaient	[lizɛ]	avaient	lu

futur simple			futur antérieur	
je	lirai	[lire]	aurai	lu
tu	liras	[lira]	auras	lu
il/elle	lira	[lira]	aura	lu
nous	lirons	[lirɔ̃]	aurons	lu
vous	lirez	[lire]	aurez	lu
ils/elles	liront	[lirɔ̃]	auront	lu

passé simple			passé antérieur	
je	**lus**	[ly]	eus	lu
tu	**lus**	[ly]	eus	lu
il/elle	**lut**	[ly]	eut	lu
nous	**lûmes**	[lym]	eûmes	lu
vous	**lûtes**	[lyt]	eûtes	lu
ils/elles	**lurent**	[lyr]	eurent	lu

SUBJONCTIF

présent			
que	je	lise	[liz]
que	tu	lises	[liz]
qu'	il/elle	lise	[liz]
que	nous	lisions	[lizjɔ̃]
que	vous	lisiez	[lizje]
qu'	ils/elles	lisent	[liz]

imparfait			
que	je	**lusse**	[lys]
que	tu	**lusses**	[lys]
qu'	il/elle	**lût**	[ly]
que	nous	**lussions**	[lysjɔ̃]
que	vous	**lussiez**	[lysje]
qu'	ils/elles	**lussent**	[lys]

passé			
que	j'	aie	lu
que	tu	aies	lu
qu'	il/elle	ait	lu
que	nous	ayons	lu
que	vous	ayez	lu
qu'	ils/elles	aient	lu

plus-que-parfait			
que	j'	eusse	lu
que	tu	eusses	lu
qu'	il/elle	eût	lu
que	nous	eussions	lu
que	vous	eussiez	lu
qu'	ils/elles	eussent	lu

CONDITIONNEL

présent			passé 1ʳᵉ forme	
je	lirais	[lirɛ]	aurais	lu
tu	lirais	[lirɛ]	aurais	lu
il/elle	lirait	[lirɛ]	aurait	lu
nous	lirions	[lirjɔ̃]	aurions	lu
vous	liriez	[lirje]	auriez	lu
ils/elles	liraient	[lirɛ]	auraient	lu

passé 2ᵉ forme

mêmes formes que le subjonctif plus-que-parfait

IMPÉRATIF

présent		passé	
lis	[li]	aie	lu
lisons	[lizɔ̃]	ayons	lu
lisez	[lize]	ayez	lu

Relire, élire and réélire follow this model.

GROUP 3

[rir]

Stems:
ri-
r-

- There is double -i- in the 1st and 2nd person plural of the *imparfait* indicative and the present subjunctive.
- The past participle is invariable (-i), even in the reflexive form.
- Before a vowel the -i- of the stem is palatized : (*nous*) rions has two syllables, like (*nous*) pillons.

INFINITIF

présent	passé
rire [rir]	avoir ri

PARTICIPE

présent	passé
riant [rijɑ̃]	**ri** [ri]
	ayant ri

INDICATIF

présent			passé composé	
je	ris	[ri]	ai	ri
tu	ris	[ri]	as	ri
il/elle	rit	[ri]	a	ri
nous	rions	[rijɔ̃]	avons	ri
vous	riez	[rije]	avez	ri
ils/elles	rient	[ri]	ont	ri

imparfait			plus-que-parfait	
je	riais	[rijɛ]	avais	ri
tu	riais	[rijɛ]	avais	ri
il/elle	riait	[rijɛ]	avait	ri
nous	**riions**	[rijjɔ̃]	avions	ri
vous	**riiez**	[rijje]	aviez	ri
ils/elles	riaient	[rijɛ]	avaient	ri

futur simple			futur antérieur	
je	rirai	[rire]	aurai	ri
tu	riras	[rira]	auras	ri
il/elle	rira	[rira]	aura	ri
nous	rirons	[rirɔ̃]	aurons	ri
vous	rirez	[rire]	aurez	ri
ils/elles	riront	[rirɔ̃]	auront	ri

passé simple			passé antérieur	
je	ris	[ri]	eus	ri
tu	ris	[ri]	eus	ri
il/elle	rit	[ri]	eut	ri
nous	rîmes	[rim]	eûmes	ri
vous	rîtes	[rit]	eûtes	ri
ils/elles	rirent	[rir]	eurent	ri

SUBJONCTIF

présent				
que	je	rie		[ri]
que	tu	ries		[ri]
qu'	il/elle	rie		[ri]
que	nous	**riions**		[rijjɔ̃]
que	vous	**riiez**		[rijje]
qu'	ils/elles	rient		[ri]

imparfait				
que	je	risse		[ris]
que	tu	risses		[ris]
qu'	il/elle	rît		[ri]
que	nous	rissions		[risjɔ̃]
que	vous	rissiez		[risje]
qu'	ils/elles	rissent		[ris]

passé			
que	j'	aie	ri
que	tu	aies	ri
qu'	il/elle	ait	ri
que	nous	ayons	ri
que	vous	ayez	ri
qu'	ils/elles	aient	ri

plus-que-parfait			
que	j'	eusse	ri
que	tu	eusses	ri
qu'	il/elle	eût	ri
que	nous	eussions	ri
que	vous	eussiez	ri
qu'	ils/elles	eussent	ri

CONDITIONNEL

présent			passé 1ʳᵉ forme	
je	rirais	[rirɛ]	aurais	ri
tu	rirais	[rirɛ]	aurais	ri
il/elle	rirait	[rirɛ]	aurait	ri
nous	ririons	[rirjɔ̃]	aurions	ri
vous	ririez	[rirje]	auriez	ri
ils/elles	riraient	[rirɛ]	auraient	ri

passé 2ᵉ forme
mêmes formes que le subjonctif plus-que-parfait

IMPÉRATIF

présent		passé	
ris	[ri]	aie	ri
rions	[rijɔ̃]	ayons	ri
riez	[rije]	ayez	ri

Sourire follows this model.

- There is double -**f**- throughout the conjugation.
- The past participle is always invariable (-**i**).

[syfir]

Stems:
suffi-
suffis-
suff-

INFINITIF

présent	passé
suffire [syfir]	avoir suffi

PARTICIPE

présent	passé
suffisant [syfizɑ̃]	**suffi** [syfi]
	ayant suffi

INDICATIF

présent			passé composé		
je	suffis	[syfi]	ai	suffi	
tu	suffis	[syfi]	as	suffi	
il/elle	suffit	[syfi]	a	suffi	
nous	suffisons	[syfizɔ̃]	avons	suffi	
vous	suffisez	[syfize]	avez	suffi	
ils/elles	suffisent	[syfiz]	ont	suffi	

imparfait			plus-que-parfait		
je	suffisais	[syfizɛ]	avais	suffi	
tu	suffisais	[syfizɛ]	avais	suffi	
il/elle	suffisait	[syfizɛ]	avait	suffi	
nous	suffisions	[syfizjɔ̃]	avions	suffi	
vous	suffisiez	[syfizje]	aviez	suffi	
ils/elles	suffisaient	[syfizɛ]	avaient	suffi	

futur simple			futur antérieur		
je	suffirai	[syfire]	aurai	suffi	
tu	suffiras	[syfira]	auras	suffi	
il/elle	suffira	[syfira]	aura	suffi	
nous	suffirons	[syfirɔ̃]	aurons	suffi	
vous	suffirez	[syfire]	aurez	suffi	
ils/elles	suffiront	[syfirɔ̃]	auront	suffi	

passé simple			passé antérieur		
je	suffis	[syfi]	eus	suffi	
tu	suffis	[syfi]	eus	suffi	
il/elle	suffit	[syfi]	eut	suffi	
nous	suffîmes	[syfim]	eûmes	suffi	
vous	suffîtes	[syfit]	eûtes	suffi	
ils/elles	suffirent	[syfir]	eurent	suffi	

SUBJONCTIF

présent			
que	je	suffise	[syfiz]
que	tu	suffises	[syfiz]
qu'	il/elle	suffise	[syfiz]
que	nous	suffisions	[syfizjɔ̃]
que	vous	suffisiez	[syfizje]
qu'	ils/elles	suffisent	[syfiz]

imparfait			
que	je	suffisse	[syfis]
que	tu	suffisses	[syfis]
qu'	il/elle	suffît	[syfi]
que	nous	suffissions	[syfisjɔ̃]
que	vous	suffissiez	[syfisje]
qu'	ils/elles	suffissent	[syfis]

passé			
que	j'	aie	suffi
que	tu	aies	suffi
qu'	il/elle	ait	suffi
que	nous	ayons	suffi
que	vous	ayez	suffi
qu'	ils/elles	aient	suffi

plus-que-parfait			
que	j'	eusse	suffi
que	tu	eusses	suffi
qu'	il/elle	eût	suffi
que	nous	eussions	suffi
que	vous	eussiez	suffi
qu'	ils/elles	eussent	suffi

CONDITIONNEL

présent			passé 1ʳᵉ forme		
je	suffirais	[syfirɛ]	aurais	suffi	
tu	suffirais	[syfirɛ]	aurais	suffi	
il/elle	suffirait	[syfirɛ]	aurait	suffi	
nous	suffirions	[syfirjɔ̃]	aurions	suffi	
vous	suffiriez	[syfirje]	auriez	suffi	
ils/elles	suffiraient	[syfirɛ]	auraient	suffi	

passé 2ᵉ forme

mêmes formes que le subjonctif plus-que-parfait

IMPÉRATIF

présent		passé	
suffis	[syfi]	aie	suffi
suffisons	[syfizɔ̃]	ayons	suffi
suffisez	[syfize]	ayez	suffi

Circoncire, confire, déconfire and *frire* (table 101) follow this model, except in the part participle: **circoncis/ise**, **confit/ite**, **déconfit/ite**, **frit/ite** are variable.

GROUP 3

[kɔ̃dɥir]

Stems:
condui-
conduis-

● The masculine singular past participle ends in -**t**.

INFINITIF

présent	passé
conduire [kɔ̃dɥir]	avoir conduit

PARTICIPE

présent	passé
conduisant [kɔ̃dɥizɑ̃]	**conduit**/te, conduits/tes [kɔ̃dɥi/it]
	ayant conduit

INDICATIF

présent			passé composé	
je	conduis	[-ɥi]	ai	conduit
tu	conduis	[-ɥi]	as	conduit
il/elle	conduit	[-ɥi]	a	conduit
nous	conduisons	[-ɥizɔ̃]	avons	conduit
vous	conduisez	[-ɥize]	avez	conduit
ils/elles	conduisent	[-ɥiz]	ont	conduit

imparfait			plus-que-parfait	
je	conduisais	[-zɛ]	avais	conduit
tu	conduisais	[-zɛ]	avais	conduit
il/elle	conduisait	[-zɛ] \	avait	conduit
nous	conduisions	[-zjɔ̃]	avions	conduit
vous	conduisiez	[-zje]	aviez	conduit
ils/elles	conduisaient	[-zɛ]	avaient	conduit

futur simple			futur antérieur	
je	conduirai	[-ɥire]	aurai	conduit
tu	conduiras	[-ɥira]	auras	conduit
il/elle	conduira	[-ɥira]	aura	conduit
nous	conduirons	[-ɥirɔ̃]	aurons	conduit
vous	conduirez	[-ɥire]	aurez	conduit
ils/elles	conduiront	[-ɥirɔ̃]	auront	conduit

passé simple			passé antérieur	
je	conduisis	[-ɥizi]	eus	conduit
tu	conduisis	[-ɥizi]	eus	conduit
il/elle	conduisit	[-ɥizi]	eut	conduit
nous	conduisîmes	[-ɥizim]	eûmes	conduit
vous	conduisîtes	[-ɥizit]	eûtes	conduit
ils/elles	conduisirent	[-ɥizir]	eurent	conduit

SUBJONCTIF

présent			
que	je	conduise	[-ɥiz]
que	tu	conduises	[-ɥiz]
qu'	il/elle	conduise	[-ɥiz]
que	nous	conduisions	[-ɥizjɔ̃]
que	vous	conduisiez	[-ɥizje]
qu'	ils/elles	conduisent	[-ɥiz]

imparfait			
que	je	conduisisse	[-zis]
que	tu	conduisisses	[-zis]
qu'	il/elle	conduisît	[-zi]
que	nous	conduisissions	[-zisjɔ̃]
que	vous	conduisissiez	[-zisje]
qu'	ils/elles	conduisissent	[-zis]

passé			
que	j'	aie	conduit
que	tu	aies	conduit
qu'	il/elle	ait	conduit
que	nous	ayons	conduit
que	vous	ayez	conduit
qu'	ils/elles	aient	conduit

plus-que-parfait			
que	j'	eusse	conduit
que	tu	eusses	conduit
qu'	il/elle	eût	conduit
que	nous	eussions	conduit
que	vous	eussiez	conduit
qu'	ils/elles	eussent	conduit

CONDITIONNEL

présent			passé 1ʳᵉ forme	
je	conduirais	[-ɥirɛ]	aurais	conduit
tu	conduirais	[-ɥirɛ]	aurais	conduit
il/elle	conduirait	[-ɥirɛ]	aurait	conduit
nous	conduirions	[-ɥirjɔ̃]	aurions	conduit
vous	conduiriez	[-ɥirje]	auriez	conduit
ils/elles	conduiraient	[-ɥirɛ]	auraient	conduit

passé 2ᵉ forme

mêmes formes que le subjonctif plus-que-parfait

IMPÉRATIF

présent		passé		
conduis	[-ɥi]	aie	conduit
conduisons	[-ɥizɔ̃]	ayons	conduit
conduisez	[-ɥize]	ayez	conduit

All the verbs in -**duire** follow this model (*déduire, introduire, produire, séduire, traduire...*); also the verbs in -**(s)truire** (*construire, détruire, instruire, reconstruire*); *cuire* and *recuire*.

- The past participle is always invariable, and always ends in -**i**.
- Compared with "conduire" (table 82), the past participle is the only difference in the conjugation.

[nɥir]

Stems:
nui-
nuis-

INFINITIF

présent	passé
nuire [nɥir]	avoir nui

PARTICIPE

présent	passé
nuisant [nɥizɑ̃]	**nui** [nɥi]
	ayant nui

INDICATIF

présent			passé composé		
je	nuis	[nɥi]	ai	nui	
tu	nuis	[nɥi]	as	nui	
il/elle	nuit	[nɥi]	a	nui	
nous	nuisons	[nɥizɔ̃]	avons	nui	
vous	nuisez	[nɥize]	avez	nui	
ils/elles	nuisent	[nɥiz]	ont	nui	

imparfait			plus-que-parfait		
je	nuisais	[nɥizɛ]	avais	nui	
tu	nuisais	[nɥizɛ]	avais	nui	
il/elle	nuisait	[nɥizɛ]	avait	nui	
nous	nuisions	[nɥizjɔ̃]	avions	nui	
vous	nuisiez	[nɥizje]	aviez	nui	
ils/elles	nuisaient	[nɥizɛ]	avaient	nui	

futur simple			futur antérieur		
je	nuirai	[nɥire]	aurai	nui	
tu	nuiras	[nɥira]	auras	nui	
il/elle	nuira	[nɥira]	aura	nui	
nous	nuirons	[nɥirɔ̃]	aurons	nui	
vous	nuirez	[nɥire]	aurez	nui	
ils/elles	nuiront	[nɥirɔ̃]	auront	nui	

passé simple			passé antérieur		
je	nuisis	[nɥizi]	eus	nui	
tu	nuisis	[nɥizi]	eus	nui	
il/elle	nuisit	[nɥizi]	eut	nui	
nous	nuisîmes	[nɥizim]	eûmes	nui	
vous	nuisîtes	[nɥizit]	eûtes	nui	
ils/elles	nuisirent	[nɥizir]	eurent	nui	

SUBJONCTIF

présent			
que	je	nuise	[nɥiz]
que	tu	nuises	[nɥiz]
qu'	il/elle	nuise	[nɥiz]
que	nous	nuisions	[nɥizjɔ̃]
que	vous	nuisiez	[nɥizje]
qu'	ils/elles	nuisent	[nɥiz]

imparfait			
que	je	nuisisse	[nɥizis]
que	tu	nuisisses	[nɥizis]
qu'	il/elle	nuisît	[nɥizi]
que	nous	nuisissions	[nɥizisjɔ̃]
que	vous	nuisissiez	[nɥizisje]
qu'	ils/elles	nuisissent	[nɥizis]

passé			
que	j'	aie	nui
que	tu	aies	nui
qu'	il/elle	ait	nui
que	nous	ayons	nui
que	vous	ayez	nui
qu'	ils/elles	aient	nui

plus-que-parfait			
que	j'	eusse	nui
que	tu	eusses	nui
qu'	il/elle	eût	nui
que	nous	eussions	nui
que	vous	eussiez	nui
qu'	ils/elles	eussent	nui

CONDITIONNEL

présent			passé 1ʳᵉ forme	
je	nuirais	[nɥirɛ]	aurais	nui
tu	nuirais	[nɥirɛ]	aurais	nui
il/elle	nuirait	[nɥirɛ]	aurait	nui
nous	nuirions	[nɥirjɔ̃]	aurions	nui
vous	nuiriez	[nɥirje]	auriez	nui
ils/elles	nuiraient	[nɥirɛ]	auraient	nui

passé 2ᵉ forme
mêmes formes que le subjonctif plus-que-parfait

IMPÉRATIF

présent		passé	
nuis	[nɥi]	aie	nui
nuisons	[nɥizɔ̃]	ayons	nui
nuisez	[nɥize]	ayez	nui

Luire and *reluire* follow this model, but they sometimes have a former past simple: *je luis... nous luîmes...*

GROUP 3

[sɥivr]

Stems:
suiv-
sui-

- The masculine singular past participle ends in -**i**.
- The stem sui- is used before the endings -**s** and -**t**.

INFINITIF

présent	passé
suivre [sɥivr]	avoir suivi

PARTICIPE

présent	passé
suivant [sɥivã]	**suivi**/ie, suivis/ies [sɥivi]
	ayant suivi

INDICATIF

présent

je	**suis**	[sɥi]
tu	**suis**	[sɥi]
il/elle	**suit**	[sɥi]
nous	suivons	[sɥivɔ̃]
vous	suivez	[sɥive]
ils/elles	suivent	[sɥiv]

imparfait

je	suivais	[sɥivɛ]
tu	suivais	[sɥivɛ]
il/elle	suivait	[sɥivɛ]
nous	suivions	[sɥivjɔ̃]
vous	suiviez	[sɥivje]
ils/elles	suivaient	[sɥivɛ]

futur simple

je	suivrai	[sɥivre]
tu	suivras	[sɥivra]
il/elle	suivra	[sɥivra]
nous	suivrons	[sɥivrɔ̃]
vous	suivrez	[sɥivre]
ils/elles	suivront	[sɥivrɔ̃]

passé simple

je	suivis	[sɥivi]
tu	suivis	[sɥivi]
il/elle	suivit	[sɥivi]
nous	suivîmes	[sɥivim]
vous	suivîtes	[sɥivit]
ils/elles	suivirent	[sɥivir]

passé composé

ai	suivi
as	suivi
a	suivi
avons	suivi
avez	suivi
ont	suivi

plus-que-parfait

avais	suivi
avais	suivi
avait	suivi
avions	suivi
aviez	suivi
avaient	suivi

futur antérieur

aurai	suivi
auras	suivi
aura	suivi
aurons	suivi
aurez	suivi
auront	suivi

passé antérieur

eus	suivi
eus	suivi
eut	suivi
eûmes	suivi
eûtes	suivi
eurent	suivi

SUBJONCTIF

présent

que	je	suive	[sɥiv]
que	tu	suives	[sɥiv]
qu'	il/elle	suive	[sɥiv]
que	nous	suivions	[sɥivjɔ̃]
que	vous	suiviez	[sɥivje]
qu'	ils/elles	suivent	[sɥiv]

imparfait

que	je	suivisse	[sɥivis]
que	tu	suivisses	[sɥivis]
qu'	il/elle	suivît	[sɥivi]
que	nous	suivissions	[sɥivisjɔ̃]
que	vous	suivissiez	[sɥivisje]
qu'	ils/elles	suivissent	[sɥivis]

passé

que	j'	aie	suivi
que	tu	aies	suivi
qu'	il/elle	ait	suivi
que	nous	ayons	suivi
que	vous	ayez	suivi
qu'	ils/elles	aient	suivi

plus-que-parfait

que	j'	eusse	suivi
que	tu	eusses	suivi
qu'	il/elle	eût	suivi
que	nous	eussions	suivi
que	vous	eussiez	suivi
qu'	ils/elles	eussent	suivi

CONDITIONNEL

présent

je	suivrais	[sɥivrɛ]
tu	suivrais	[sɥivrɛ]
il/elle	suivrait	[sɥivrɛ]
nous	suivrions	[sɥivrijɔ̃]
vous	suivriez	[sɥivrije]
ils/elles	suivraient	[sɥivrɛ]

passé 1ʳᵉ forme

aurais	suivi
aurais	suivi
aurait	suivi
aurions	suivi
auriez	suivi
auraient	suivi

passé 2ᵉ forme

mêmes formes que le subjònctif plus-que-parfait

IMPÉRATIF

présent		passé	
suis	[sɥi]	aie	suivi
suivons	[sɥivɔ̃]	ayons	suivi
suivez	[sɥive]	ayez	suivi

Poursuivre and *s'ensuivre* follow this model. But **s'ensuivre** is reflexive and constructs its compound tenses with "être" and is only used in the 3rd persons and the infinitive.

- The stem **vi-** is used before the endings **-s** and **-t** (see table 84).
- The stem **véc-** is used to construct the past participle, the simple past and the imperfect subjunctive, using the endings in **-u-**.
- The compound tenses are constructed with "avoir", whereas those of "mourir" and "naître" use "être" (see tables 42 and 75).

[vivr]

Stems:
viv-
vi-
véc-

INFINITIF

présent	passé
vivre [vivr]	avoir vécu

PARTICIPE

présent	passé
vivant [vivã]	**vécu**/ue, vécus/ues [veky] ayant vécu

INDICATIF

présent			passé composé	
je	**vis**	[vi]	ai	vécu
tu	**vis**	[vi]	as	vécu
il/elle	**vit**	[vi]	a	vécu
nous	vivons	[vivɔ̃]	avons	vécu
vous	vivez	[vive]	avez	vécu
ils/elles	vivent	[viv]	ont	vécu

imparfait			plus-que-parfait	
je	vivais	[vivɛ]	avais	vécu
tu	vivais	[vivɛ]	avais	vécu
il/elle	vivait	[vivɛ]	avait	vécu
nous	vivions	[vivjɔ̃]	avions	vécu
vous	viviez	[vivje]	aviez	vécu
ils/elles	vivaient	[vivɛ]	avaient	vécu

futur simple			futur antérieur	
je	vivrai	[vivre]	aurai	vécu
tu	vivras	[vivra]	auras	vécu
il/elle	vivra	[vivra]	aura	vécu
nous	vivrons	[vivrɔ̃]	aurons	vécu
vous	vivrez	[vivre]	aurez	vécu
ils/elles	vivront	[vivrɔ̃]	auront	vécu

passé simple			passé antérieur	
je	vécus	[veky]	eus	vécu
tu	vécus	[veky]	eus	vécu
il/elle	vécut	[veky]	eut	vécu
nous	vécûmes	[vekym]	eûmes	vécu
vous	vécûtes	[vekyt]	eûtes	vécu
ils/elles	vécurent	[vekyr]	eurent	vécu

SUBJONCTIF

présent			
que	je	vive	[viv]
que	tu	vives	[viv]
qu'	il/elle	vive	[viv]
que	nous	vivions	[vivjɔ̃]
que	vous	viviez	[vivje]
qu'	ils/elles	vivent	[viv]

imparfait			
que	je	vécusse	[vekys]
que	tu	vécusses	[vekys]
qu'	il/elle	vécût	[veky]
que	nous	vécussions	[vekysjɔ̃]
que	vous	vécussiez	[vekysje]
qu'	ils/elles	vécussent	[vekys]

passé			
que	j'	aie	vécu
que	tu	aies	vécu
qu'	il/elle	ait	vécu
que	nous	ayons	vécu
que	vous	ayez	vécu
qu'	ils/elles	aient	vécu

plus-que-parfait			
que	j'	eusse	vécu
que	tu	eusses	vécu
qu'	il/elle	eût	vécu
que	nous	eussions	vécu
que	vous	eussiez	vécu
qu'	ils/elles	eussent	vécu

CONDITIONNEL

présent			passé 1ʳᵉ forme	
je	vivrais	[vivrɛ]	aurais	vécu
tu	vivrais	[vivrɛ]	aurais	vécu
il/elle	vivrait	[vivrɛ]	aurait	vécu
nous	vivrions	[vivrijɔ̃]	aurions	vécu
vous	vivriez	[vivrije]	auriez	vécu
ils/elles	vivraient	[vivrɛ]	auraient	vécu

passé 2ᵉ forme

mêmes formes que le subjonctif plus-que-parfait

IMPÉRATIF

présent		passé	
vis	[vi]	aie	vécu
vivons	[vivɔ̃]	ayons	vécu
vivez	[vive]	ayez	vécu

Revivre and *survivre* follow this model, but the past participle of **survivre** is always invariable: *survécu*.

[krwar]

Stems:
croi-
croy-
cr-

- Before a consonant or a silent -e- (present subjunctive), the stem **croi-** is used to construct the forms.
- The shortest stem (**cr-**) is used to form the past participle (without a circumflex accent), the simple past and the *imparfait* subjunctive, all with the endings in -**u**-.
- Careful with -**y**- + -**i**- in the 1st and 2nd person plural in the *imparfait* indicative and the present subjunctive.

INFINITIF

présent	passé
croire [krwar]	avoir cru

PARTICIPE

présent	passé
croyant [krwajɑ̃]	cru/ue, crus/ues [kry]
	ayant cru

INDICATIF

présent

je	crois	[krwa]
tu	crois	[krwa]
il/elle	croit	[krwa]
nous	croyons	[krwajɔ̃]
vous	croyez	[krwaje]
ils/elles	croient	[krwa]

imparfait

je	croyais	[krwajɛ]
tu	croyais	[krwajɛ]
il/elle	croyait	[krwajɛ]
nous	croyions	[krwajjɔ̃]
vous	croyiez	[krwajje]
ils/elles	croyaient	[krwajɛ]

futur simple

je	croirai	[krware]
tu	croiras	[krwara]
il/elle	croira	[krwara]
nous	croirons	[krwarɔ̃]
vous	croirez	[krware]
ils/elles	croiront	[krwarɔ̃]

passé simple

je	crus	[kry]
tu	crus	[kry]
il/elle	crut	[kry]
nous	crûmes	[krym]
vous	crûtes	[kryt]
ils/elles	crurent	[kryr]

passé composé

ai	cru
as	cru
a	cru
avons	cru
avez	cru
ont	cru

plus-que-parfait

avais	cru
avais	cru
avait	cru
avions	cru
aviez	cru
avaient	cru

futur antérieur

aurai	cru
auras	cru
aura	cru
aurons	cru
aurez	cru
auront	cru

passé antérieur

eus	cru
eus	cru
eut	cru
eûmes	cru
eûtes	cru
eurent	cru

SUBJONCTIF

présent

que	je	croie	[krwa]
que	tu	croies	[krwa]
qu'	il/elle	croie	[krwa]
que	nous	croyions	[krwajjɔ̃]
que	vous	croyiez	[krwajje]
qu'	ils/elles	croient	[krwa]

imparfait

que	je	crusse	[krys]
que	tu	crusses	[krys]
qu'	il/elle	crût	[kry]
que	nous	crussions	[krysjɔ̃]
que	vous	crussiez	[krysje]
qu'	ils/elles	crussent	[krys]

passé

que	j'	aie	cru
que	tu	aies	cru
qu'	il/elle	ait	cru
que	nous	ayons	cru
que	vous	ayez	cru
qu'	ils/elles	aient	cru

plus-que-parfait

que	j'	eusse	cru
que	tu	eusses	cru
qu'	il/elle	eût	cru
que	nous	eussions	cru
que	vous	eussiez	cru
qu'	ils/elles	eussent	cru

CONDITIONNEL

présent

je	croirais	[krwarɛ]
tu	croirais	[krwarɛ]
il/elle	croirait	[krwarɛ]
nous	croirions	[krwarjɔ̃]
vous	croiriez	[krwarje]
ils/elles	croiraient	[krwarɛ]

passé 1ʳᵉ forme

aurais	cru
aurais	cru
aurait	cru
aurions	cru
auriez	cru
auraient	cru

passé 2ᵉ forme

mêmes formes que le subjonctif plus-que-parfait

IMPÉRATIF

présent		passé	
crois	[krwa]	aie	cru
croyons	[krwajɔ̃]	ayons	cru
croyez	[krwaje]	ayez	cru

Serves as a model for the only verb derived from "croire", *accroire*, which is only used in the infinitive.

- The shortest stem (**b**-) is used to construct the past participle (without a circumflex accent), the past simple and the *imparfait* subjunctive, all in -**u**-.
- Three stems are used in the present indicative, two stems are used in the present subjunctive and the present imperative.

[bwar]
Stems:
boi-
buv-
boiv-
b-

INFINITIF

présent	passé
boire [bwar]	avoir bu

PARTICIPE

présent	passé
buvant [byvã]	**bu**/ue, bus/ues [by] ayant bu

INDICATIF

présent			passé composé	
je	**bois**	[bwa]	ai	bu
tu	**bois**	[bwa]	as	bu
il/elle	**boit**	[bwa]	a	bu
nous	**buvons**	[byvɔ̃]	avons	bu
vous	**buvez**	[byve]	avez	bu
ils/elles	**boivent**	[bwav]	ont	bu

imparfait			plus-que-parfait	
je	buvais	[byvɛ]	avais	bu
tu	buvais	[byvɛ]	avais	bu
il/elle	buvait	[byvɛ]	avait	bu
nous	buvions	[byvjɔ̃]	avions	bu
vous	buviez	[byvje]	aviez	bu
ils/elles	buvaient	[byvɛ]	avaient	bu

futur simple			futur antérieur	
je	boirai	[bware]	aurai	bu
tu	boiras	[bwara]	auras	bu
il/elle	boira	[bwara]	aura	bu
nous	boirons	[bwarɔ̃]	aurons	bu
vous	boirez	[bware]	aurez	bu
ils/elles	boiront	[bwarɔ̃]	auront	bu

passé simple			passé antérieur	
je	bus	[by]	eus	bu
tu	bus	[by]	eus	bu
il/elle	but	[by]	eut	bu
nous	bûmes	[bym]	eûmes	bu
vous	bûtes	[byt]	eûtes	bu
ils/elles	burent	[byr]	eurent	bu

SUBJONCTIF

présent				
que	je	**boive**		[bwav]
que	tu	**boives**		[bwav]
qu'	il/elle	**boive**		[bwav]
que	nous	**buvions**		[byvjɔ̃]
que	vous	**buviez**		[byvje]
qu'	ils/elles	**boivent**		[bwav]

imparfait				
que	je	busse		[bys]
que	tu	busses		[bys]
qu'	il/elle	bût		[by]
que	nous	bussions		[bysjɔ̃]
que	vous	bussiez		[bysje]
qu'	ils/elles	bussent		[bys]

passé				
que	j'	aie	bu	
que	tu	aies	bu	
qu'	il/elle	ait	bu	
que	nous	ayons	bu	
que	vous	ayez	bu	
qu'	ils/elles	aient	bu	

plus-que-parfait				
que	j'	eusse	bu	
que	tu	eusses	bu	
qu'	il/elle	eût	bu	
que	nous	eussions	bu	
que	vous	eussiez	bu	
qu'	ils/elles	eussent	bu	

CONDITIONNEL

présent			passé 1ʳᵉ forme	
je	boirais	[bwarɛ]	aurais	bu
tu	boirais	[bwarɛ]	aurais	bu
il/elle	boirait	[bwarɛ]	aurait	bu
nous	boirions	[bwarjɔ̃]	aurions	bu
vous	boiriez	[bwarje]	auriez	bu
ils/elles	boiraient	[bwarɛ]	auraient	bu

passé 2ᵉ forme

mêmes formes que le subjonctif plus-que-parfait

IMPÉRATIF

présent		passé	
bois	[bwa]	aie	bu
buvons	[byvɔ̃]	ayons	bu
buvez	[byve]	ayez	bu

Reboire follows this model.

GROUP 3

[distrɛr]

Stems:
distrai-
distray-

- The stem **distray**- is used to construct all forms whose ending begins with a vowel, except in the 3rd person plural of the present indicative, the three singular persons and the 3rd person plural of the present subjunctive.
- Note **-y-** + **-i-** in the 1st and 2nd person plural of the *imparfait* indicative and the present subjunctive.

INFINITIF

présent	passé
se distraire [distrɛr]	s'être distrait/te/ts/tes

PARTICIPE

présent	passé
se distrayant [distrejɑ̃]	distrait/te, distraits/tes [distrɛ/ɛt] s'étant distrait/te/ts/tes

INDICATIF

présent

je me	distrais	[-ɛ]
tu te	distrais	[-ɛ]
il/elle se	distrait	[-ɛ]
nous nous	distrayons	[-ɛjɔ̃]
vous vous	distrayez	[-ɛje]
ils/elles se	**distraient**	[-ɛ]

passé composé

suis	distrait/te
es	distrait/te
est	distrait/te
sommes	distraits/tes
êtes	distraits/tes
sont	distraits/tes

imparfait

je me	distrayais	[-ɛjɛ]
tu te	distrayais	[-ɛjɛ]
il/elle se	distrayait	[-ɛjɛ]
nous nous	**distrayions**	[-ɛjjɔ̃]
vous vous	**distrayiez**	[-ɛjje]
ils/elles se	distrayaient	[-ɛjɛ]

plus-que-parfait

étais	distrait/te
étais	distrait/te
était	distrait/te
étions	distraits/tes
étiez	distraits/tes
étaient	distraits/tes

futur simple

je me	distrairai	[-ere]
tu te	distrairas	[-era]
il/elle se	distraira	[-era]
nous nous	distrairons	[-erɔ̃]
vous vous	distrairez	[-ere]
ils/elles se	distrairont	[-erɔ̃]

futur antérieur

serai	distrait/te
seras	distrait/te
sera	distrait/te
serons	distraits/tes
serez	distraits/tes
seront	distraits/tes

passé simple

inusité

passé antérieur

je me	fus	distrait/te
tu te	fus	distrait/te
il/elle se	fut	distrait/te
nous nous	fûmes	distraits/tes
vous vous	fûtes	distraits/tes
ils/elles se	furent	distraits/tes

SUBJONCTIF

présent

que je me	**distraie**	[-ɛ]
que tu te	**distraies**	[-ɛ]
qu' il/elle se	**distraie**	[-ɛ]
que nous nous	**distrayions**	[-ɛjjɔ̃]
que vous vous	**distrayiez**	[-ɛjje]
qu' ils/elles se	**distraient**	[-ɛ]

imparfait

inusité

passé

que je me	sois	distrait/te
que tu te	sois	distrait/te
qu' il/elle se	soit	distrait/te
que nous nous	soyons	distraits/tes
que vous vous	soyez	distraits/tes
qu' ils/elles se	soient	distraits/tes

plus-que-parfait

que je me	fusse	distrait/te
que tu te	fusses	distrait/te
qu' il/elle se	fût	distrait/te
que nous nous	fussions	distraits/tes
que vous vous	fussiez	distraits/tes
qu' ils/elles se	fussent	distraits/tes

CONDITIONNEL

présent

je me	distrairais	[-erɛ]
tu te	distrairais	[-erɛ]
il/elle se	distrairait	[-erɛ]
nous nous	distrairions	[-erjɔ̃]
vous vous	distrairiez	[-erje]
ils/elles se	distrairaient	[-erɛ]

passé 1ʳᵉ forme

serais	distrait/te
serais	distrait/te
serait	distrait/te
serions	distraits/tes
seriez	distraits/tes
seraient	distraits/tes

passé 2ᵉ forme

mêmes formes que le subjonctif plus-que-parfait

IMPÉRATIF

présent		passé
distrais-toi	[-ɛ]	*inusité*
distrayons-nous	[-ɛjɔ̃]	
distrayez-vous	[-ɛje]	

The verbs in **-raire** follow this model (*abstraire*, *extraire*, *soustraire*, *traire*...), using "avoir" for the compound tenses in the active voice. *Braire* is conjugated nearly always in the 3rd person.

- There is a circumflex accent (^) in the 3rd person singular of the present indicative (before -**t**).
- The past participle is always invariable (even in the reflexive voice) and is without a circumflex accent.

[plɛr]

Stems:
plai-/plaî-
plais-
pl-

INFINITIF

présent	passé
plaire [plɛr]	avoir plu

PARTICIPE

présent	passé
plaisant [plezã]	**plu** [ply]
	ayant plu

INDICATIF

présent			passé composé	
je	plais	[plɛ]	ai	plu
tu	plais	[plɛ]	as	plu
il/elle	**plaît**	[plɛ]	a	plu
nous	plaisons	[plezɔ̃]	avons	plu
vous	plaisez	[pleze]	avez	plu
ils/elles	plaisent	[plɛz]	ont	plu

imparfait			plus-que-parfait	
je	plaisais	[plezɛ]	avais	plu
tu	plaisais	[plezɛ]	avais	plu
il/elle	plaisait	[plezɛ]	avait	plu
nous	plaisions	[plezjɔ̃]	avions	plu
vous	plaisiez	[plezje]	aviez	plu
ils/elles	plaisaient	[plezɛ]	avaient	plu

futur simple			futur antérieur	
je	plairai	[plere]	aurai	plu
tu	plairas	[plera]	auras	plu
il/elle	plaira	[plera]	aura	plu
nous	plairons	[plerɔ̃]	aurons	plu
vous	plairez	[plere]	aurez	plu
ils/elles	plairont	[plerɔ̃]	auront	plu

passé simple			passé antérieur	
je	plus	[ply]	eus	plu
tu	plus	[ply]	eus	plu
il/elle	plut	[ply]	eut	plu
nous	plûmes	[plym]	eûmes	plu
vous	plûtes	[plyt]	eûtes	plu
ils/elles	plurent	[plyr]	eurent	plu

SUBJONCTIF

présent				
que	je	plaise		[plɛz]
que	tu	plaises		[plɛz]
qu'	il/elle	plaise		[plɛz]
que	nous	plaisions		[plezjɔ̃]
que	vous	plaisiez		[plezje]
qu'	ils/elles	plaisent		[plɛz]

imparfait				
que	je	plusse		[plys]
que	tu	plusses		[plys]
qu'	il/elle	plût		[ply]
que	nous	plussions		[plysjɔ̃]
que	vous	plussiez		[plysje]
qu'	ils/elles	plussent		[plys]

passé			
que	j'	aie	plu
que	tu	aies	plu
qu'	il/elle	ait	plu
que	nous	ayons	plu
que	vous	ayez	plu
qu'	ils/elles	aient	plu

plus-que-parfait			
que	j'	eusse	plu
que	tu	eusses	plu
qu'	il/elle	eût	plu
que	nous	eussions	plu
que	vous	eussiez	plu
qu'	ils/elles	eussent	plu

CONDITIONNEL

présent			passé 1re forme	
je	plairais	[plerɛ]	aurais	plu
tu	plairais	[plerɛ]	aurais	plu
il/elle	plairait	[plerɛ]	aurait	plu
nous	plairions	[plerjɔ̃]	aurions	plu
vous	plairiez	[plerje]	auriez	plu
ils/elles	plairaient	[plerɛ]	auraient	plu

passé 2e forme

mêmes formes que le subjonctif plus-que-parfait

IMPÉRATIF

présent		passé	
plais	[plɛ]	aie	plu
plaisons	[plezɔ̃]	ayons	plu
plaisez	[pleze]	ayez	plu

Complaire and *déplaire* follow this model exactly. **Taire** has *il tait* in the 3rd person singular of the present indicative (without a circumflex accent) and *tu, tue, tus, tues* (variable) in the past participle.

[krwatr]

Stems:
croît-
croi-
croiss-
cr-

- The circumflex accent (^) is present in the tenses which are constructed using the stem **croît-** (present infinitive, future simple, present conditional). It appears also in all forms which can be confused with "croire" (table 86).

INFINITIF

présent	passé
croître [krwatr]	avoir crû

PARTICIPE

présent	passé
croissant [krwasɑ̃]	**crû**/crue, crus/crues [kry]
	ayant crû

INDICATIF

présent			passé composé	
je	**crois**	[krwa]	ai	crû
tu	**crois**	[krwa]	as	crû
il/elle	**croît**	[krwa]	a	crû
nous	croissons	[krwasɔ̃]	avons	crû
vous	croissez	[krwase]	avez	crû
ils/elles	croissent	[krwas]	ont	crû

imparfait			plus-que-parfait	
je	croissais	[krwasɛ]	avais	crû
tu	croissais	[krwasɛ]	avais	crû
il/elle	croissait	[krwasɛ]	avait	crû
nous	croissions	[krwasjɔ̃]	avions	crû
vous	croissiez	[krwasje]	aviez	crû
ils/elles	croissaient	[krwasɛ]	avaient	crû

futur simple			futur antérieur	
je	**croîtrai**	[krwatre]	aurai	crû
tu	**croîtras**	[krwatra]	auras	crû
il/elle	**croîtra**	[krwatra]	aura	crû
nous	**croîtrons**	[krwatrɔ̃]	aurons	crû
vous	**croîtrez**	[krwatre]	aurez	crû
ils/elles	**croîtront**	[krwatrɔ̃]	auront	crû

passé simple			passé antérieur	
je	**crûs**	[kry]	eus	crû
tu	**crûs**	[kry]	eus	crû
il/elle	**crût**	[kry]	eut	crû
nous	**crûmes**	[krym]	eûmes	crû
vous	**crûtes**	[kryt]	eûtes	crû
ils/elles	**crûrent**	[kryr]	eurent	crû

SUBJONCTIF

présent			
que	je	croisse	[krwas]
que	tu	croisses	[krwas]
qu'	il/elle	croisse	[krwas]
que	nous	croissions	[krwasjɔ̃]
que	vous	croissiez	[krwasje]
qu'	ils/elles	croissent	[krwas]

imparfait			
que	je	**crûsse**	[krys]
que	tu	**crûsses**	[krys]
qu'	il/elle	**crût**	[kry]
que	nous	**crûssions**	[krysjɔ̃]
que	vous	**crûssiez**	[krysje]
qu'	ils/elles	**crûssent**	[krys]

passé			
que	j'	aie	crû
que	tu	aies	crû
qu'	il/elle	ait	crû
que	nous	ayons	crû
que	vous	ayez	crû
qu'	ils/elles	aient	crû

plus-que-parfait			
que	j'	eusse	crû
que	tu	eusses	crû
qu'	il/elle	eût	crû
que	nous	eussions	crû
que	vous	eussiez	crû
qu'	ils/elles	eussent	crû

CONDITIONNEL

présent			passé 1ʳᵉ forme	
je	**croîtrais**	[krwatrɛ]	aurais	crû
tu	**croîtrais**	[krwatrɛ]	aurais	crû
il/elle	**croîtrait**	[krwatrɛ]	aurait	crû
nous	**croîtrions**	[krwatrijɔ̃]	aurions	crû
vous	**croîtriez**	[krwatrije]	auriez	crû
ils/elles	**croîtraient**	[krwatrɛ]	auraient	crû

passé 2ᵉ forme
mêmes formes que le subjonctif plus-que-parfait

IMPÉRATIF

présent		passé	
crois	[krwa]	aie	crû
croissons	[krwasɔ̃]	ayons	crû
croissez	[krwase]	ayez	crû

- There is a circumflex accent (^) in the tenses constructed using the stem **accroît-** (present infinitive, future simple, present conditional).
- As confusion is not possible with "croire", the accent does not appear elsewhere, except where it is part of the ending and except the 3rd person singular of the present indicative.

[akrwatr]
Stems:
accroît-
accroiss-
accr-

INFINITIF

présent	passé
accroître [akrwatr]	avoir accru

PARTICIPE

présent	passé
accroissant [akrwasɑ̃]	**accru**/ue, accrus/ues [akry]
	ayant accru

INDICATIF

présent			passé composé	
j'	accrois	[-wa]	ai	accru
tu	accrois	[-wa]	as	accru
il/elle	**accroît**	[-wa]	a	accru
nous	accroissons	[-wasɔ̃]	avons	accru
vous	accroissez	[-wase]	avez	accru
ils/elles	accroissent	[-was]	ont	accru

imparfait			plus-que-parfait	
j'	accroissais	[-wasɛ]	avais	accru
tu	accroissais	[-wasɛ]	avais	accru
il/elle	accroissait	[-wasɛ]	avait	accru
nous	accroissions	[-wasjɔ̃]	avions	accru
vous	accroissiez	[-wasje]	aviez	accru
ils/elles	accroissaient	[-wasɛ]	avaient	accru

futur simple			futur antérieur	
j'	**accroîtrai**	[-watre]	aurai	accru
tu	**accroîtras**	[-watra]	auras	accru
il/elle	**accroîtra**	[-watra]	aura	accru
nous	**accroîtrons**	[-watrɔ̃]	aurons	accru
vous	**accroîtrez**	[-watre]	aurez	accru
ils/elles	**accroîtront**	[-watrɔ̃]	auront	accru

passé simple			passé antérieur	
j'	accrus	[-y]	eus	accru
tu	accrus	[-y]	eus	accru
il/elle	accrut	[-y]	eut	accru
nous	**accrûmes**	[-ym]	eûmes	accru
vous	**accrûtes**	[-yt]	eûtes	accru
ils/elles	accrurent	[-yr]	eurent	accru

SUBJONCTIF

présent			
que	j'	accroisse	[-was]
que	tu	accroisses	[-was]
qu'	il/elle	accroisse	[-was]
que	nous	accroissions	[-wasjɔ̃]
que	vous	accroissiez	[-wasje]
qu'	ils/elles	accroissent	[-was]

imparfait			
que	j'	accrusse	[-ys]
que	tu	accrusses	[-ys]
qu'	il/elle	**accrût**	[-y]
que	nous	accrussions	[-ysjɔ̃]
que	vous	accrussiez	[-ysje]
qu'	ils/elles	accrussent	[-ys]

passé			
que	j'	aie	accru
que	tu	aies	accru
qu'	il/elle	ait	accru
que	nous	ayons	accru
que	vous	ayez	accru
qu'	ils/elles	aient	accru

plus-que-parfait			
que	j'	eusse	accru
que	tu	eusses	accru
qu'	il/elle	eût	accru
que	nous	eussions	accru
que	vous	eussiez	accru
qu'	ils/elles	eussent	accru

CONDITIONNEL

présent			passé 1ʳᵉ forme	
j'	**accroîtrais**	[-watrɛ]	aurais	accru
tu	**accroîtrais**	[-watrɛ]	aurais	accru
il/elle	**accroîtrait**	[-watrɛ]	aurait	accru
nous	**accroîtrions**	[-watrijɔ̃]	aurions	accru
vous	**accroîtriez**	[-watrije]	auriez	accru
ils/elles	**accroîtraient**	[-watrɛ]	auraient	accru

passé 2ᵉ forme

mêmes formes que le subjonctif plus-que-parfait

IMPÉRATIF

présent		passé	
accrois	[-wa]	aie	accru
accroissons	[-wasɔ̃]	ayons	accru
accroissez	[-wase]	ayez	accru

Décroître and *recroître* follow this model, but *recroître* keeps the circumflex accent over the past participle: **recrû** (this differentiates it from the adjective "recru" in the expression "recru de fatigue" meaning "épuisé" [= worn out]).

[kɔ̃klyr]

Stems:
conclu-
concl-

- Careful: sometimes three vowels follow in a row.
- The masculine singular past participle is in -u-.

INFINITIF

présent	passé
conclure [kɔ̃klyr]	avoir conclu

PARTICIPE

présent	passé
concluant [kɔ̃klyɑ̃]	conclu/ue, conclus/ues [kɔ̃kly]
	ayant conclu

INDICATIF

présent

je	conclus	[kɔ̃kly]
tu	conclus	[kɔ̃kly]
il/elle	conclut	[kɔ̃kly]
nous	concluons	[kɔ̃klyɔ̃]
vous	concluez	[kɔ̃klye]
ils/elles	concluent	[kɔ̃kly]

passé composé

ai	conclu
as	conclu
a	conclu
avons	conclu
avez	conclu
ont	conclu

imparfait

je	concluais	[kɔ̃klyɛ]
tu	concluais	[kɔ̃klyɛ]
il/elle	concluait	[kɔ̃klyɛ]
nous	concluions	[kɔ̃klyjɔ̃]
vous	concluiez	[kɔ̃klyje]
ils/elles	concluaient	[kɔ̃klyɛ]

plus-que-parfait

avais	conclu
avais	conclu
avait	conclu
avions	conclu
aviez	conclu
avaient	conclu

futur simple

je	conclurai	[kɔ̃klyre]
tu	concluras	[kɔ̃klyra]
il/elle	conclura	[kɔ̃klyra]
nous	conclurons	[kɔ̃klyrɔ̃]
vous	conclurez	[kɔ̃klyre]
ils/elles	concluront	[kɔ̃klyrɔ̃]

futur antérieur

aurai	conclu
auras	conclu
aura	conclu
aurons	conclu
aurez	conclu
auront	conclu

passé simple

je	conclus	[kɔ̃kly]
tu	conclus	[kɔ̃kly]
il/elle	conclut	[kɔ̃kly]
nous	conclûmes	[kɔ̃klym]
vous	conclûtes	[kɔ̃klyt]
ils/elles	conclurent	[kɔ̃klyr]

passé antérieur

eus	conclu
eus	conclu
eut	conclu
eûmes	conclu
eûtes	conclu
eurent	conclu

SUBJONCTIF

présent

que	je	conclue	[kɔ̃kly]
que	tu	conclues	[kɔ̃kly]
qu'	il/elle	conclue	[kɔ̃kly]
que	nous	concluions	[kɔ̃klyjɔ̃]
que	vous	concluiez	[kɔ̃klyje]
qu'	ils/elles	concluent	[kɔ̃kly]

imparfait

que	je	conclusse	[kɔ̃klys]
que	tu	conclusses	[kɔ̃klys]
qu'	il/elle	conclût	[kɔ̃kly]
que	nous	conclussions	[kɔ̃klysjɔ̃]
que	vous	conclussiez	[kɔ̃klysje]
qu'	ils/elles	conclussent	[kɔ̃klys]

passé

que	j'	aie	conclu
que	tu	aies	conclu
qu'	il/elle	ait	conclu
que	nous	ayons	conclu
que	vous	ayez	conclu
qu'	ils/elles	aient	conclu

plus-que-parfait

que	j'	eusse	conclu
que	tu	eusses	conclu
qu'	il/elle	eût	conclu
que	nous	eussions	conclu
que	vous	eussiez	conclu
qu'	ils/elles	eussent	conclu

CONDITIONNEL

présent

je	conclurais	[kɔ̃klyrɛ]
tu	conclurais	[kɔ̃klyrɛ]
il/elle	conclurait	[kɔ̃klyrɛ]
nous	conclurions	[kɔ̃klyrjɔ̃]
vous	concluriez	[kɔ̃klyrje]
ils/elles	concluraient	[kɔ̃klyrɛ]

passé 1ʳᵉ forme

aurais	conclu
aurais	conclu
aurait	conclu
aurions	conclu
auriez	conclu
auraient	conclu

passé 2ᵉ forme

mêmes formes que le subjonctif plus-que-parfait

IMPÉRATIF

présent

conclus	[kɔ̃kly]
concluons	[kɔ̃klyɔ̃]
concluez	[kɔ̃klye]

passé

aie	conclu
ayons	conclu
ayez	conclu

Exclure follows this model.

[ɛ̃klyr]
Stems:
inclu-
incl-

- Only one difference with "conclure ":
  the masculine singular past participle is
  in -**us**.

INFINITIF

présent	passé
inclure [ɛ̃klyr]	avoir inclus

PARTICIPE

présent	passé
incluant [ɛ̃klyɑ̃]	**inclus**/se, inclus/ses [ɛ̃kly/yz]
	ayant inclus

INDICATIF

présent

j'	inclus	[ɛ̃kly]
tu	inclus	[ɛ̃kly]
il/elle	inclut	[ɛ̃kly]
nous	incluons	[ɛ̃klyɔ̃]
vous	incluez	[ɛ̃klye]
ils/elles	incluent	[ɛ̃kly]

imparfait

j'	incluais	[ɛ̃klyɛ]
tu	incluais	[ɛ̃klyɛ]
il/elle	incluait	[ɛ̃klyɛ]
nous	**incluions**	[ɛ̃klyjɔ̃]
vous	**incluiez**	[ɛ̃klyje]
ils/elles	incluaient	[ɛ̃klyɛ]

futur simple

j'	inclurai	[ɛ̃klyre]
tu	incluras	[ɛ̃klyra]
il/elle	inclura	[ɛ̃klyra]
nous	inclurons	[ɛ̃klyrɔ̃]
vous	inclurez	[ɛ̃klyre]
ils/elles	incluront	[ɛ̃klyrɔ̃]

passé simple

j'	inclus	[ɛ̃kly]
tu	inclus	[ɛ̃kly]
il/elle	inclut	[ɛ̃kly]
nous	inclûmes	[ɛ̃klym]
vous	inclûtes	[ɛ̃klyt]
ils/elles	inclurent	[ɛ̃klyr]

passé composé

ai	inclus
as	inclus
a	inclus
avons	inclus
avez	inclus
ont	inclus

plus-que-parfait

avais	inclus
avais	inclus
avait	inclus
avions	inclus
aviez	inclus
avaient	inclus

futur antérieur

aurai	inclus
auras	inclus
aura	inclus
aurons	inclus
aurez	inclus
auront	inclus

passé antérieur

eus	inclus
eus	inclus
eut	inclus
eûmes	inclus
eûtes	inclus
eurent	inclus

SUBJONCTIF

présent

que	j'	inclue	[ɛ̃kly]
que	tu	inclues	[ɛ̃kly]
qu'	il/elle	inclue	[ɛ̃kly]
que	nous	**incluions**	[ɛ̃klyjɔ̃]
que	vous	**incluiez**	[ɛ̃klyje]
qu'	ils/elles	incluent	[ɛ̃kly]

imparfait

que	j'	inclusse	[ɛ̃klys]
que	tu	inclusses	[ɛ̃klys]
qu'	il/elle	inclût	[ɛ̃kly]
que	nous	inclussions	[ɛ̃klysjɔ̃]
que	vous	inclussiez	[ɛ̃klysje]
qu'	ils/elles	inclussent	[ɛ̃klys]

passé

que	j'	aie	inclus
que	tu	aies	inclus
qu'	il/elle	ait	inclus
que	nous	ayons	inclus
que	vous	ayez	inclus
qu'	ils/elles	aient	inclus

plus-que-parfait

que	j'	eusse	inclus
que	tu	eusses	inclus
qu'	il/elle	eût	inclus
que	nous	eussions	inclus
que	vous	eussiez	inclus
qu'	ils/elles	eussent	inclus

CONDITIONNEL

présent

j'	inclurais	[ɛ̃klyrɛ]
tu	inclurais	[ɛ̃klyrɛ]
il/elle	inclurait	[ɛ̃klyrɛ]
nous	inclurions	[ɛ̃klyrjɔ̃]
vous	incluriez	[ɛ̃klyrje]
ils/elles	incluraient	[ɛ̃klyrɛ]

passé 1ʳᵉ forme

aurais	inclus
aurais	inclus
aurait	inclus
aurions	inclus
auriez	inclus
auraient	inclus

passé 2ᵉ forme

mêmes formes que le subjonctif plus-que-parfait

IMPÉRATIF

présent		passé	
inclus	[ɛ̃kly]	aie	inclus
incluons	[ɛ̃klyɔ̃]	ayons	inclus
incluez	[ɛ̃klye]	ayez	inclus

Occlure, a verb rarely used, follows this
model. ("Reclus" is an adjective which
comes from an extinct verb: *elle vit recluse*.)

GROUP 3

[rezudr]

Stems:
résoud-
résou-
résolv-
résol-

- The stem **résou-** is used to construct the singular forms of the present indicative and the present imperative. So there is no -**d**- before the ending.
- There is a second past participle (*résous, résoute*), used mostly in chemistry to denote a change of state: *un gaz résous en liquide.*

INFINITIF

présent	passé
résoudre [rezudr]	avoir résolu

PARTICIPE

présent	passé
résolvant [rezɔlvã]	**résolu**/ue, résolus/ues [rezɔly]
	ayant résolu

INDICATIF

présent			passé composé		
je	**résous**	[rezu]	ai	résolu	
tu	**résous**	[rezu]	as	résolu	
il/elle	**résout**	[rezu]	a	résolu	
nous	résolvons	[rezɔlvɔ̃]	avons	résolu	
vous	résolvez	[rezɔlve]	avez	résolu	
ils/elles	résolvent	[rezɔlv]	ont	résolu	

imparfait			plus-que-parfait		
je	résolvais	[rezɔlvɛ]	avais	résolu	
tu	résolvais	[rezɔlvɛ]	avais	résolu	
il/elle	résolvait	[rezɔlvɛ]	avait	résolu	
nous	résolvions	[rezɔlvjɔ̃]	avions	résolu	
vous	résolviez	[rezɔlvje]	aviez	résolu	
ils/elles	résolvaient	[rezɔlvɛ]	avaient	résolu	

futur simple			futur antérieur		
je	résoudrai	[rezudre]	aurai	résolu	
tu	résoudras	[rezudra]	auras	résolu	
il/elle	résoudra	[rezudra]	aura	résolu	
nous	résoudrons	[rezudrɔ̃]	aurons	résolu	
vous	résoudrez	[rezudre]	aurez	résolu	
ils/elles	résoudront	[rezudrɔ̃]	auront	résolu	

passé simple			passé antérieur		
je	résolus	[rezɔly]	eus	résolu	
tu	résolus	[rezɔly]	eus	résolu	
il/elle	résolut	[rezɔly]	eut	résolu	
nous	résolûmes	[rezɔlym]	eûmes	résolu	
vous	résolûtes	[rezɔlyt]	eûtes	résolu	
ils/elles	résolurent	[rezɔlyr]	eurent	résolu	

SUBJONCTIF

présent			
que	je	résolve	[rezɔlv]
que	tu	résolves	[rezɔlv]
qu'	il/elle	résolve	[rezɔlv]
que	nous	résolvions	[rezɔlvjɔ̃]
que	vous	résolviez	[rezɔlvje]
qu'	ils/elles	résolvent	[rezɔlv]

imparfait			
que	je	résolusse	[rezɔlys]
que	tu	résolusses	[rezɔlys]
qu'	il/elle	résolût	[rezɔly]
que	nous	résolussions	[rezɔlysjɔ̃]
que	vous	résolussiez	[rezɔlysje]
qu'	ils/elles	résolussent	[rezɔlys]

passé			
que	j'	aie	résolu
que	tu	aies	résolu
qu'	il/elle	ait	résolu
que	nous	ayons	résolu
que	vous	ayez	résolu
qu'	ils/elles	aient	résolu

plus-que-parfait			
que	j'	eusse	résolu
que	tu	eusses	résolu
qu'	il/elle	eût	résolu
que	nous	eussions	résolu
que	vous	eussiez	résolu
qu'	ils/elles	eussent	résolu

CONDITIONNEL

présent			passé 1re forme		
je	résoudrais	[rezudrɛ]	aurais	résolu	
tu	résoudrais	[rezudrɛ]	aurais	résolu	
il/elle	résoudrait	[rezudrɛ]	aurait	résolu	
nous	résoudrions	[rezudrijɔ̃]	aurions	résolu	
vous	résoudriez	[rezudrije]	auriez	résolu	
ils/elles	résoudraient	[rezudrɛ]	auraient	résolu	

passé 2e forme

mêmes formes que le subjonctif plus-que-parfait

IMPÉRATIF

présent		passé		
résous	[rezu]	aie	résolu	
résolvons	[rezɔlvɔ̃]	ayons	résolu	
résolvez	[rezɔlve]	ayez	résolu	

[apsudr]

Stems:
absoud-
absou-
absolv-

- Only difference with "résoudre" is the past participle: **absous** (*absolu* is an adjective or a noun).
- The past simple and the *imparfait* subjunctive are very rarely used.

INFINITIF

présent	passé
absoudre [apsudr]	avoir absous

PARTICIPE

présent	passé
absolvant [apsɔlvɑ̃]	**absous**/oute, absous/outes [apsu/ut] ayant absous

INDICATIF

présent			passé composé	
j'	absous	[apsu]	ai	absous
tu	absous	[apsu]	as	absous
il/elle	absout	[apsu]	a	absous
nous	absolvons	[apsɔlvɔ̃]	avons	absous
vous	absolvez	[apsɔlve]	avez	absous
ils/elles	absolvent	[apsɔlv]	ont	absous

imparfait			plus-que-parfait	
j'	absolvais	[apsɔlvɛ]	avais	absous
tu	absolvais	[apsɔlvɛ]	avais	absous
il/elle	absolvait	[apsɔlvɛ]	avait	absous
nous	absolvions	[apsɔlvjɔ̃]	avions	absous
vous	absolviez	[apsɔlvje]	aviez	absous
ils/elles	absolvaient	[apsɔlvɛ]	avaient	absous

futur simple			futur antérieur	
j'	absoudrai	[apsudre]	aurai	absous
tu	absoudras	[apsudra]	auras	absous
il/elle	absoudra	[apsudra]	aura	absous
nous	absoudrons	[apsudrɔ̃]	aurons	absous
vous	absoudrez	[apsudre]	aurez	absous
ils/elles	absoudront	[apsudrɔ̃]	auront	absous

passé simple			passé antérieur	
j'	absolus	[apsɔly]	eus	absous
tu	absolus	[apsɔly]	eus	absous
il/elle	absolut	[apsɔly]	eut	absous
nous	absolûmes	[apsɔlym]	eûmes	absous
vous	absolûtes	[apsɔlyt]	eûtes	absous
ils/elles	absolurent	[apsɔlyr]	eurent	absous

SUBJONCTIF

présent			
que	j'	absolve	[apsɔlv]
que	tu	absolves	[apsɔlv]
qu'	il/elle	absolve	[apsɔlv]
que	nous	absolvions	[apsɔlvjɔ̃]
que	vous	absolviez	[apsɔlvje]
qu'	ils/elles	absolvent	[apsɔlv]

imparfait			
que	j'	absolusse	[apsɔlys]
que	tu	absolusses	[apsɔlys]
qu'	il/elle	absolût	[apsɔly]
que	nous	absolussions	[apsɔlysjɔ̃]
que	vous	absolussiez	[apsɔlysje]
qu'	ils/elles	absolussent	[apsɔlys]

passé			
que	j'	aie	absous
que	tu	aies	absous
qu'	il/elle	ait	absous
que	nous	ayons	absous
que	vous	ayez	absous
qu'	ils/elles	aient	absous

plus-que-parfait			
que	j'	eusse	absous
que	tu	eusses	absous
qu'	il/elle	eût	absous
que	nous	eussions	absous
que	vous	eussiez	absous
qu'	ils/elles	eussent	absous

CONDITIONNEL

présent			passé 1re forme	
j'	absoudrais	[apsudrɛ]	aurais	absous
tu	absoudrais	[apsudrɛ]	aurais	absous
il/elle	absoudrait	[apsudrɛ]	aurait	absous
nous	absoudrions	[apsudrijɔ̃]	aurions	absous
vous	absoudriez	[apsudrije]	auriez	absous
ils/elles	absoudraient	[apsudrɛ]	auraient	absous

passé 2e forme

mêmes formes que le subjonctif plus-que-parfait

IMPÉRATIF

présent		passé	
absous	[apsu]	aie	absous
absolvons	[apsɔlvɔ̃]	ayons	absous
absolvez	[apsɔlve]	ayez	absous

Dissoudre follows this model exactly: don't confuse the past participle **dissous/oute** with the adjective "dissolu/e" (meaning dépravé, corrompu [= dissolute]).

[mudr]

Stems:
moud-
moul-

● No ending in the 3rd person singular of the present indicative (like "rendre", table 65).

INFINITIF

présent	passé
moudre [mudr]	avoir moulu

PARTICIPE

présent	passé
moulant [mulɑ̃]	moulu/ue, moulus/ues [muly] ayant moulu

INDICATIF

présent			passé composé	
je	mouds	[mu]	ai	moulu
tu	mouds	[mu]	as	moulu
il/elle	**moud**	[mu]	a	moulu
nous	moulons	[mulɔ̃]	avons	moulu
vous	moulez	[mule]	avez	moulu
ils/elles	moulent	[mul]	ont	moulu

imparfait			plus-que-parfait	
je	moulais	[mulɛ]	avais	moulu
tu	moulais	[mulɛ]	avais	moulu
il/elle	moulait	[mulɛ]	avait	moulu
nous	moulions	[muljɔ̃]	avions	moulu
vous	mouliez	[mulje]	aviez	moulu
ils/elles	moulaient	[mulɛ]	avaient	moulu

futur simple			futur antérieur	
je	moudrai	[mudre]	aurai	moulu
tu	moudras	[mudra]	auras	moulu
il/elle	moudra	[mudra]	aura	moulu
nous	moudrons	[mudrɔ̃]	aurons	moulu
vous	moudrez	[mudre]	aurez	moulu
ils/elles	moudront	[mudrɔ̃]	auront	moulu

passé simple			passé antérieur	
je	moulus	[muly]	eus	moulu
tu	moulus	[muly]	eus	moulu
il/elle	moulut	[muly]	eut	moulu
nous	moulûmes	[mulym]	eûmes	moulu
vous	moulûtes	[mulyt]	eûtes	moulu
ils/elles	moulurent	[mulyr]	eurent	moulu

SUBJONCTIF

présent			
que	je	moule	[mul]
que	tu	moules	[mul]
qu'	il/elle	moule	[mul]
que	nous	moulions	[muljɔ̃]
que	vous	mouliez	[mulje]
qu'	ils/elles	moulent	[mul]

imparfait			
que	je	moulusse	[mulys]
que	tu	moulusses	[mulys]
qu'	il/elle	moulût	[muly]
que	nous	moulussions	[mulysjɔ̃]
que	vous	moulussiez	[mulysje]
qu'	ils/elles	moulussent	[mulys]

passé			
que	j'	aie	moulu
que	tu	aies	moulu
qu'	il/elle	ait	moulu
que	nous	ayons	moulu
que	vous	ayez	moulu
qu'	ils/elles	aient	moulu

plus-que-parfait			
que	j'	eusse	moulu
que	tu	eusses	moulu
qu'	il/elle	eût	moulu
que	nous	eussions	moulu
que	vous	eussiez	moulu
qu'	ils/elles	eussent	moulu

CONDITIONNEL

présent			passé 1ʳᵉ forme	
je	moudrais	[mudrɛ]	aurais	moulu
tu	moudrais	[mudrɛ]	aurais	moulu
il/elle	moudrait	[mudrɛ]	aurait	moulu
nous	moudrions	[mudrijɔ̃]	aurions	moulu
vous	moudriez	[mudrije]	auriez	moulu
ils/elles	moudraient	[mudrɛ]	auraient	moulu

passé 2ᵉ forme

mêmes formes que le subjonctif plus-que-parfait

IMPÉRATIF

présent		passé	
mouds	[mu]	aie	moulu
moulons	[mulɔ̃]	ayons	moulu
moulez	[mule]	ayez	moulu

Émoudre and *remoudre*, verbs derived from "moudre", follow this model.

- No ending in the 3rd person singular of the present indicative (like "rendre", table 65, and "moudre", table 96).

[kudr]
Stems:
coud-
cous-

INFINITIF

présent	passé
coudre [kudr]	avoir cousu

PARTICIPE

présent	passé
cousant [kuzɑ̃]	cousu/ue, cousus/ues [kuzy]
	ayant cousu

INDICATIF

présent

je	couds	[ku]
tu	couds	[ku]
il/elle	**coud**	[ku]
nous	cousons	[kuzɔ̃]
vous	cousez	[kuze]
ils/elles	cousent	[kuz]

imparfait

je	cousais	[kuzɛ]
tu	cousais	[kuzɛ]
il/elle	cousait	[kuzɛ]
nous	cousions	[kuzjɔ̃]
vous	cousiez	[kuzje]
ils/elles	cousaient	[kuzɛ]

futur simple

je	coudrai	[kudre]
tu	coudras	[kudra]
il/elle	coudra	[kudra]
nous	coudrons	[kudrɔ̃]
vous	coudrez	[kudre]
ils/elles	coudront	[kudrɔ̃]

passé simple

je	cousis	[kuzi]
tu	cousis	[kuzi]
il/elle	cousit	[kuzi]
nous	cousîmes	[kuzim]
vous	cousîtes	[kuzit]
ils/elles	cousirent	[kuzir]

passé composé

ai	cousu
as	cousu
a	cousu
avons	cousu
avez	cousu
ont	cousu

plus-que-parfait

avais	cousu
avais	cousu
avait	cousu
avions	cousu
aviez	cousu
avaient	cousu

futur antérieur

aurai	cousu
auras	cousu
aura	cousu
aurons	cousu
aurez	cousu
auront	cousu

passé antérieur

eus	cousu
eus	cousu
eut	cousu
eûmes	cousu
eûtes	cousu
eurent	cousu

SUBJONCTIF

présent

que	je	couse	[kuz]
que	tu	couses	[kuz]
qu'	il/elle	couse	[kuz]
que	nous	cousions	[kuzjɔ̃]
que	vous	cousiez	[kuzje]
qu'	ils/elles	cousent	[kuz]

imparfait

que	je	cousisse	[kuzis]
que	tu	cousisses	[kuzis]
qu'	il/elle	cousît	[kuzi]
que	nous	cousissions	[kuzisjɔ̃]
que	vous	cousissiez	[kuzisje]
qu'	ils/elles	cousissent	[kuzis]

passé

que	j'	aie	cousu
que	tu	aies	cousu
qu'	il/elle	ait	cousu
que	nous	ayons	cousu
que	vous	ayez	cousu
qu'	ils/elles	aient	cousu

plus-que-parfait

que	j'	eusse	cousu
que	tu	eusses	cousu
qu'	il/elle	eût	cousu
que	nous	eussions	cousu
que	vous	eussiez	cousu
qu'	ils/elles	eussent	cousu

CONDITIONNEL

présent

je	coudrais	[kudrɛ]
tu	coudrais	[kudrɛ]
il/elle	coudrait	[kudrɛ]
nous	coudrions	[kudrijɔ̃]
vous	coudriez	[kudrije]
ils/elles	coudraient	[kudrɛ]

passé 1ʳᵉ forme

aurais	cousu
aurais	cousu
aurait	cousu
aurions	cousu
auriez	cousu
auraient	cousu

passé 2ᵉ forme

mêmes formes que le subjonctif plus-que-parfait

IMPÉRATIF

présent		passé	
couds	[ku]	aie	cousu
cousons	[kuzɔ̃]	ayons	cousu
cousez	[kuze]	ayez	cousu

Découdre and *recoudre*, verbs derived from "coudre", follow this model.

[klɔr]

Stems:
clo-
clô-
clos-

- Careful: there is a circumflex accent (^) over the 3rd person singular of the present indicative.
- A defective verb, little used (often replaced by "fermer" [= to close]).

INFINITIF

présent	passé
clore [klɔr]	avoir clos

PARTICIPE

présent	passé
inusité	clos/ose, clos/oses [klo/oz]
	ayant clos

INDICATIF

présent

je	clos	[klo]
tu	clos	[klo]
il/elle	**clôt**	[klo]
inusité		

imparfait

inusité

futur simple

je	clorai	[klore]
tu	cloras	[klora]
il/elle	clora	[klora]
nous	clorons	[klorɔ̃]
vous	clorez	[klore]
ils/elles	cloront	[klorɔ̃]

passé simple

inusité

passé composé

	ai	clos
	as	clos
	a	clos
nous	avons	clos
vous	avez	clos
ils/elles	ont	clos

plus-que-parfait

j'	avais	clos
tu	avais	clos
il/elle	avait	clos
nous	avions	clos
vous	aviez	clos
ils/elles	avaient	clos

futur antérieur

	aurai	clos
	auras	clos
	aura	clos
	aurons	clos
	aurez	clos
	auront	clos

passé antérieur

j'	eus	clos
tu	eus	clos
il/elle	eut	clos
nous	eûmes	clos
vous	eûtes	clos
ils/elles	eurent	clos

SUBJONCTIF

présent

que	je	close	[kloz]
que	tu	closes	[kloz]
qu'	il/elle	close	[kloz]
que	nous	closions	[klozjɔ̃]
que	vous	closiez	[klozje]
qu'	ils/elles	closent	[kloz]

imparfait

inusité

passé

que	j'	aie	clos
que	tu	aies	clos
qu'	il/elle	ait	clos
que	nous	ayons	clos
que	vous	ayez	clos
qu'	ils/elles	aient	clos

plus-que-parfait

que	j'	eusse	clos
que	tu	eusses	clos
qu'	il/elle	eût	clos
que	nous	eussions	clos
que	vous	eussiez	clos
qu'	ils/elles	eussent	clos

CONDITIONNEL

présent

je	clorais	[klorɛ]
tu	clorais	[klorɛ]
il/elle	clorait	[klorɛ]
nous	clorions	[klorjɔ̃]
vous	cloriez	[klorje]
ils/elles	cloraient	[klorɛ]

passé 1ʳᵉ forme

	aurais	clos
	aurais	clos
	aurait	clos
	aurions	clos
	auriez	clos
	auraient	clos

passé 2ᵉ forme

mêmes formes que le subjonctif plus-que-parfait

IMPÉRATIF

présent	passé
inusité	inusité

The verbs derived from "clore" are all defective and little used (see table 99).

- There is no circumflex accent over the 3rd person singular of the present indicative.
- A defective verb, little used.

[ãklɔr]

Stems:
enclo-
enclos-

INFINITIF

présent	passé
enclore [ãklɔr]	avoir enclos

PARTICIPE

présent	passé
inusité	enclos/ose, enclos/oses [ãklo/oz]
	ayant enclos

INDICATIF

présent			passé composé		
j'	enclos	[ãklo]		ai	enclos
tu	enclos	[ãklo]		as	enclos
il/elle	**enclot**	[ãklo]		a	enclos
inusité			nous	avons	enclos
			vous	avez	enclos
			ils/elles	ont	enclos

imparfait		plus-que-parfait		
inusité		j'	avais	enclos
		tu	avais	enclos
		il/elle	avait	enclos
		nous	avions	enclos
		vous	aviez	enclos
		ils/elles	avaient	enclos

futur simple			futur antérieur		
j'	enclorai	[ãklore]		aurai	enclos
tu	encloras	[ãklora]		auras	enclos
il/elle	enclora	[ãklora]		aura	enclos
nous	enclorons	[ãklorɔ̃]		aurons	enclos
vous	enclorez	[ãklore]		aurez	enclos
ils/elles	encloront	[ãklorɔ̃]		auront	enclos

passé simple		passé antérieur		
inusité		j'	eus	enclos
		tu	eus	enclos
		il/elle	eut	enclos
		nous	eûmes	enclos
		vous	eûtes	enclos
		ils/elles	eurent	enclos

SUBJONCTIF

présent			
que	j'	enclose	[ãkloz]
que	tu	encloses	[ãkloz]
qu'	il/elle	enclose	[ãkloz]
que	nous	enclosions	[ãklozjɔ̃]
que	vous	enclosiez	[ãklozje]
qu'	ils/elles	enclosent	[ãkloz]

imparfait
inusité

passé			
que	j'	aie	enclos
que	tu	aies	enclos
qu'	il/elle	ait	enclos
que	nous	ayons	enclos
que	vous	ayez	enclos
qu'	ils/elles	aient	enclos

plus-que-parfait			
que	j'	eusse	enclos
que	tu	eusses	enclos
qu'	il/elle	eût	enclos
que	nous	eussions	enclos
que	vous	eussiez	enclos
qu'	ils/elles	eussent	enclos

CONDITIONNEL

présent			passé 1re forme		
j'	enclorais	[ãklorɛ]		aurais	enclos
tu	enclorais	[ãklorɛ]		aurais	enclos
il/elle	enclorait	[ãklorɛ]		aurait	enclos
nous	enclorions	[ãklorjɔ̃]		aurions	enclos
vous	encloriez	[ãklorje]		auriez	enclos
ils/elles	encloraient	[ãklorɛ]		auraient	enclos

passé 2e forme
mêmes formes que le subjonctif plus-que-parfait

IMPÉRATIF

présent	passé
inusité	inusité

Other verbs derived from "clore" follows this model. However *éclore* is only really used in the 3rd persons of the present indicative and in the infinitive, *déclore* and *forclore* only now exist in the past participle and the infinitive.

GROUP 3

[rəpɛtr]

Stems:
repaît-
repai-
repaiss-
rep-

- There is a circumflex accent (^) over the -i- of the stem before -**t**-.
- The past simple and the compound tenses are rarely used.
- A reflexive verb, whose compound tenses are constructed with "être".

INFINITIF

présent	passé
se repaître [rəpɛtr]	s'être repu /ue/us/ues

PARTICIPE

présent	passé
se repaissant [rəpɛsɑ̃]	repu/ue, repus/ues [rəpy] s'étant repu/ue/us/ues

INDICATIF

présent

je me	repais	[rəpɛ]
tu te	repais	[rəpɛ]
il/elle se	**repaît**	[rəpɛ]
nous nous	repaissons	[rəpɛsɔ̃]
vous vous	repaissez	[rəpese]
ils/elles se	repaissent	[rəpɛs]

imparfait

je me	repaissais	[rəpɛsɛ]
tu te	repaissais	[rəpɛsɛ]
il/elle se	repaissait	[rəpɛsɛ]
nous nous	repaissions	[rəpɛsjɔ̃]
vous vous	repaissiez	[rəpesje]
ils/elles se	repaissaient	[rəpɛsɛ]

futur simple

je me	**repaîtrai**	[rəpetre]
tu te	**repaîtras**	[rəpetra]
il/elle se	**repaîtra**	[rəpetra]
nous nous	**repaîtrons**	[rəpetrɔ̃]
vous vous	**repaîtrez**	[rəpetre]
ils/elles se	**repaîtront**	[rəpetrɔ̃]

passé simple

je me	repus	[rəpy]
tu te	repus	[rəpy]
il/elle se	reput	[rəpy]
nous nous	repûmes	[rəpym]
vous vous	repûtes	[rəpyt]
ils/elles se	repurent	[rəpyr]

passé composé

suis	repu/ue
es	repu/ue
est	repu/ue
sommes	repus/ues
êtes	repus/ues
sont	repus/ues

plus-que-parfait

étais	repu/ue
étais	repu/ue
était	repu/ue
étions	repus/ues
étiez	repus/ues
étaient	repus/ues

futur antérieur

serai	repu/ue
seras	repu/ue
sera	repu/ue
serons	repus/ues
serez	repus/ues
seront	repus/ues

passé antérieur

fus	repu/ue
fus	repu/ue
fut	repu/ue
fûmes	repus/ues
fûtes	repus/ues
furent	repus/ues

SUBJONCTIF

présent

que	je me	repaisse	[rəpɛs]
que	tu te	repaisses	[rəpɛs]
qu'	il/elle se	repaisse	[rəpɛs]
que	nous nous	repaissions	[rəpɛsjɔ̃]
que	vous vous	repaissiez	[rəpesje]
qu'	ils/elles se	repaissent	[rəpɛs]

imparfait

que	je me	repusse	[rəpys]
que	tu te	repusses	[rəpys]
qu'	il/elle se	repût	[rəpy]
que	nous nous	repussions	[rəpysjɔ̃]
que	vous vous	repussiez	[rəpysje]
qu'	ils/elles se	repussent	[rəpys]

passé

que	je me	sois	repu/ue
que	tu te	sois	repu/ue
qu'	il/elle se	soit	repu/ue
que	nous nous	soyons	repus/ues
que	vous vous	soyez	repus/ues
qu'	ils/elles se	soient	repus/ues

plus-que-parfait

que	je me	fusse	repu/ue
que	tu te	fusses	repu/ue
qu'	il/elle se	fût	repu/ue
que	nous nous	fussions	repus/ues
que	vous vous	fussiez	repus/ues
qu'	ils/elles se	fussent	repus/ues

CONDITIONNEL

présent

je me	**repaîtrais**	[rəpetrɛ]
tu te	**repaîtrais**	[rəpetrɛ]
il/elle se	**repaîtrait**	[rəpetrɛ]
nous nous	**repaîtrions**	[rəpetrijɔ̃]
vous vous	**repaîtriez**	[rəpetrije]
ils/elles se	**repaîtraient**	[rəpetrɛ]

passé 1re forme

serais	repu/ue
serais	repu/ue
serait	repu/ue
serions	repus/ues
seriez	repus/ues
seraient	repus/ues

passé 2e forme

mêmes formes que le subjonctif plus-que-parfait

IMPÉRATIF

présent		passé
repais-toi	[rəpɛ]	*inusité*
repaissons-nous	[rəpɛsɔ̃]	
repaissez-vous	[rəpese]	

Paître, from which "repaître" is derived, has no past participle in everyday usage, so there are no compound tenses. It does not appear in the past simple nor in the *imparfait* subjunctive.

- A defective verb, the expression "faire frire" replaces the unused forms.

[frir]

Stem:
fri-

INFINITIF

présent	passé
frire [frir]	avoir frit

PARTICIPE

présent	passé
inusité	frit/ite, frits/ites [fri/it]
	ayant frit

INDICATIF

présent			passé composé		
je	fris	[fri]		ai	frit
tu	fris	[fri]		as	frit
il/elle	frit	[fri]		a	frit
inusité			nous	avons	frit
			vous	avez	frit
			ils/elles	ont	frit

imparfait		plus-que-parfait		
inusité		j'	avais	frit
		tu	avais	frit
		il/elle	avait	frit
		nous	avions	frit
		vous	aviez	frit
		ils/elles	avaient	frit

futur simple			futur antérieur		
je	frirai	[frire]		aurai	frit
tu	friras	[frira]		auras	frit
il/elle	frira	[frira]		aura	frit
nous	frirons	[frirɔ̃]		aurons	frit
vous	frirez	[frire]		aurez	frit
ils/elles	friront	[frirɔ̃]		auront	frit

passé simple		passé antérieur		
inusité		j'	eus	frit
		tu	eus	frit
		il/elle	eut	frit
		nous	eûmes	frit
		vous	eûtes	frit
		ils/elles	eurent	frit

SUBJONCTIF

présent
inusité

imparfait
inusité

passé			
que	j'	aie	frit
que	tu	aies	frit
qu'	il/elle	ait	frit
que	nous	ayons	frit
que	vous	ayez	frit
qu'	ils/elles	aient	frit

plus-que-parfait			
que	j'	eusse	frit
que	tu	eusses	frit
qu'	il/elle	eût	frit
que	nous	eussions	frit
que	vous	eussiez	frit
qu'	ils/elles	eussent	frit

CONDITIONNEL

présent			passé 1ʳᵉ forme		
je	frirais	[frirɛ]		aurais	frit
tu	frirais	[frirɛ]		aurais	frit
il/elle	frirait	[frirɛ]		aurait	frit
nous	fririons	[frirjɔ̃]		aurions	frit
vous	fririez	[frirje]		auriez	frit
ils/elles	friraient	[frirɛ]		auraient	frit

passé 2ᵉ forme

mêmes formes que le subjonctif plus-que-parfait

IMPÉRATIF

présent	passé	
fris	aie	frit
inusité	ayons	frit
—	ayez	frit

PART III
INDEX OF FRENCH VERBS

Alphabetical list of all french verbs with english equivalents for their main meaning

---

Key to symbols and abbreviations used in the index

T direct transitive use (with a direct object)

Ti indirect transitive use (with an indirect object)

I intransitive use (with an adverbial adjunct or without complement)

Pr verb often conjugated in the reflexive voice (in this voice, "être" is always used with the compound tenses)

U unipersonal verb (= impersonal), only appears in the 3rd person singular

Def defective verb (= some forms are not used)

P.p inv. verb whose past participle is always invariable

p.p.inv. past participle is invariable in the use indicated

+ être active verb which constructs its compound tenses with "être"

+ être or with "avoir" active verb which forms its compound tenses with "être" or with "avoir" according to the type of meaning

The other abbreviations are the usual abbreviations used throughout this book.

---

amasser T *to pile up, to amass* 12
ambitionner T *to set one's heart on , to covet* 12
ambler I/P.p.inv. *to amble* 12
ambrer T *to amber* 12
améliorer T/Pr *to improve, to better* 12
aménager T *to fit out, to convert* 16
amender T/Pr *to improve, to amend* 12
amener T/Pr *to bring, to lead* 24
amenuiser T/Pr *to reduce, to thin* 12
américaniser T/Pr *to americanize* 12
amerrir I/P.p.inv. *to land on the sea* 34
ameublir T *to loosen, to break up* 34
ameuter T *to bring out (people), to assemble* 12
amidonner T *to starch* 12
amincir T/Pr *to thin down* 34
amnistier T *to pardon, to amnesty* 14
amocher T *to knock, to beat somebody about* 12
amoindrir T/Pr *to reduce, to diminish* 34
amollir T/Pr *to soften* 34
amonceler T/Pr *to pile up, to accumulate* 22
amorcer T *to begin, to bait* 17
amortir T/Pr *to deaden, to amortize* 34
amouracher (s') (de) + être *to become enamoured* 12
amplifier T *to amplify, to magnify* 14
amputer T *to amputate* 12
amuser T/Pr *to amuse, to enjoy oneself* 12
analyser T *to analyse, to test* 12
anathématiser T *to curse, to anathematize* 12
ancrer T/Pr *to anchor* 12
anéantir T/Pr *to annihilate* 34
anémier T *to weaken* 14
anesthésier T *to anaesthetize* 14
angliciser T/Pr *to anglicize* 12
angoisser T *to distress, to fill with anxiety* 12
animaliser T *to animalize, to sensualize* 12
animer T/Pr *to give life to* 12
aniser T *to flavour with aniseed* 12
ankyloser T/Pr *to stiffen* 12
anneler T *to arrange in rings* 22
annexer T/Pr *to annex, to attach* 12
annihiler T *to annihilate, to destroy* 12
annoncer T *to announce, to give notice* 17
annoter T *to annotate* 12
annualiser T *to put on a yearly basis* 12
annuler T *to cancel, to supersede* 12
anoblir T *to ennoble* 34
ânonner I p.p.inv./T *to falter, to stumble (words)* 12
anticiper T/I, p.p.inv./Ti (sur), p.p.inv. *to forecast* 12
antidater T *to back date* 12
antiparasiter T *to suppress interference* 12
apaiser T/Pr *to calm, to pacify* 12
apercevoir T/Pr (de) *to perceive, to see* 50
apeurer T *to scare, to frighten* 12
apitoyer T/Pr (sur) *to feel pity for* 30
aplanir T *to plane, to level* 34
aplatir T/I, p.p.inv./Pr *to flatten* 34
aplomber T/Pr/Québec *to make straight* 12
apostasier T/I, p.p.inv. *to apostatize, to renounce* 14
aposter T *to station* 12
apostropher T *to shout at somebody* 12
apparaître I/+ être *to appear, to seem* 74
appareiller T *to rig out a boat, to fit* 12
apparenter (s') (à) + être *to connect to* 12
apparier T/Pr *to pair off, to couple* 14
apparoir I/ *langage juridique it appears that (legal)*
appartenir Ti (à)/U/Pr/P.p.inv. *to belong, to concern* 4

appâter T *to lure with bait* 12
appauvrir T/Pr *to impoverish* 34
appeler T/Ti (de, à), p.p.inv./Pr *to call* 22
appendre T *to suspend* 65
appesantir T/Pr (sur) *to weigh down* 34
applaudir T/Ti (à), p.p.inv./Pr (de) *to applaud* 34
appliquer T/Pr (à) *to apply* 15
appointer T *to put on the pay role* 12
apponter I/p.p.inv. *to land on deck* 12
apporter T *to bring, to cause* 12
apposer T *to place, to put* 12
apprécier T/Pr *to appraise, to appreciate* 14
appréhender T *to arrest, to dread* 12
apprendre T *to learn, to teach* 67
apprêter T/Pr (à) *to prepare* 12
apprivoiser T/Pr *to tame* 12
approcher T/I, p.p.inv./Ti, p.p.inv./Pr *to approach* 12
approfondir T *to deepen* 34
approprier T/Pr *to appropriate, to adapt* 14
approuver T *to approve, to agree to* 12
approvisionner T/Pr *to supply* 12
appuyer T/I p.p.inv./Pr (à, sur) *to press, to support* 31
apurer T *to audit, to discharge* 12
arabiser T/Pr *to arabize* 12
araser T *to level down* 12
arbitrer T *to arbitrate* 12
arborer T *to show, to present* 12
arc-bouter T/Pr (contre, à, sur) *to buttress* 12
architecturer T *to structure* 12
archiver T *to record, to file* 12
arçonner T *to card (textile)* 12
argenter T *to silver* 12
arguer T/Ti (de), p.p.inv. *to assert* 33
argumenter I, p.p.inv./T *to argue* 12
armer T/Pr (de) *to arm, to fit out* 12
armorier T *to emblazon* 14
arnaquer T *to cheat, to swindle* 15
aromatiser T *to flavor with herbs* 12
arpéger T *to play in arpeggios* 20
arpenter T *to survey, to measure* 12
arquer T *to bend* 15
arracher T/Pr (de, à) *to pull up, to tear out* 12
arraisonner T *to stop and examine* 12
arranger T/Pr *to arrange* 16
arrérager I, p.p.inv./Pr *to fall into arrears* 16
arrêter T/I, p.p.inv./Pr (de + inf.) *to stop, to arrest* 12
arriérer T/Pr *to postpone, to delay* 19
arrimer T *to stow, to fasten* 12
arriser T *to touch sail* 12
arriver I/U/+ être *to arrive, to happen* 12
arroger (s') + être *to assume, to claim* 16
arrondir T/Pr *to round off* 34
arroser T *to water, to sprinkle, to bribe (fam)* 12
articuler T/Pr (sur) *to articulate, to hinge* 12
ascensionner T *to climb* 12
aseptiser T *to aseptize, to sterilize* 12
asperger T *to sprinkle* 16
asphalter T *to asphalt* 12
asphyxier T/Pr *to suffocate* 14
aspirer T/Ti (à), p.p.inv. *to inhale, to aspirate* 12
assagir T/Pr *to calm down, to settle down* 34
assaillir T *to assault, to attack* 46
assainir T *to cleanse* 34
assaisonner T *to season, to dress (salad)* 12
assassiner T *to murder, to assassinate* 12
assécher T/Pr *to dry, to drain* 19

assembler T/Pr *to gather, to assemble* 12
asséner T *to strike* 19
asseoir T/Pr *to sit, to sit down* ....57 or 58
assermenter T *to swear in* 12
asservir T *to enslave* 34
assiéger T *to besiege, to mob* 20
assigner T *to assign, to fix, to attribute* 12
assimiler T/Pr (à) *to assimilate, to compare* 12
assister T/Ti (à), p.p.inv. *to attend, to witness, to help* ..12
associer T/Pr (à, avec) *to join, to share in* 14
assoiffer T *to make thirsty* 12
assoler T *to rotate crops* 12
assombrir T/Pr *to darken* 34
assommer T *to stun, to knock senseless, to bore* 12
assortir T/Pr (à, avec, de) *to match, to stock up* 34
assoupir T/Pr *to make drowsy, to calm* 34
assouplir T/Pr *to soften* 34
assourdir T *to deafen, to muffle* 34
assouvir T *to satisfy, to appease* 34
assujettir T *to subdue, to subjugate* 34
assumer T/Pr *to assume, to take on* 12
assurer T/I, p.p.inv./Pr *to secure, to look after, to insure* 12
asticoter T *to needle, to tease (fam)* 12
astiquer T *to polish* 15
astreindre T/Pr (à) *to compel* 69
atermoyer I/p.p.inv. *to procrastinate* 30
atomiser T *to atomize, to pulverize* 12
atrophier (s') + être *to atrophy* 14
attabler (s') + être *to sit down at table* 12
attacher T/I, p.p.inv./Pr (à) *to fasten, to attach* 12
attaquer T/Pr (à) *to attack, to contest* 15
attarder (s') + être *to delay, to keep late, to loiter* 12
atteindre T/Ti (à), p.p.inv. *to reach, to attain* 69
atteler T/Pr (à) *to harness, to set to* 22
attendre T/I, p.p.inv./Ti, p.p.inv./Pr (à) *to wait for* 65
attendrir T/Pr *to soften, to move* 34
attenter Ti (à)/p.p.inv. *to make an attempt* 12
atténuer T/Pr *to lessen, to diminish* 12
atterrer T *to appal, to overwhelm* 12
atterrir I/p.p.inv. *to land, to touch ground* 34
attester T *to testify, to certify* 12
attiédir T *to cool, to make lukewarm* 34
attifer T/Pr *to rig out, to doll up* 12
attiger I/p.p.inv. *to exaggerate* 16
attirer T *to draw, to attract* 12
attiser T *to stir up, to stoke* 12
attraper T *to catch, to hold on to* 12
attribuer T/Pr *to confer, to award, to assign* 12
attrister T/Pr *to sadden* 12
attrouper T/Pr *to gather* 12
auditer T *to audit* 12
auditionner T/I, p.p.inv. *to audition* 12
augmenter T/I, p.p.inv. *to increase* 12
augurer T *to augur, to forecast* 12
auréoler T *to exalt, to glorify* 12
aurifier T *to stop with gold* 14
ausculter T *to sound, to auscultate* 12
authentifier T *to authenticate* 14
authentiquer T *to certify, to legalize* 15
autocensurer (s') + être *to practice self-censorship* 12
autofinancer (s') + être *to self-finance* 17
autographier T *to autograph* 14
automatiser T *to automate* 12
autopsier T *to perform a post mortem* 14
autoriser T/Pr (de) *to allow, to authorize* 12
avachir (s') + être *to make flabby, to be sloppy* 34

avaler T *to swallow* 12
avaliser T *to endorse* 12
avancer T/I, p.p.inv./Pr *to move forward, to advance* 17
avantager T *to favor* 16
avarier T *to damage, to go bad* 14
aventurer T/Pr *to risk, to venture* 12
avérer (s') + être *to prove* 19
avertir T *to warn, to notify* 34
aveugler T/Pr *to blind, to dazzle* 12
aveulir T *to deaden* 34
avilir T/Pr *to debase* 34
aviner T *to get drunk* 12
aviser T/I, p.p.inv./Pr (de) *to inform, to have in mind* 12
avitailler T *to take in supplies (ship)* 12
aviver T *to revive, to highten* 12
avoir T *to have, to get, toown* 2
avoisiner T *to border on, to be near* 12
avorter I, p.p.inv./T *to abort* 12
avouer T/Pr *to acknowledge, to admit* 12
axer T *to center* 12
azurer T *to tinge with blue* 12

B

babiller I/p.p.inv. *to babble, to chatter, to gossip* 12
bâcher T *to cover with tarpaulin* 12
bachoter I/p.p.inv. *to swot, to cram* 12
bâcler T *to botch up* 12
badigeonner T *to whitewash, to distemper* 12
badiner I/Ti (avec, sur)/p.p.inv. *to joke, to trifle with* ...12
bafouer T *to ridicule, to jeer at* 12
bafouiller T/I, p.p.inv. *to stammer, to splutter* 12
bâfrer T/I, p.p.inv. *to stuff oneself, to guzzle* 12
bagarrer I, p.p.inv./Pr *to fight, to battle* 12
baguenauder I, p.p.inv./Pr *to stroll, to wander around* 12
baguer T *to ring, to band (birds)* 15
baigner T/I, p.p.inv./Pr *to bathe, to bath* 12
bâiller I/p.p.inv. *to yawn* 12
bâillonner T *to gag* 12
baiser T *to kiss* 12
baisser T/I, p.p.inv./Pr *to lower, to pull down* 12
balader T/I, p.p.inv./Pr *to saunter, to trail around* 12
balafrer T *to slash, to gash* 12
balancer T/I, p.p.inv./Pr *to swing, to throw away* 17
balayer T *to sweep, to clear* ....28 or 29
balbutier I, p.p. inv./T *to stammer, to mumble* 14
baliser T/I, p.p.inv. *to mark out, to buoy* 12
balkaniser T *to balkanize* 12
ballaster T *to ballast* 12
baller I/p.p.inv. *to dangle (legs)* 12
ballonner T/Pr *to puff out, to distend* 12
ballotter T/I, p.p.inv. *to toss, to jostle* 12
bambocher I/P.p.inv *to live it up* 12
banaliser T *to trivialize, to make commonplace* 12
bander T/I, p.p.inv. *to bandage, to tie up* 12
bannir T *to bannish, to expel* 34
banquer I/p.p.inv. *to pay (to cough up (fam))* 15
banqueter I/p.p.inv. *to feast* 26
baptiser T *to christen, to baptize* 12
baragouiner T/I, p.p.inv. *to talk badly, to jabber* 12
baraquer I/p.p.inv. *to kneel down* 15
baratiner I, p.p.inv./T *to chatter, to chat up* 12
baratter T *to churn* 12
barber T *to bore stiff (fam)* 12
barboter I, p.p.inv./T *to paddle, to splash about* 12

barbouiller T *to daub, to smear* 12
baréter I/p.p.inv. *to roar, to trumpet (elephant)* 19
barioler T *to variegate, to daub* 12
barrer T/Pr *to bar, to block, to clear off (fam)* 12
barricader T/Pr *to barricade* 12
barrir I/p.p.inv. *to trumpet (elephant)* 34
basaner T *to tan* 12
basculer I, p.p.inv./T *to tilt, to seesaw, to fall over* 12
baser T/Pr (sur) *to base on* 12
bassiner T *to bathe, to spray* 12
batailler I/p.p.inv. *to fight, to battle* 12
bâter T *to pack horse* 12
batifoler I/p.p.inv. *to romp, to fool around* 12
bâtir T *to build, to construct* 34
battre T/I, p.p.inv./Pr (contre) *to beat, to hit* 73
bavarder I/p.p.inv. *to chat* 12
bavasser I/p.p.inv. *to gossip (fam)* 12
baver I/p.p.inv. *to slobber, to slaver* 12
bazarder T *to get rid of, to sell off* 12
béatifier T *to beatify* 14
bêcher T/I, p.p.inv. *to dig, to turn over* 12
bécoter T/Pr *to peck, to kiss* 12
becqueter T *to peck at, to eat (fam)* ....26 or 27
becter T/I, p.p.inv. *to peck, to eat* 12
bedonner I/p.p.inv./ *to get a paunch* 12
béer I/p.p.inv./ *to gape in astonishment* 13
bégayer I, p.p.inv./T *to stammer, to stutter* ....28 or 29
bêler I/p.p.inv. *to bleat, to bawl* 12
bénéficier Ti (de)/p.p.inv. *to benefit, to profit by* 14
bénir T *to bless, to consecrate* 34
béqueter T *to peck at, to eat (fam)* ....26 or 27
béquiller T *to walk on crutches, to prop up* 12
bercer T/Pr (de) *to rock, to lull* 17
berner T *to hoax, to fool* 12
besogner I/p.p.inv. *to slave away, to toil away* 12
bêtifier I/p.p.inv. *to make stupid* 14
bétonner T/I, p.p.inv *to concrete* 12
beugler I, p.p.inv./T *to low, to bellow* 12
beurrer T *to butter* 12
biaiser I, p.p.inv./T *to slant, to evade* 12
bichonner T/Pr *to spruce up, to pamper* 12
bidouiller T *to patch up (computer)* 12
biffer T *to cross out, to strike out* 12
bifurquer I/Ti (sur, vers)/p.p.inv. *to fork* 15
bigarrer T *to mottle, to color* 12
biner T/I, p.p.inv. *to harrow, to hoe* 12
biscuiter T *to make biscuits, pottery* 12
biseauter T *to bevel* 12
bisser T *to call for an encore* 12
bistourner T *to wring, to wrench* 12
bitumer T *to asphalt* 12
bivouaquer I/p.p.inv. *to bivouac* 15
bizuter T *to rage, to haze* 12
blaguer I, p.p.inv./T *to joke, to make fun* 15
blâmer T *to blame* 12
blanchir T/I, p.p.inv. *to whiten, to launder (money)* 34
blaser T *to be indifferent* 12
blasonner T *to blazon, to emblazon* 12
blasphémer T/I, p.p.inv. *to blaspheme* 19
blatérer I/p.p.inv. *to bleat* 19
blêmir I/p.p.inv. *to turn pale, to grow dim* 34
bléser I/p.p.inv. *to lisp* 19
blesser T/Pr *to wound, to hurt* 12
blettir I/p.p.inv. *to overripe, to go soft* 34
bleuir T/I, p.p.inv. *to turn blue* 34
bleuter T *to blue* 12

blinder T *to armour, to reinforce* 12
blondir I, p.p.inv./T *to go blond, to dye blond* 34
bloquer T *to block, to jam* 15
blottir (se) + être *to squat, to snuggle up* 34
bluffer T/I, p.p.inv. *to bluff* 12
bluter T *to bolt, to silt* 12
bobiner T *to wind, to reel* 12
bocarder T *to stamp, to crush (metal)* 12
boire T *to drink, to absorb* 87
boiser T *to plant with trees, to afforest* 12
boiter I/p.p.inv. *to limp* 12
boitiller I/p.p.inv. *to hobble* 12
bombarder T *to bomb, to shell* 12
bomber T/I, p.p.inv. *to bulge out, to camber (road)* 12
bondir I/p.p.inv. *to bounce, to spring, to leap* 34
bonifier T/Pr *to improve* 14
bonimenter I/p.p.inv. *to coax, to patter* 12
border T *to border, to bound* 12
borner T/Pr (à) *to mark out, to limit* 12
bosseler T *to emboss, to dent* 22
bosser T/I, p.p.inv. *to work hard, to slave away* 12
bossuer T *to dent (bosseler)* 12
botteler T *to bunch, to bundle* 22
botter T *to put on boots* 12
boucaner T *to smoke, to cure* 12
boucher T *to fill up, to block, to stop* 12
bouchonner T/I, p.p.inv. *to jam (traffic)* 12
boucler T/I, p.p.inv. *to buckle, to fasten, to finish* 12
bouder I, p.p.inv./T *to sulk* 12
boudiner T *to truss, to rove (textile)* 12
bouffer I, p.p.inv./T *to puff out, to eat (fam)* 12
bouffir T/I, p.p.inv. *to puff up, to become swollen* 34
bouffonner I/p.p.inv. *to play the fool, to buffoon* 12
bouger I, p.p. inv./T *to move, to stir* 16
bougonner T/I, p.p. inv. *to grumble, to grouse* 12
bouillir I, p.p.inv./T *to boil* 38
bouilloner I, p.p.inv./T *to bubble, to foam, to seethe* 12
bouillotter I/p.p.inv. *to simmer* 12
boulanger I, p.p.inv./T *to make bread* 16
bouleverser T *to upset, to bowl over, to disrupt* 12
boulocher I/p.p.inv. *to pill, to snag (clothes)* 12
boulonner T/I, p.p.inv. *to slave, to bolt down* 12
boulotter T/I, p.p.inv. *to eat (fam)* 12
bouquiner I, p.p.inv./T *to read, to browse* 12
bourdonner I/p.p.inv. *to buzz, to hum* 12
bourgeonner I/p.p.inv. *to bud* 12
bourlinguer I/p.p.inv. *to knock about* 15
bourrer T/I, p.p.inv./Pr *to stuff, to pad* 12
boursicoter I/p.p.inv. *to dabble on the Stock Market* 12
boursoufler T/Pr *to cause to swell, to puff up* 12
bousculer T/Pr *to knock over, to jostle* 12
bousiller T *to botch up, to bungle* 12
bouter T *to drive out* 12
boutonner T/I, p.p.inv./Pr *to button, to fasten* 12
bouturer I, p.p.inv./T *to propagate by cuttings (plants)* ...12
boxer I, p.p.inv./T *to box, to spar* 12
boycotter T *to boycott* 12
braconner I/p.p.inv. *to poach* 12
brader T *to sell off, to knock down* 12
brailler T/I, p.p.inv. *to bawl, to shout* 12
braire I *to bray* 88
braiser T *to braise* 12
bramer I/p.p.inv. *to howl, to bell (stag)* 12
brancarder T *to put on a stretcher* 12
brancher T/I, p.p.inv./Pr (sur) *to plug in, to connect* 12
brandir T *to brandish, to flourish* 34

C

cotonner (se) + être *to fluff up* 12
côtoyer T *to border on* 30
coucher T/I, p.p.inv./Pr *to put to bed, to lay down* 12
couder T *to bend* 12
coudoyer T *to elbow* 30
coudre T *to sew, to stitch* 97
couiner I/p.p.inv. *to squeal, to squeak* 12
couler I, p.p.inv./T/Pr *to pour, to run* 12
coulisser T/I, p.p.inv. *to slide* 12
couper T/Ti (à), p.p.inv./I, p.p.inv./Pr *to cut* 12
coupler T *to couple* 12
courbaturer T *to tire, to wear out* 12
courber T/I, p.p.inv./Pr *to bend, to bow* 12
courir I, p.p.inv./T *to run* 41
couronner T/Pr *to crown* 12
courroucer T *to anger* 17
courser T *to run after* 12
court-circuiter T *to short circuit* 12
courtiser T *to court, to woo, to pay court to* 12
cousiner I/p.p.inv. *to be on friendly terms (with)* 12
coûter I, p.p.inv./T *to cost, to be painful* 12
couver T/I, p.p.inv. *to brood, to sit on, to incubate* 12
couvrir T/Pr *to cover (with)* 44
cracher I, p.p.inv./Ti (sur), p.p.inv./T *to spit, to splutter* ..12
crachiner U/p.p.inv. *to drizzle* 12
crachoter I/p.p.inv. *to splutter* 12
crachouiller I/p.p.inv. *to splutter* 12
craindre T/I, p.p.inv. *to fear, to be afraid of* 68
cramer I, p.p.inv./T *to burn, to scorch* 12
cramponner T/Pr (à) *to clamp together* 12
crâner I/p.p.inv. *to swagger, to show off* 12
cranter T *to notch, to crimp* 12
crapahuter I/p.p.inv. *to crawl about* 12
craqueler T/Pr *to crackle, to crack* 22
craquer I, p.p.inv./T *to crack, to give up (fam)* 15
craqueter I/p.p.inv. *to crackle* ....26 or 27
crasher (se) + être *to crash* 12
cravacher T/I, p.p.inv. *to whip, to flog* 12
cravater T *to put a tie on* 12
crawler I/p.p.inv. *to do the crawl* 12
crayonner T *to sketch in pencil, to note* 12
crécher I/p.p.inv. *to live in (fam)* 19
créditer T *to credit* 12
créer T *to create* 13
crémer I/p.p.inv. *to cream* 19
créneler T *to crenelate* 22
créner T *to kern (printing)* 19
crêper T *to crimp, to frizz* 12
crépir T *to rough cast, to grain* 34
crépiter I/p.p.inv. *to crackle, to patter* 12
crétiniser T *to turn into an idiot* 12
creuser T/Pr *to dig, to hollow out* 12
crevasser T/Pr *to chap, to crack* 12
crever I, p.p.inv./T *to burst, to hire out, to die (fam)* 24
criailler I/p.p.inv. *to squawk* 12
cribler T *to sift, to riddle* 12
crier I, p.p.inv./Ti, p.p.inv./T *to cry, to call out* 14
crisper T/Pr *to criminalize* 12
crisser I/p.p.inv. *to squeal, to screech* 12
cristalliser T/I, p.p.inv./Pr *to crystalliser* 12
critiquer T *to criticize* 15
croasser I/p.p.inv. *to caw, to croak* 12
crocheter T *to pick a lock* 27
croire T/Ti (à, en), p.p.inv./I, p.p.inv./Pr *to believe in* 86
croiser T/I, p.p.inv./Pr *to fold, to cross* 12
croître I/p.p.inv. *to grow* 90

croquer I, p.p.inv./T *to crunch, to munch* 15
crosser T *to rebuke (fam)* 12
crotter I/p.p.inv. *to soil, to dirty* 12
crouler I/p.p.inv. *to crumble, to collapse* 12
croupir I/p.p.inv. *to wallow in, to stagnate* 34
croustiller I/p.p.inv. *to nibble, to crunch* 12
crucifier T *to crucify* 14
crypter T *to encrypt* 12
cuber T/I, p.p.inv. *to cube* 12
cueillir T *to gather, to pick* 45
cuirasser T/Pr *to armor plate* 12
cuire T/I, p.p.inv. *to cook* 82
cuisiner I, p.p.inv./T *to cook, to prepare food* 12
cuivrer T *to coat with copper* 12
culbuter T/I, p.p.inv. *to humble, to topple over* 12
culminer I/p.p.inv. *to culminate, to peak* 12
culotter T *to color, to season* 12
culpabiliser T/I, p.p.inv. *to make someone feel guilty* 12
cultiver T/Pr *to cultivate* 12
cumuler T/I, p.p.inv. *to accumulate* 12
curer T/Pr *to pick, to clean out* 12
cureter T *to scrape* 26
cuveler T *to line* 22
cuver I, p.p.inv./T *to ferment, to sleep it off* 12
cylindrer T *to roll, to mangle* 12

dactylographier T *to type* 14
daigner T (+ inf.)/p.p.inv. *to deign, to be pleased to* 12
daller T *to pave* 12
damasquiner T *to damascene* 12
damasser T *to damask* 12
damer T *to pack down* 12
damner T/Pr *to damn* 12
dandiner (se) + être *to dandle* 12
danser I, p.p.inv./T *to danse* 12
darder T *to hurl, to throw, to shoot* 12
dater T/I, p.p.inv. *to date* 12
dauber T/I, p.p.inv. *to jeer* 12
déambuler I/p.p.inv. *to stroll about* 12
débâcler T/I, p.p.inv. *to break up, to unfasten* 12
débâillonner T *to ungag, to unmuzzle (press)* 12
déballer T *to unpack* 12
débander T/Pr *to unbandage, to disband* 12
débaptiser T *to change the name of* 12
débarbouiller T/Pr *to wash one's face* 12
débarder T *to unload (ship)* 12
débarquer T/I, p.p.inv. *to unload, to land* 15
débarrasser T/Pr (de) *to get rid of* 12
débarrer T *to unbar* 12
débâter T *to unbar* 12
débâtir T *to pull down, to untack* 34
débattre T/Ti (de), p.p.inv./Pr *to debate, to argue* 73
débaucher T *to lead astray, to make redundant* 12
débecter T *to sicken somebody (fam)* 12
débiliter T *to debilitate, to weaken* 12
débiner T/Pr *to knock, to run down (fam)* 12
débiter T *to debit, to charge* 12
déblatérer Ti (contre)/p.p.inv. *to talk nonsense* 19
déblayer T *to clear away, to remove* ....28 or 29
débloquer T/I, p.p.inv. *to free, to release* 15
débobiner T *to unwind* 12
déboiser T/Pr *to deforest, to clear* 12
déboîter T/I, p.p.inv./Pr *to disconnect, to uncouple* 12

débonder T/Pr to unblock, to unbung 12
déborder I, p.p.inv./T/Ti, p.p.inv./Pr to overflow 12
débosseler T to remove dents 22
débotter T to take off one's boots 12
déboucher T/I, p.p.inv. to emerge, to uncork 12
déboucler T to unbuckle 12
débouler I, p.p.inv./T to fall head over heels, to run down ..12
déboulonner T to umbolt, to debunk 12
débouquer I/p.p.inv. to disembogue 15
débourber T to clean out, to sluice 12
débourrer T/I, p.p.inv. to remove padding 12
débourser T to spend 12
déboussoler T to disorientate 12
débouter T to dismiss, to reject 12
déboutonner T/Pr to unbutton 12
débrailler (se) + être to loosen one's clothing 12
débrancher T to disconnect, to unplug 12
débrayer T/I, p.p.inv. to release the clutch ....28 or 29
débrider T to unbridle 12
débrocher T to unspit, to strip 12
débrouiller T/Pr to disentangle, to manage, to cope 12
débroussailler T to clear of undergrowth 12
débusquer T to flush, to oust 15
débuter I, p.p.inv./T to start, to begin 12
décacheter T to unseal 26
décadenasser T to unpaddlock 12
décadrer T to unframe 12
décaisser T to unbox 12
décalaminer T to decarbonize 12
décalcifier T/Pr to decalcify 14
décaler T to alter, to shift 12
décalotter T to take the top off 12
décalquer T to trace, to transfer 15
décamper I/p.p.inv. to decamp, to clear off 12
décanter T/Pr to decant, to become clear 12
décapeler T to unrig 22
décaper T to strip, to remove 12
décapiter T to decapitate 12
décapoter T to lower the hood (car) 12
décapsuler T to take the top off (bottle) 12
décapuchonner T to remove the cap of 12
décarbonater T to decarbonate 12
décarburer T to decarburize 12
décarreler T to take up the tiles 22
décatir T/Pr to sponge (textile), to age, to decay 34
décaver T to ruin (fam) 12
décéder I/+ être to die, to decease 19
déceler T to discover, to detect 24
décélérer I/p.p.inv. to decelerate, to slow down 19
décentraliser T to decentralize 12
décentrer T to throw off center 12
décercler T to unhoop 12
décérébrer T to lobotomize 19
décerner T to award, to bestow 12
décevoir T to disappoint, to deceive 50
déchaîner T/Pr to burst out, to unleash 12
déchanter I/p.p.inv. to become disillusioned 12
déchaperonner T to unhood 12
décharger T/I, p.p.inv./Pr (de) to offload, to discharge ..16
décharner T to emaciate 12
déchaumer T to plough stubble 12
déchausser T/Pr to take off one's shoes 12
déchiffonner T to smooth out the creases 12
déchiffrer T to decipher, to sight read (music) 12
déchiqueter T to slash, to shred 26
déchirer T/Pr to tear, to rip 12

déchlorurer T to declorinate 12
déchoir I/T + être ou avoir to decline 64
déchristianiser T to dechristianize 12
décider T/I, p.p.inv./Ti, p.p.inv./Pr (à) to decide 12
décimaliser T to decimalize 12
décimer T to decimate 12
décintrer T to discentre 12
déclamer T/I, p.p.inv. to declaim, to recite 12
déclarer T/Pr to declare, to announce 12
déclasser T to downgrade, to relegate 12
déclaveter T to unkey 26
déclencher T/Pr to set off, to trigger off 12
décliner I, p.p.inv./T to decline, to diminish 12
décloisonner T to remove partitions 12
déclouer T to unnail 12
décocher T to shoot, to let fly (arrow) 12
décoder T to decode 12
décoffrer T to remove from casing 12
décoiffer T to take off one's hat 12
décoincer T/Pr to unjam 17
décolérer I/p.p.inv. to calm down 19
décoller T/I, p.p.inv. to remove, to unstick 12
décolleter T to reveal the neck and shoulders 26
décoloniser T to decolonize 12
décolorer T to calm down 12
décommander T to cancel, to call off 12
décomplexer T to remove complexes 12
décomposer T/Pr to decompose, to decay 12
décompresser I/p.p.inv. to decompress, to uncrunch 12
décomprimer T to devolve, to disperse 12
décompter T/I, p.p.inv. to deduct 12
déconcentrer T/Pr to devolve, to disperse 12
déconcerter T to disconcert 12
déconditionner T to treat with aversion therapy 12
décongeler T to defrost, to thaw 24
décongestionner T to clear, to relieve congestion 12
déconnecter T/I, p.p.inv. to disconnect 12
déconner I/p.p.inv. to talk nonsense (fam) 12
déconseiller T to advise against 12
déconsidérer T/Pr to bring into disrepute 19
déconsigner T to take back 12
décontaminer T to decontaminate 12
décontenancer T/Pr to disconcert 17
décontracter T/Pr to relax, to be casual 12
décorder (se) + être to unrope 12
décorer T to decorate, to do up 12
décortiquer T to shell, to analyse in detail 15
découcher I/p.p.inv. to stay out all night 12
découdre T to unpick, to unstitch 97
découler Ti (de)/p.p.inv. to ensue, to follow from 12
découper T/Pr to cut up, to carve 12
découpler T to uncouple 12
décourager T/Pr to discourage 16
découronner T to crown 12
découvrir T/I, p.p.inv./Pr to find, to discover, to reveal ..44
décrasser T to cleanse 12
décrédibiliser T to lose credibility 12
décrêper T to unfrizz 12
décrépir T to strip the plaster off 34
décréter T to decree, to order 19
décrier T to decry, to run down 14
décrire T to describe 78
décrisper T to relax 12
décrocher T/I, p.p.inv. to unhook, to pick up (phone) 12
décroiser T to uncross 12
décroître I/p.p.inv. (décru) to decrease, to decline 91

démancher T/I, p.p. inv./Pr *to remove handle* 12
demander T/Ti (après), p.p.inv./Pr *to ask for, to request* ..12
démanger T *to itch* 16
démanteler T *to dismantle* 24
démantibuler T *to fall apart* 12
démaquiller T *to remove make-up* 12
démarcher T *to canvass for* 12
démarier T *to obtain a legal separation* 14
démarquer T/I, p.p.inv./Pr *to remove id. marks* 15
démarrer T/I, p.p.inv. *to start, to move off* 12
démasquer T/Pr *to unmask, to expose* 15
démastiquer T *to remove putty* 15
démâter T/I, p.p.inv. *to dismast* 12
dématérialiser T *to dematerialize* 12
démêler T *to disentangle, to unravel* 12
démembrer T *to dismember* 12
déménager T/I, p.p.inv. *to move house, to remove* 16
démener (se) + être *to thrash about* 24
démentir T/Pr *to deny* 37
démériter I/p.p.inv. *to be at fault* 12
démettre T/Pr *to dislocate, to resign* 6
démeubler T *to remove furniture* 12
demeurer I/+ être ou avoir *to remain, to live, to reside* 12
démieller T *to remove honey* 12
démilitariser T *to demilitarize* 12
déminer T *to clear of mines* 12
déminéraliser T *to demineralize* 12
démissionner I, p.p.inv./T *to resign* 12
démobiliser T *to demobilize, to discharge* 12
démocratiser T *to democratize* 12
démoder (se) + être *to go out of fashion* 12
démoduler T *to demodulate* 12
démolir T *to demolish, to knock down* 34
démonétiser T *to withdraw (money) from circulation* ..12
démonter T/Pr *to dismantle, to take to pieces* 2
démontrer T *to demonstrate* 12
démoraliser T *to demoralize, to undermine* 12
démordre Ti (de) p.p.inv. *to let go, to give up* 65
démotiver T *to demotivate* 12
démoucheter T *to take off the button (from foil)* 26
démouler T *to unmold* 12
démoustiquer T *to clear mosquitoes from* 15
démultiplier T/I, p.p.inv. *to gear down, to reduce* 14
démunir T/Pr (de) *to part with, to give up* 34
démuseler T *to unmuzzle* 22
démystifier T *to demystify* 14
démythifier T *to remove a mythical quality* 14
dénasaliser T *to denasalize* 12
dénationaliser T *to denationalize* 12
dénatter T *to unplait, to unbraid* 12
dénaturaliser T *to denaturalize* 12
dénaturer T *to distort* 12
dénazifier T *to denazify* 14
déneiger T *to remove snow from* 16
déniaiser T *to smarten up, to wise somebody up* 12
dénicher T/I, p.p.inv. *to find, to leave the nest (birds)* 12
dénicotiniser T *to extract nicotine* 12
dénier T *to deny, to disclaim* 14
dénigrer T *to disparage, to run down* 12
dénitrifier T *to remove nitrogen* 14
déniveler T *to make uneven* 22
dénombrer T *to enumerate, to count* 12
dénommer T *to denominate, to name* 12
dénoncer T *to denounce, to give away* 17
dénoter T *to denote, to show* 12
dénouer T *to untie, to undo* 12

dénoyauter T *to stone (fruit)* 12
dénoyer T *to dry out, to pump out* 30
denteler T *to notch, to jag* 22
dénucléariser T *to denuclearize* 12
dénuder T/Pr *to strip, to lay bare* 12
dénuer (se) (de) + être *to deprive* 12
dépailler T *to strip rush seat (chair)* 12
dépanner T *to repair, to help (fam)* 12
dépaqueter T *to unpack* 26
déparasiter T *to eliminate interference* 12
dépareiller T *to break up (pair, collection)* 12
déparer T *to mar* 12
déparier T *to remove one pair* 14
départager T *to decide between* 16
départir T/Pr (de) *to assign, to deal out* ....34 or 36
dépasser T/I, p.p.inv./Pr *to pass, to go beyond* 12
dépassionner T *to remove passion from* 12
dépatouiller (se) + être *to cope, to manage (fam)* 12
dépaver T *to unpave* 12
dépayser T *to remove from usual surroundings* 12
dépecer T *to cut up, to tear up* 25
dépêcher T/Pr *to dispatch, to hurry up* 12
dépeigner T *to ruffle hair* 12
dépeindre T *to depict, to picture* 69
dépénaliser T *to decriminalize* 12
dépendre T/Ti (de), p.p.inv. *to take down* 65
dépenser T/Pr *to spend money* 12
dépérir I/p.p.inv. *to waste away* 34
dépersonnaliser T *to depersonalize* 12
dépêtrer T/Pr (de) *to extricate* 12
dépeupler T/Pr *to depopulate* 12
déphaser T *to dephase, to disorient* 12
déphosphorer T *to dephosphorate* 12
dépiauter T *to skin* 12
dépiler T *to depilate* 12
dépiquer T *to unstitch* 15
dépister T *to outwit, to track down* 12
dépiter T/Pr *to spite, to offend* 12
déplacer T/Pr *to move, to displace* 17
déplafonner T *to lift a restriction* 12
déplaire Ti (à)/Pr/p.p.inv. *to displease* 89
déplanter T *to displant* 12
déplâtrer T *to strip off plaster* 12
déplier T *to unfold, to open out* 14
déplisser T *to unpleat* 12
déplomber T *to unseal* 12
déplorer T *to deplore* 12
déployer T *to spread out, to display* 30
déplumer T/Pr *to pluck* 12
dépoétiser T *to remove poetic quality* 12
dépolariser T *to depolarize* 12
dépolir T *to tarnish* 34
dépolitiser T *to depoliticize* 12
dépolluer T *to clean up* 12
déporter T *to deport, to carry off* 12
déposer T *to deposit, to put down, to register* 12
déposséder T *to dispossess, to deprive of* 19
dépouiller T/Pr *to scrutinize, to peruse, to strip* 12
dépoussiérer T *to remove dust* 19
dépraver T *to deprave* 12
déprécier T/Pr *to belittle, to disparage* 14
déprendre (se) (de) + être *to get free of a person* 67
dépressuriser T *to depressurize* 12
déprimer T/I, p.p.inv. *to depress* 12
dépriser T *to undervalue* 12
déprogrammer T *to cancel, to remove from program* ..22

dépulper T *to reduce to pulp* 12
dépurer T *to purify* 12
députer T *to delegate* 12
déqualifier T *to deskill* 14
déraciner T *to uproot* 12
dérager I/p.p.inv. *to stop being angry* 16
déraidir T *to make supple* 34
dérailler I/p.p.inv. *to go off the rails* 12
déraisonner I/p.p.inv. *to talk nonsense* 12
déranger T/Pr *to disturb, to put out of order* 16
déraper I/p.p.inv. *to skid, to deteriorate (situation)* 12
dératiser T *to clear of rats* 12
dérayer T *to unscotch* 29
dérégler T/Pr *to become unsettled* 19
dérider T/Pr *to cheer up, to brighten up* 12
dériver T/Ti (de), p.p.inv. I, p.p.inv. *to divert, to derive* 12
dérober T/Pr (à, sous) *to steal, to conceal* 12
dérocher T/I, p.p.inv. *to fall from rock* 12
déroger Ti (à)/p.p.inv. *to depart from* 16
dérouiller T/I, p.p.inv. *to remove rust, to brush up* 12
dérouler T/Pr *to unwind, to unfold* 12
dérouter T *to divert, to lead astray* 12
désabonner T/Pr *to give up a subscription* 12
désabuser T *to disillusion, to disenchant* 12
désaccorder T *to put out of tune* 12
désaccoupler T *to uncouple, to disconnect* 12
désaccoutumer T/Pr (de) *to lose the habit of* 12
désacraliser T *to desanctify* 12
désactiver T *to deactivate* 12
désadapter T *to unadapt* 12
désaffecter T *to put to another use, to close down* 12
désaffilier T *to break affiliation from* 14
désagréger T/Pr *to disintegrate, to break up* 20
désaimanter T *to demagnetize* 12
désajuster T *to unadjust* 12
désaliéner T *to unalienate* 19
désaligner T *to unaline* 12
désaltérer T/Pr *to quench thirst* 19
désambiguïser T *to clarify, to clear up* 12
désamidonner T *to unstarch* 12
désamorcer T *to unprime, to defuse* 17
désapparier T *to remove one of a pair* 14
désappointer T *to disappoint* 12
désapprendre T *to forget how to* 67
désapprouver T *to disapprove* 12
désapprovisionner T *to remove stock* 12
désarçonner T *to unseat, to throw* 12
désargenter T *to remove silver* 12
désarmer T/I, p.p.inv. *to disarm* 12
désarrimer T *to shift cargo* 12
désarticuler T/Pr *to dislocate* 12
désassembler T *to dismantle* 12
désassimiler T *to disassimilate* 12
désassortir T *to break up, to spoil* 34
désavantager T *to put at a disadvantage, to handicap* 16
désavouer T *to disown* 12
désaxer T *to unbalance* 12
desceller T *to break the seal of* 12
descendre I + être/T + avoir *to go down, to land* 65
déséchouer T *to refloat* 12
désembourber T *to extract from mud* 12
désembourgeoiser T *to become less bourgeois* 12
désembouteiller T *to unblock* 12
désembuer T *to demist* 12

désemparer I/p.p.inv./*to quit, to disable* 12
désencadrer T *to remove from frame* 12
désenchaîner T *to unfetter* 12
désenchanter T *to disenchant* 12
désenclaver T *to remove enclosures, to open up* 12
désencombrer T *to clear out* 12
désencrasser T *to clean out* 12
désendetter (se) + être *to get out of debt* 12
désenflammer T *to reduce inflammation* 12
désenfler T/I, p.p.inv. *to become less swollen* 12
désenfumer T *to get rid of smoke* 12
désengager T/Pr *to disengage* 16
désengorger T *to unblock* 16
désenivrer T/I, p.p.inv. *to sober up* 12
désennuyer T *to keep someone amused* 31
désenrayer T *to release a mechanism* 29
désensabler T *to dredge sand* 12
désensibiliser T/Pr *to sensitize* 12
désensorceler T *to remove from spell* 22
désentoiler T *to remove cloth* 12
désentortiller T *to disentangle* 12
désentraver T *to unshackle* 12
désenvaser T *to dredge mud* 12
désenvelopper T *to unwrap* 12
désenvenimer T *to cleanse* 12
désenverguer T *to remove sail* 15
désépaissir T *to thin down* 34
déséquilibrer T *to unbalance* 12
déséquiper T *to remove equipment* 12
déserter T/I, p.p.inv. *to desert* 12
désespérer T/I, p.p.inv./Ti (de), p.p.inv./Pr *to despair* 19
désétatiser T *to denationalize* 12
déshabiller T/Pr *to undress* 12
déshabituer T/Pr (de) *to break a habit* 12
désherber T *to weed* 12
déshériter T *to disinherit* 12
déshonorer T/Pr *to disgrace, to dishonor* 12
déshuiler T *to remove oil* 12
déshumaniser T *to dehumanize* 12
déshumidifier T *to dehumidify* 14
déshydrater T/Pr *to dehydrate* 12
déshydrogéner T *to dehydrogenate* 19
désigner T *to point out, to indicate* 12
désillusionner T *to disillusion* 12
désincarner (se) + être *to become disembodied* 12
désincruster T *to descale* 12
désindexer T *to de-index* 12
désindustrialiser T *to de-industrialize* 12
désinfecter T *to disinfect* 12
désinformer T *to disinform* 12
désinsectiser T *to clear of insects* 12
désintégrer T/Pr *to split up* 19
désintéresser T/Pr (de) *to buy out* 12
désintoxiquer T *to treat for addiction, to detoxicate* 15
désinvestir T/I, p.p.inv. *to divest* 34
désirer T *to want, to desire* 12
désister (se) + être *to desist, to stand down* 12
désobéir Ti *to be disobediant, to disobey* 34
désobliger T *to offend* 16
désobstruer T *to unblock* 12
désodoriser T *to deodorize* 12
désoler T/Pr (de) *to distress, to aggrieve* 12
désolidariser T/Pr (de) *to break away, to break ranks* ..12
désoperculer T *to operculate (snails)* 12
désopiler T *to roar (with laughter)* 12
désorganiser T *to disorganize* 12

désorienter T *to disorientate, to bewilder* 12
désosser T *to bone* 12
désoxygéner T *to deoxygenate* 19
desquamer I, p.p.inv./Pr *to exfoliate, to peel, to scale* 12
dessabler T *to remove sand* 12
dessaisir T/Pr (de) *to dispossess* 34
dessaler T/I, p.p.inv./Pr *to remove salt* 12
dessangler T *to ungirth (horse)* 12
dessaouler T/I, p.p.inv. *to sober up* 12
dessécher T/Pr *to dry up* 19
desseller T *to unsaddle* 12
desserrer T *to loosen* 12
dessertir T *to unset* 34
desservir T *to serve, to clear table (table)* 37
dessiller T *to open one's eyes* 12
dessiner T/I, p.p.inv./Pr *to draw, to show* 12
dessouder T *to unsolder* 12
dessoûler T/I, p.p.inv. *to sober up* 12
déstabiliser T *to destabilize* 12
destiner T *to intend for* 12
destituer T *to dismiss, to discharge* 12
déstocker T *to destock* 12
déstructurer T *to deconstruct* 12
désulfiter T *to remove sulphite* 12
désulfurer T *to desulphur* 12
désunir T/Pr *to divide* 34
désynchroniser T *to desynchronize* 12
désyndicaliser T *to de-unionize* 12
détacher T/Pr (de) *to detach, to undo* 12
détailler T *to divide up, to retail* 12
détaler I/p.p.inv. *to decamp, to take off* 12
détartrer T *to descale* 12
détaxer T *to take the tax off* 12
détecter T *to detect* 12
déteindre T/I, p.p.inv. *to fade, to lose color* 69
dételer T/I, p.p.inv. *to unharness* 22
détendre T/Pr *to slacken, to relax* 65
détenir T *to hold* 4
déterger T/ *to cleanse* 16
détériorer T/Pr *to damage, to spoil* 12
déterminer T/Pr (à) *to determine, to establish* 12
déterrer T *to unearth* 12
détester T/Pr *to hate* 12
détirer T *to stretch (linen)* 12
détoner I/p.p.inv. *to detonate* 12
détonner I/p.p.inv. *to take from barrel* 12
détordre T *to untwist* 65
détortiller T *to disentangle* 12
détourner T/Pr (de) *to divert, to hijack (aircraft)* 12
détoxiquer T *to detoxicate* 15
détracter T *to denigrate, to disparage* 12
détraquer T/Pr *to put out of order* 15
détremper T *to soak* 12
détromper T *to put somebody right, to undeceive* 12
détrôner T *to dethrone* 12
détrousser T *to rob, to rifle* 12
détruire T *to destroy, to wreck* 82
dévaler T/I, p.p.inv. *to rush down* 12
dévaliser T *to burgle* 12
dévaloriser T *to depreciate* 12
dévaluer T *to devalue* 12
devancer T *to precede* 17
dévaster T *to devastate* 12
développer T/Pr *to develop, to extend* 12
devenir I/+ être *to become, to turn into* 4

dévergonder (se) + être *to become shameless* 12
déverguer T *to unbend sail* 15
dévernir T *to remove varnish* 34
déverrouiller T *to unbolt* 12
déverser T *to pour, to flow out* 12
dévêtir T/Pr *to undress* 40
dévider T *to unwind* 12
dévier I, p.p.inv./T *to deviate* 14
deviner T *to guess* 12
dévirer T *to turn around* 12
dévisager T *to stare at* 16
dévisser T/I, p.p.inv. *to unscrew* 12
dévitaliser T *to devitalize, to kill a nerve* 12
dévoiler T/Pr *to unveil, to reveal* 12
devoir T/U + être/Pr *to owe, to have to* 10
dévolter T *to reduce voltage* 12
dévorer T *to devour* 12
dévouer (se) (à) + être *to sacrifice* 12
dévoyer T *to lead astray* 30
diagnostiquer T *to diagnose* 15
dialoguer I/p.p.inv. *to hold a dialog* 15
dialyser T *to dialyse* 12
diaphragmer T/I, p.p.inv. *to stop down (photo)* 12
diaprer T *to mottle* 12
dicter T *to dictate, to lay down* 12
diéser T *to raise a semi tone, to sharp* 19
diffamer T *to slander* 12
différencier T/Pr *to become differentiated from* 14
différer T/Ti (de, sur), p.p.inv. *to differ, to postpone* 19
diffracter T *to diffract (optics)* 12
diffuser T *to spread, to broadcast* 12
digérer T *to digest* 19
digitaliser T *to digitize* 12
dilacérer T *to put into pieces* 19
dilapider T *to dilapidate* 12
dilater T/Pr *to expand, to dilate* 12
diluer T/Pr *to dilute, to water down* 12
diminuer T/I, p.p.inv. *to diminish* 12
dîner I/p.p.inv. *to have dinner, to dine* 12
dinguer I/p.p.inv. *to go flying, to send flying (fam)* 15
diphtonguer T *to diphtongize* 15
diplômer T *to confer a degree on* 12
dire T *to say (to), to tell* 76
diriger T *to direct, to control* 16
discerner T *to discern, to distinguish* 12
discipliner T *to discipline* 12
disconvenir Ti (de)/p.p.inv. *to gainsay, not agree to* 4
discorder I/p.p.inv. *to clash* 12
discounter T/I, p.p.inv. *to discount, to reduce price* 12
discourir I/p.p.inv. *to discourse* 41
discréditer T/Pr *to discredit* 12
discriminer T *to discriminate* 12
disculper T/Pr *to exonerate (from)* 12
discutailler I/p.p.inv. *to quibble* 12
discuter T/Ti (de), p.p.inv. *to discuss, to confer* 12
disgracier T *to disgrace* 14
disjoindre T *to take apart* 70
disjoncter I,/p.p.inv./T *to break circuit* 12
disloquer T *to dislocate* 15
disparaître I/+ être ou avoir *to disappear* 74
dispatcher T *to dispatch* 12
dispenser T/Pr (de) *to dispense, to exempt from* 12
disperser T/Pr *to scatter, to disperse* 12
disposer T/Ti (de), p.p.inv./Pr (à) *to dispose, to set out* 12
disputer T/Pr *to dispute, to argue, to contest* 12
disqualifier T/Pr *to disqualify* 14

disséminer T *to scatter, to spread* 12
disséquer T *to dissect* 19
disserter I/p.p.inv. *to hold forth* 12
dissimuler T/Pr *to conceal, to hide* 12
dissiper T/Pr *to dissipate, to disperse* 12
dissocier T *to dissociate* 14
dissoner I/p.p.inv. *to be dissonant* 12
dissoudre T *to dissolve, to disband* 95
dissuader T *to dissuade* 12
distancer T *to outdistance* 17
distancier T/Pr (de) *to distance* 14
distendre T/Pr *to distend, to stretch* 65
distiller T/I, p.p.inv. *to distil* 12
distinguer T/Pr *to distinguish, to set apart* 15
distordre T *to twist* 65
distraire T/Pr/ *to entertain, to divert* 88
distribuer T *to distribute* 12
divaguer I/p.p.inv. *to ramble* 15
diverger I/p.p.inv./ *to diverge* 16
diversifier T *to diversify* 14
divertir T/Pr (de) *to amuse, to enjoy oneself* 34
diviniser T *to deify* 12
diviser T/Pr *to divide, to share out* 12
divorcer I/p.p.inv. *to divorce* 17
divulguer T *to divulge, to disclose* 15
documenter T/Pr (sur) *to document* 12
dodeliner Ti (de)/p.p.inv. *to nod (head)* 12
dogmatiser I/p.p.inv. *to be dogmatic* 12
doigter T *to finger* 12
domestiquer T *to domesticate* 15
domicilier T *to domicile* 14
dominer I, p.p.inv./T/Pr *to dominate, to surpass* 12
dompter T *to tame* 12
donner T/I, p.p.inv./Ti (de), p.p.inv./Pr *to give, to grant* 12
doper T/Pr *to dope, to booost (economy)* 12
dorer T *to gild* 12
dorloter T *to pamper, to coddle* 12
dormir I/p.p.inv. *to sleep, to be dormant* 37
doser T *to measure out a dose* 12
doter T *to provide a dowry, to be endowed* 12
doubler T/I, p.p.inv./Pr (de) *to double,
to overtake (car)* 12
doucher T/Pr *to shower* 12
doucir T *to polish metal* 34
douer T *to endow with* 12
douter Ti (de), p.p.inv./Pr (de) *to doubt* 12
dragéifier T *to coat with sugar* 14
draguer T *to dredge, to search for a partner* 15
drainer T *to drain* 12
dramatiser T *to dramatize* 12
draper T/Pr *to drape* 12
draver T/Québec *to float, to drive* 12
dresser T/Pr *to stand upright* 12
dribbler I, p.p.inv./T *to dribble (soccer)* 12
driver I, p.p.inv./T *to drive (golf)* 12
droguer T/I, p.p.inv./Pr *to take drugs* 15
droper I, p.p.inv./T *to drop kick (rugby)* 12
drosser T *to drive (ship)* 12
duper T *to dupe, to deceive* 12
duplexer T *to duplex* 12
dupliquer T/Pr *to duplicate* 15
durcir T/I, p.p.inv./Pr *to harden* 34
durer I/p.p.inv. *to last* 12
duveter (se) + être *to become downy* 26
dynamiser T *to make dynamic* 12
dynamiter T *to dynamite* 12

E

ébahir T/Pr *to flabbergast, to astound* 34
ébarber T *to trim* 12
ébattre (s') + être *to frolic* 73
ébaucher T *to sketch out, to take shape* 12
ébaudir (s') + être *to rejoice at* 34
éberluer T *to flabbergast* 12
éblouir T *to dazzle* 34
éborgner T *to poke out an eye, to blind* 12
ébouillanter T/Pr *to scald, to blanch* 12
ébouler T/Pr *to crumble, to collapse* 12
ébourgeonner T *to remove buds* 12
ébouriffer T *to ruffle* 12
ébourrer T *to remove stuffing* 12
ébouter T *to cut off* 12
ébrancher T *to prune* 12
ébranler T/Pr *to shake, to rattle* 12
ébraser T *to splay* 12
ébrécher T *to chip* 19
ébrouer (s') + être *to snort (horse)* 12
ébruiter T/Pr *to disclose, to divulge* 12
écacher T *to crush* 12
écailler T/Pr *to flake, to peel off* 12
écaler T *to shell* 12
écarquiller T *to open wide* 12
écarteler T *to quarter, to tear apart* 24
écarter T/Pr *to move apart, to set aside* 12
échafauder T/I, p.p.inv. *to erect scaffolding, to compile* ..12
échancrer T *to ident, to scallop* 12
échanger T *to exchange, to swap* 16
échantillonner T *to sample* 12
échapper I, p.p.inv./Ti p.p.inv./Pr *to escape from* ...12
échardonner T *to clear of thistles* 12
écharner T *to flesh* 12
écharper T *to tear to pieces* 12
échauder T *to scald* 12
échauffer T/Pr *to make hot, to excite* 12
échelonner T *to space out* 12
écheniller T *to clear of caterpillars* 12
écheveler T *to dishevel* 22
échiner (s') + être *to exhaust oneself, to tire out* ..12
échographier T *to scan* 14
échoir Ti (à)/I/+ être or avoir *to fall to, to fall due* 63
échopper T *to gouge* 12
échouer T/I, p.p.inv./Pr *to fail, to run aground* 12
écimer T *to top, to pollard* 12
éclabousser T *to splash, to splatter* 12
éclaircir T/Pr *to lighten, to clean up* 34
éclairer T/Pr *to light up* 12
éclater I, p.p.inv./Pr *to explode, to burst* 12
éclipser T/Pr *to eclipse* 12
éclisser T *to put in splints* 12
éclore I/+ être or avoir *to hatch, to blossom* 98
écluser T *to pass through a lock, to knock back (drink)* 12
écœurer T *to nauseate somebody, to disgust* 12
éconduire T *to dismiss* 82
économiser T *to save, to economize* 12
écoper T/Ti (de), p.p.inv. *to bail out (boat), to cop it* 12
écorcer T *to peel* 17
écorcher T/Pr *to flay, to skin, to graze* 12
écorner T *to chip the corner, to dog ear (book)* 12
écosser T *to shell, to pod* 12
écouler T/Pr *to sell off, to flow out* 12
écourter T *to shorten* 12
écouter T/Pr *to listen to* 12

engueuler T/Pr *to bawl out* 12
enguirlander T *to garland, to scold* 12
enhardir T/Pr *to embolden* 34
enharnacher T *to harness* 12
enherber T *to plant with grass* 12
enivrer T *to intoxicate* 12
enjamber T/I, p.p.inv. *to straddle over, to span* 12
enjoindre T *to enjoin, to prescribe* 70
enjôler T *to wheedle, to coax* 12
enjoliver T *to embellish* 12
enjuguer T *to yoke (oxen)* 15
enkyster (s') + être *to encyst* 12
enlacer T/Pr *to entwine, to hug* 17
enlaidir T/I, p.p.inv. *to make ugly, to disfigure* 34
enlever T *to remove* 24
enliasser T *to bundle* 12
enlier T *to bond* 14
enliser T/Pr *to set in line* 12
enluminer T *to color up, to illuminate* 12
enneiger T *to block with snow* 16
ennoblir T *to ennoble, to elevate* 34
ennuyer T/Pr *to annoy, to bore* 31
énoncer T *to word, to expound* 17
énorgueillir T/Pr (de) *to make proud* 34
enquérir (s') (de) + être *to enquire about* 43
enquêter I/p.p.inv. *to investigate* 12
enquiquiner T *to aggravate, to annoy* 12
enraciner T/Pr *to dig in, to implant (principles)* 12
enrager I/p.p.inv. *to be in a rage* 16
enrayer T/Pr *to jam* .....28 or 29
enrégimenter T *to enlist, to form into regiments* 12
enregistrer T *to record, to register, to score* 12
enrhumer T/Pr *to catch a cold* 12
enrichir T/Pr *to enrich* 34
enrober T *to coat (candy, pills)* 12
enrôler T/Pr *to enroll, to recruit* 12
enrouer T *to make hoarse* 12
enrouler T *to roll up* 12
enrubanner T *to trim with ribbon* 12
ensabler T/Pr *to go aground (ship)* 12
ensacher T *to bag* 12
ensanglanter T *to stain with blood* 12
enseigner T *to teach, to point out* 12
ensemencer T *to sow* 17
enserrer T *to emcompass, to squeeze* 12
ensevelir T/Pr *to bury, to entomb* 34
ensiler T *to ensilage* 12
ensoleiller T *to bathe in sunlight, to brighten* 12
ensorceler T *to bewitch* 22
ensuivre (s') + être *to ensue, to follow* 84
entacher T *to blemish* 12
entailler T *to cut, to groove* 12
entamer T *to begin, to cut into* 12
entartrer T *to scale* 12
entasser T *to accumulate, to pile up* 12
entendre T/Pr *to intend, to mean, to understand* 65
enténébrer T *to become dark* 19
enter T *to graft* 12
entériner T *to ratify* 12
enterrer T *to bury* 12
entêter T/Pr (à, dans) *to be stubborn* 12
enthousiasmer T/Pr (pour) *to enthuse* 12
enticher (s') (de) + être *to become infatuated with* 12
entoiler T *to mount, to cover with fabric* 12
entôler T *to fleece, to rob (fam)* 12
entonner T *to intone, to break into song* 12

entortiller T/Pr *to wind, to twist* 12
entourer T/Pr (de) *to surround, to fence in* 12
entraider (s') + être *to help one another* 12
entr'aimer (s') + être *to like one another* 12
entraîner T/Pr *to train for* 12
entr'apercevoir T *to catch glimpses of* 50
entraver T/I, p.p.inv. *to hinder* 12
entrebâiller T *to half open* 12
entrechoquer T/Pr *to collide* 15
entrecouper T *to interrupt* 12
entrecroiser T *to intersect* 12
entre-déchirer (s') + être *to tear one another to pieces* ..12
entre-dévorer (s') + être *to devour one another* 12
entr'égorger (s') + être *to cut one another's throat* 16
entre-haïr (s') + être *to hate one another* 35
entre-heurter (s') + être *to bang into one another* 12
entrelacer T/Pr *to intertwine* 17
entrelarder T *to lard, to streak with fat* 12
entremêler T/Pr *to intermingle, to interfere* 12
entremettre (s') + être *to mediate, to interpose* 6
entreposer T *to store* 12
entreprendre T *to undertake, to contract for* 67
entrer I + être/T + avoir *to enter, to go into* 12
entretenir T/Pr (de) *to maintain, to support, to speak to* 4
entre-tuer (s') + être *to kill one another* 12
entrevoir T *to glimpse* 51
entrouvrir T *to half open* 44
énucléer T/ *to enucleate* 13
énumérer T *to enumerate* 19
envahir T *to invade* 34
envaser T *to silt up, to choke up* 12
envelopper T *to wrap up, to envelop* 12
envenimer T/Pr *to poison, to fester* 12
enverguer T *to bend (sail)* 15
envider T *to spool* 12
envier T *to envy, to wish for* 14
environner T *to surround* 12
envisager T *to face, to consider* 16
envoiler (s') + être *to curve metal* 12
envoler (s') + être *to fly away* 12
envoûter T *to bewitch* 12
envoyer T/Pr *to send, to despatch* 32
épaissir T/I, p.p.inv./Pr *to grow fat* 34
épancher T *to pour out, to give vent to* 12
épandre T *to pour forth, to spread* 66
épanouir T/Pr *to open out, to blossom* 34
épargner T/Pr *to save* 12
éparpiller T/Pr *to scatter, to disperse* 12
épater T *to amaze* 12
épeler T *to spell* 22
épépiner T *to remove pips* 12
éperonner T *to spur* 12
épeurer T *to frighten* 12
épicer T *to spice* 17
épier I, p.p.inv./T *to spy on* 14
éplerrer T *to remove stones* 12
épiler T *to remove hair* 12
épiloguer I (sur)/p.p.inv. *to hold forth* 15
épiner T *to protect with thorns* 12
épingler T *to pin, to catch (fam)* 12
épisser T *to splice, to tie two ropes together* 12
éployer T *to spread out (wings)* 30
éplucher T *to peel* 12
épointer T *to blunt* 12
éponger T/Pr *to sponge, to mop up* 16

épouiller T to delouse 12
époumoner (s') + être to shout oneself hoarse 12
épouser T to marry, to fit 12
épousseter T to dust 26
époustoufler T to flabbergast, to astound 12
épouvanter T to terrify, to scare 12
épreindre T to squeeze out 69
éprendre (s') (de) + être to fall in love with 67
éprouver T to feel, to experience 12
épucer T to get rid of fleas 17
épuiser T to exhaust, to wear out 12
épurer T to purify 12
équarrir T to square, to quarter, to cut up 34
équerrer T to square 1
équilibrer T/Pr to balance 12
équiper T/Pr to equip, to fit out 12
équivaloir Ti (à)/p.p.inv. to be equivalent to 55
équivoquer I/p.p.inv. to quibble, to be ambiguous 15
éradiquer T to eradicate 15
érafler T to scratch, to graze 12
érailler T to fray, to unravel 12
éreinter T to exhaust, to criticize savagely 12
ergoter I/p.p.inv. to quibble, to split hairs 12
ériger T/Pr to establish, to raise 16
éroder T to erode 12
érotiser T to make erotic 12
errer I/p.p.inv. to ramble, to err 12
éructer I, p.p.inv./T to belch, to eruct 12
esbigner (s') + être to skedaddle 12
esbroufer T to bluff 12
escalader T to climb 12
escamoter T to conjure away, to dodge 12
esclaffer (s') + être to guffaw, to shake (with laughter) ..12
escompter T to anticipate, to discount 12
escorter T to escort 12
escrimer (s') (à) + être to fence 12
escroquer T to swindle 15
espacer T to space out 17
espérer T/Ti (en), p.p.inv. to hope 19
espionner T to spy 12
esquinter T to do in, to wear out, to mess up 12
esquisser T to sketch, to outline 12
esquiver T/Pr to dodge, to avoid 12
essaimer I/p.p.inv. to swarm 12
essayer T/Pr (à) to try ....28 or 29
essorer T to wring, to wrangle 12
essouffler T/Pr to wind, to make breathless 12
essuyer T to wipe, to dry 31
estamper T to swindle, to flee 12
estampiller T to stamp 12
estimer T/Pr to assess 12
estiver T/I, p.p.inv. to summer 12
estomaquer T to flabbergast 15
estomper T/Pr to dim, to blue 12
estoquer T to kill (bullfight) 15
estourbir T to astound, to do in (fam) 34
estropier T to cripple 14
établer T to stable, to stall 12
établir T/Pr to establish, to draw up 34
étager T/Pr to lay out in tiers 16
étalager T to display 16
étaler T/Pr to spread, to display (goods) 12
étalonner T to standardize, to gauge 12
étamer T to tin-plate 12
étamper T to stamp (metal) 12
étancher T to check (flow), to quench 12

étançonner T to prop up 12
étarquer T to hoist taut 15
étatiser T to establish state control 12
étayer T to prop up, to shore up ....28 or 29
éteindre T/Pr to extinguish, to put out 69
étendre T/Pr to spread, to stretch 65
éterniser T/Pr to perpetuate, to drag out 12
éternuer I/p.p.inv. to sneeze 12
étêter T to cut the head off (trees) 12
éthérifier T to turn into ether 14
éthériser T to etherize 12
étinceler I/p.p.inv. to sparkle 22
étioler T/Pr to droop, to wilt 12
étiqueter T to label 26
étirer T/Pr to stretch, to draw out 12
étoffer T to enrich, to fill out 12
étoiler T to stud, to bespangle 12
étonner T/Pr (de) to astonish, to amaze 12
étouffer T/I, p.p.inv./Pr to suffocate, to choke 12
étouper T to tow (linen) 12
étourdir T/Pr to stun, to daze 34
étrangler T to strangle, to throttle 12
être I/p.p.inv. to be, to exist 1
étreindre T to clasp, to embrace 69
étrenner T/I, p.p.inv. to use for the first time 12
étriller T to thrash, to improve (leather) 12
étriper T to disembowel, to gut 12
étriquer T to skimp 15
étudier T/Pr to study 14
étuver T to steam, to stew 12
euphoriser T to make happy 12
européaniser T/Pr to europeanize 12
évacuer T to evacuate, to clear 12
évader (s') + être to escape 12
évaluer T to evaluate 12
évangéliser T to evangelize, to preach 12
évanouir (s') + être to faint 34
évaporer T/Pr to evaporate 12
évaser T/Pr to widen out (pipe) 12
éveiller T/Pr to wake up 12
éventer T/Pr to go flat (wine), to fan oneself 12
éventrer T to rip open 12
évertuer (s') (à) + être to strive, to do one's utmost 12
évider T to hollow out, to scoop out 12
évincer T to evict, to dodge 17
éviscérer T to eviscerate 19
éviter T/I, p.p.inv. to avoid, to dodge 12
évoluer I/p.p.inv. to evolve 12
évoquer T to evoke 15
exacerber T to exacerbate 12
exagérer T/I, p.p.inv./Pr to exaggerate 19
exalter T/Pr to exalt, to extol 12
examiner T to examine 12
exaspérer T to exasperate 19
exaucer T to fulfil, to grant 17
excaver T to exacavate 12
excéder T to exceed, to go beyond 19
exceller I/p.p.inv. to excel 12
excentrer T to throw off center 12
excepter T to except 12
exciper Ti (de)/p.p.inv. to plead, to allege 12
exciser T to excise 12
exciter T/Pr to excite, to arouse 12
exclamer (s') + être to exclaim 12
exclure T to expel, to exclude 92
excommunier T to excommunicate 14

excorier T *to peel off* 14
excréter T *to excrete* 19
excursionner I/p.p.inv. *to go turning* 12
excuser T/Pr *to make excuse, to apologize* 12
exécrer T *to loathe* 19
exécuter T/Pr *to execute, to carry out* 12
exemplifier T *to exemplify* 14
exempter T *to exempt* 12
exercer T/Pr *to exercize, to train* 17
exfolier T *to exfoliate* 14
exhaler T/Pr *to exhale, to emit* 12
exhausser T *to raise up* 12
exhéréder T *to disinherit* 19
exhiber T/Pr *to exhibit* 12
exhorter T *to exhort, to urge* 12
exhumer T *to exhume* 12
exiger T *to demand, to require* 16
exiler T/Pr *to exile, to banish* 12
exister I/p.p.inv. *to exist* 12
exonérer T *to exonerate* 19
exorciser T *to exorize* 12
expatrier T *to expatriate* 14
expectorer T *to expectorate* 12
expédier T *to dispatch, to expedite* 14
expérimenter T *to test* 12
expertiser T *to value, to assess (damages)* 12
expier T *to expiate* 14
expirer T/I, p.p.inv. *to expire, to breathe out* 12
expliciter T *to make explicit* 12
expliquer T/Pr *to explain* 15
exploiter T *to exploit* 12
explorer T *to explore* 12
exploser I/p.p.inv. *to explode* 12
exporter T *to export* 12
exposer T/Pr *to expose* 12
exprimer T/Pr *to express, to squeeze out* 12
exproprier T *to take over, to expropriate* 14
expulser T *to expel, to turn out* 12
expurger T *to expurgate* 16
exsuder I, p.p.inv./T *to exude* 12
extasier (s') + être *to go into raptures over* 14
exténuer T/Pr *to extenuate, to exhaust* 12
extérioriser T/Pr *to show, to express* 12
exterminer T *to exterminate* 12
extirper T/Pr *to extirpate* 12
extorquer T *to extort* 15
extrader T *to extradite* 12
extraire T/Pr (de) *to extract, to draw out* 88
extrapoler T/I, p.p.inv. *to extrapolate* 12
extravaguer I/p.p.inv. *to rave, to become eccentric* 15
extravaser (s') + être *to exude* 12
exulcérer T *to ulcerate* 19
exulter I/p.p.inv. *to exult, to rejoice* 12

F

fabriquer T *to make, to forge, to manufacture* 15
fabuler I/p.p.inv. *to invent stories* 12
facetter T *to facet* 12
fâcher T/Pr *to make angry, to anger* 12
faciliter T *to facilitate* 12
façonner T *to shape* 12
facturer T *to bill, to invoice, to charge* 12
fagoter T *to botch (work), to bundle up (wood)* 12
faiblir I/p.p.inv. *to weaken, to fail, to flag* 34

faillir I/Ti (à)/p.p.inv. *to fail to, to fall short of* 46
fainéanter I/p.p.inv. *to loaf about, to idle* 12
faire T/Pr *to make, to do, to form* 5
faisander T/Pr *to hang (game)* 12
falloir U + être/p.p.inv. *to have to, should* 11
falsifier T *to falsify* 14
familiariser T/Pr (avec) *to get used to, to familiarize* 12
fanatiser T *to make fanatical, to rouse* 12
faner T/Pr *to fade, to toss hay* 12
fanfaronner I/p.p.inv. *to boast about* 12
fantasmer I/p.p.inv. *to fantasize* 12
farcir T/Pr *to stuff with, to cram* 34
farder T/Pr *to make up, to disguise the truth* 12
farfouiller I/p.p.inv. *to rummage about* 12
fariner T *to coat with flour* 12
farter T *to wax (skis)* 12
fasciner T *to fascinate* 12
fasciser T *to make fascist* 12
fatiguer T/I, p.p.inv./Pr *to tire, to wear out* 15
faucher T *to reap, to mow, to cut* 12
faufiler T/Pr *to tack, to baste (dress making)* 12
fausser T *to distort, to warp, to strain* 12
fauter I/p.p.inv. *to sin* 12
favoriser T *to favor* 12
faxer T *to fax* 12
fayoter I/p.p.inv. *to crawl, to creep, to suck up to* 12
féconder T *to fertilize* 12
féculer T *to remove starch* 12
fédéraliser T *to federalize* 12
fédérer T *to federate* 19
feindre T/I, p.p.inv. *to feign, to sham* 69
feinter T/I, p.p.inv. *to feint* 12
fêler T *to crack* 12
féliciter T/Pr (de) *to congratulate* 12
féminiser T/Pr *to feminize* 12
fendiller T/Pr *to fissure* 12
fendre T/Pr *to split, to crack* 65
fenêtrer T *to put in windows* 12
ferler T *to furl* 12
fermenter I/p.p.inv. *to ferment* 12
fermer T/I, p.p.inv. *to close, to shut up* 12
ferrailler I, p.p.inv./T *to cross swords* 12
ferrer T *to metal, to shoe (horse), to strike (fishing)* 12
fertiliser T *to fertilize* 12
fesser T *to spank* 12
festonner T *to festoon, to scallop (dress making)* 12
festoyer I/p.p.inv. *to feast* 30
fêter T *to celebrate* 12
feuiller I/p.p.inv. *to grow leaves* 12
feuilleter T *to leaf through (book)* 26
feuler I/p.p.inv. *to snarl, to growl (feline)* 12
feutrer T/I, p.p.inv./Pr *to cover with felt* 12
fiabiliser T *to make reliable* 12
fiancer T/Pr *to become engaged* 17
ficeler T *to tie up* 22
ficher Pr (de) *to make fun of* 12
ficher T *to do, to stick* 12
fidéliser T *to make loyal* 12
fienter I/p.p.inv. *to leave droppings (birds)* 12
fier (se) (à) + être *to trust* 14
figer T *to congeal, to set* 16
fignoler T/I, p.p.inv. *to put the finishing touches to* 12
figurer T/I, p.p.inv./Pr *to represent, to act, to appear* 12
filer T/I, p.p.inv. *to spin, to run* 12
fileter T *to wiredraw, to thread* 27
filigraner T *to filigree, to watermark* 12

filmer T *to film* 12
filouter T *to swindle, to cheat* 12
filtrer T/I, p.p.inv. *to filter* 12
finaliser T *to finalize* 12
financer T *to finance* 17
finasser I/p.p.inv. *to resort to trickery* 12
finir T/I, p.p.inv. *to end, to finish, to get over* 34
fiscaliser T *to tax* 12
fissurer T *to crack, to fissure* 12
fixer T/Pr *to fix, to fasten* 12
flageller T *to flog* 12
flageoler I/p.p.inv. *to shake, to tremble* 12
flagorner T *to fawn, to toady to* 12
flairer T *to scent, to sniff* 12
flamber I, p.p.inv./T *to blaze, to flambé (cooking)* 12
flamboyer I/p.p.inv. *to blaze, to flash* 30
flancher I/p.p.inv. *to give up, to weaken, to flinch* 12
flâner I/p.p.inv. *to stroll, to saunter* 12
flanquer T *to chuck, to fling, to throw* 15
flasher Ti (sur), p.p.inv./T *to flash, to fall for something* 12
flatter T/Pr (de) *to flatter* 12
flécher T *to arrow, to signpost* 19
fléchir T/I, p.p.inv. *to bend, to flex* 34
flemmarder I/p.p.inv. *to lounge about* 12
flétrir T/Pr *to wither, to fade, to dry out* 34
fleurer T/I, p.p.inv. *to smell of, to be fragrant* 12
fleureter I/p.p.inv. *to flirt, to court* 26
fleurir I, p.p.inv./T *to blossom, to bloom, to prosper* 34
flinguer T *to gun down* 15
flirter I/p.p.inv. *to flirt* 12
floconner I/p.p.inv. *to fleck* 12
floculer I/p.p.inv. *to floculate* 12
floquer T *to flocculate* 15
flotter I, p.p.inv./T/U, p.p.inv. *to float, to rain (fam)* 12
flouer T *to swindle, to cheat* 12
fluctuer I/p.p.inv. *to fluctuate* 12
fluer I/p.p.inv. *to flow* 12
flûter I/p.p.inv. *to flute* 12
focaliser T *to focus* 12
foisonner I/p.p.inv. *to abound, to be bursting with* 12
folâtrer I/p.p.inv. *to romp, to frolic* 12
folioter T *to paginate* 12
fomenter T *to foment, to foster* 12
foncer T/I, p.p.inv. *to darken, to rush on* 17
fonctionnariser T *to make part of public service* 12
fonctionner I/p.p.inv. *to function, to work, to operate* 12
fonder T/Pr (sur) *to found, to set up, to start (family)* 12
fondre T/I, p.p.inv./Pr *to melt, to set up* 65
forcer T/I, p.p.inv./Pr *to force, to compel* 17
forcir I/p.p.inv. *to fill out, to make bigger* 34
forer T *to drill, to bore* 12
forfaire Ti (à)/p.p.inv. *to forfeit, to betray, to fail* 5
forger T *to forge* 16
formaliser T/Pr *to formalize, to take offence* 12
formater T *to format (disk)* 12
former T/Pr *to form, to make up, to train* 12
formuler T *to formulate, to draw up* 12
fortifier T *to fortify, to strengthen* 14
fossiliser T/Pr *to fossilize* 12
fossoyer T *to dig graves, to trench* 30
fouailler T *to lash* 12
foudroyer T *to strike by lightning, to crush* 30
fouetter T/I, p.p.inv. *to whip, to flog, to whisk* 12
fouiller T/I, p.p.inv./Pr *to search, to frisk, to rummage* ..12
fouiner I/p.p.inv. *to nose about, to ferret about* 12

fouir T *to dig, to burrow* 34
fouler T/Pr *to press, to trample, to strain* 12
fourbir T *to polish, to furbish* 34
fourcher I/p.p.inv. *to fork, to divide* 12
fourgonner I/p.p.inv. *to poke, to rake* 12
fourmiller I/Ti (de)/p.p.inv. *to swarm, to teem* 12
fournir T/Ti (à), p.p.inv./Pr *to supply, to provide* 34
fourrager I/p.p.inv. *to forage, to rummage* 16
fourrer T/Pr *to line (fur), to shove, to fill (cooking)* 12
fourvoyer T/Pr *to mislead, to lead astray* 30
fracasser T *to smash, to shatter, to crush* 12
fractionner T *to split up, to divide* 12
fracturer T *to fracture* 12
fragiliser T *to weaken* 12
fragmenter T *to fragment, to break up* 12
fraîchir I/p.p.inv. *to freshen* 34
fraiser T *to mill (metal), to drill (tooth)* 12
framboiser T *to flavor with raspberry* 12
franchir T *to clear, to get over, to cross* 34
franchiser T *to franchise* 12
franciser T *to frenchify* 12
francophoniser T/Québec *to make french speaking* 12
franger T *to fringe, to border* 16
frapper T/I, p.p.inv./Pr *to hit, to strike, to knock* 12
fraterniser I/p.p.inv. *to fraternize* 12
frauder T/I, p.p.inv. *to defraud* 12
frayer T/Ti (avec), p.p.inv./I, p.p.inv. *to spawn* .....28 or 29
fredonner T/I, p.p.inv. *to hum* 12
freiner T/I, p.p.inv. *to brake, to slow down* 12
frelater T *to adulerate (wine)* 12
frémir I/p.p.inv. *to quiver, to simmer (water), to rustle* ..34
fréter T *to freight, to charter* 19
frétiller I/p.p.inv. *to wriggle, to wag tail* 12
fretter T *to fret* 12
fricasser T *to fricassee, to cut up and stew* 12
fricoter T/Ti (avec), p.p.inv. *to cook, to plot, to scheme* ..12
frictionner T *to rub* 12
frigorifier T *to refrigerate* 14
frimer I/p.p.inv. *to show off, to pretend* 12
fringuer T/Pr *to dress, to dress up well* 15
friper T *to crumple, to crush* 12
frire T/I, p.p.inv. *to fry* 101
friser T/I, p.p.inv. *to curl hair, to be close to* 12
frisotter T/I, p.p.inv. *to crimp, to frizz hair* 12
frissonner I/p.p.inv. *to shiver, to shudder* 12
fritter T *to sinter (metal)* 12
froisser T/Pr *to crease, to offend* 12
frôler T *to brush, to touch lightly* 12
froncer T *to frown, to wrinkle, to pucker* 17
fronder T *to lampoon, to rebel* 12
frotter T/I, p.p.inv./Pr (à) *to rub, to brush* 12
froufrouter I/p.p.inv. *to rustle* 12
fructifier I/p.p.inv. *to fructify, to bear fruit* 14
frustrer T *to frustrate* 12
fuguer I/p.p.inv. *to run away, to abscond* 15
fuir I, p.p.inv./T *to run away, to flee, to leak* 39
fulgurer I/p.p.inv. *to flash* 12
fulminer I, p.p.inv./T *to thunder, to roar, to fulminate* ..12
fumer I, p.p.inv./T *to smoke, to steam* 12
fumiger T *to fumigate* 16
fureter I/p.p.inv. *to ferret, to nose around* 27
fuseler T *to taper, to streamline* 22
fuser I/p.p.inv. *to melt, to burst forth (voices)* 12
fusiller T *to shoot* 12
fusionner T/I, p.p.inv. *to merge, to amalgamate* 12
fustiger T *to beat, to thrash, to castigate* 16

G

gâcher T *to spoil, to squander, to mix* 12
gager T *to wager, to bet* 16
gagner T/I, p.p.inv. *to win, to gain, to earn* 12
gainer T *to sheath, to cover* 12
galber T *to curve* 12
galéjer I/p.p.inv. *to spin a yarn, to tell a tall story* 19
galérer I/p.p.inv. *to have a hard time (fam)* 1
galonner T *to trim with braid* 12
galoper I/p.p.inv. *to gallop* 12
galvaniser T *to galvanize, to give new life to* 12
galvauder T *to bring into disrepute, to besmirch* 12
gambader I/p.p.inv. *to gambol, to caper, to frisk about* 12
gamberger I, p.p.inv./T *to think deeply (fam)* 12
gambiller I/p.p.inv. *to skip about* 12
gangrener T/Pr *to gangrene* 24
ganser T *to braid, to trim* 12
ganter T/I, p.p.inv. *to glove* 12
garantir T *to guarantee, to warrant, to protect* 34
garder T/Pr (de) *to keep, to look after, to guard* 12
garer T/Pr *to park, to take cover* 12
gargariser (se) (de) + être *to gargle, to be pedantic* 12
gargouiller I/p.p.inv. *to gurgle* 12
garnir T/Pr *to fit out, to fill, to garnish* 34
garrotter T *to tie up, to pinion* 12
gaspiller T *to waste, to squander* 12
gâter T/Pr *to spoil, to go bad, to ruin* 12
gâtifier I/p.p.inv. *to go gaga (fam)* 14
gauchir I, p.p.inv./T *to warp, to buckle, to distort* 34
gaufrer T *to emboss, to crinkle* 12
gauler T *to beat, to bring down fruit from tree* 12
gausser (se) (de) + être *to laugh at, to mock* 12
gaver T/Pr *to force-feed, to gorge* 12
gazéifier T *to gasify, to carbonate* 14
gazer T/I, p.p.inv. *to gas, to go well (fam)* 12
gazonner T *to cover with turf* 12
gazouiller I/p.p.inv. *to twitter, to warble, to chirp* 12
geindre I/p.p.inv. *to groan, to moan* 69
geler T/I, p.p.inv./U, p.p.inv. *to freeze* 24
gélifier T *to gel* 14
géminer T *to geminate, to twin* 12
gémir I/p.p.inv. *to moan, to creak, to groan* 34
gemmer T *to tap pine trees* 12
gendarmer (se) + être *to create a fuss (fam)* 12
gêner T/Pr *to hold up, to hinder, to inconvenience* 12
généraliser T/Pr *to generalize* 12
générer T *to generate* 19
gerber T/I, p.p.inv. *to bind, to sheath, to puke (fam)* 12
gercer T/Pr *to chap, to crack* 17
gérer T *to manage, to run* 19
germaniser T *to germanize* 12
germer I/p.p.inv. *to sprout, to spring up* 2
gésir I *to be lying down, to lie aground* 48
gesticuler I/p.p.inv. *to gesticulate* 12
gicler I/p.p.inv. *to spurt, to squirt* 12
gifler T *to slap someone's face* 12
gigoter I/p.p.inv. *to fidget, to kick about, to jerk* 12
gîter I/p.p.inv. *to find shelter, to list (ship)* 12
givrer T *to frost, to ice (cake)* 12
glacer T *to freeze, to chill* 17
glairer T *to glair, to glaze with white of egg* 12
glaiser T *to dress with clay* 12
glander I/p.p.inv. *to hang around, to loaf about* 12
glapir I/p.p.inv. *to yelp, to yap, to bark (fox)* 34
glatir I/p.p.inv. *to cry (eagle)* 34

gléner T *to coil (rope)* 19
glisser I, p.p.inv./T/Pr *to slip, to slide, to glide* 12
globaliser T *to total, to lump together* 12
glorifier T/Pr (de) *to glorify, to praise* 14
gloser Ti (sur), p.p.inv./T *to gloss, to expound* 12
glouglouter I/p.p.inv. *to gurgle, to gobble (turkey)* 12
glousser I/p.p.inv. *to cluck, to chuckle* 12
glycériner T *to put glycerin on* 12
gober T/Pr *to gulp down, to swallow* 12
goberger (se) + être *to take things easy* 16
goder I/p.p.inv. *to pucker, to bag at the knees* 12
godiller I/p.p.inv. *to single-scull (boat)* 12
goinfrer (se) + être *to guzzle, to gorge oneself* 12
gominer (se) + être *to smarm down hair* 12
gommer T *to gum, to eraze, to stick* 12
gondoler T/I, p.p.inv./Pr *to warp, to buckle* 12
gonfler T/I, p.p.inv./Pr *to pump up, to swell (fam)* 12
gorger T *to cram, to fill up* 16
gouailler I/p.p.inv. *to jest, to banter* 12
goudronner T *to tar* 12
goujonner T *to dowel (carpentry)* 12
goupiller T/Pr *to pin, to fix* 12
gourer (se) + être *to make a mistake, to goof* 12
gourmander T *to rebuke, to chide* 12
goûter T/Ti p.p.inv./I, p.p.inv. *to taste, to sample* 12
goutter I/p.p.inv. *to drip* 12
gouverner T/I, p.p.inv. *to govern, to rule* 12
gracier T *to pardon* 14
graduer T *to grade, to graduate* 12
graisser T/I, p.p.inv. *to grease, to lubricate* 12
grammaticaliser T *to gammaticalize* 12
grandir I, p.p.inv./T *to magnify* 34
graniter T *to make granite-like* 12
granuler T *to granulate* 12
graphiter T *to graphitize* 12
grappiller T/I, p.p.inv. *to glean, to pilfer* 12
gratifier T *to present with something, to confer* 14
gratiner T *to cook au gratin* 12
gratter T/I, p.p.inv. *to scratch, to scrape, to itch* 12
graver T *to engrave* 12
gravillonner T *to gravel* 12
gravir T *to climb, to mount* 34
graviter I/p.p.inv. *to revolve, to gravitate* 12
gréciser T *to Hellenize* 12
gréer T *to rig (ship)* 13
greffer T/Pr *to graft, to transplant* 12
grêler T/U p.p.inv. *to hail (weather)* 12
grelotter I/p.p.inv. *to shiver* 12
grenailler T *to granulate* 12
greneler T *to grain (leather)* 22
grener I, p.p.inv./T *to granulate, to shred, to seed* 24
grésiller I/U/p.p.inv. *to crackle, to sputter* 12
grever T *to burden, to restrict* 24
gribouiller I, p.p.inv./T *to scribble, to doodle* 12
griffer T *to scratch, to claw, to brand (clothing)* 12
griffonner T *to scribble* 12
grigner I/p.p.inv. *to pucker* 12
grignoter T *to nibble, to erode* 12
grillager T *to fit a grille or wire mesh* 16
griller T/I, p.p.inv. *to grill, to broil, to toast* 12
grimacer I/p.p.inv. *to pull a face, to grimace* 17
grimer T *to make up (theatre)* 12
grimper I, p.p.inv./T *to climb* 12
grincer I/p.p.inv. *to creak, to squeak, to grind* 17
gripper I, p.p.inv./Pr *to seize up, to jam* 12
grisailler T/I, p.p.inv. *to turn gray* 12

griser T *to make drunk* 12
grisoller I/p.p.inv. *to sing (skylark)* 12
grisonner I/p.p.inv. *to go gray* 12
griveler T/I, p.p.inv. *to sneak a meal (legal offence)* 22
grogner I/p.p.inv. *to grunt, to grumble, to growl* 12
grognonner I/p.p.inv. *to grumble* 12
grommeler T/I, p.p.inv. *to mutter, to snort (hog)* 22
gronder I, p.p.inv./T *to scold, to rumble (storm)* 12
grossir T/I, p.p.inv. *to enlarge, to swell, to grow fat* 34
grossoyer T *to engross (legal documents)* 30
grouiller I, p.p.inv./Pr *to swarm, to teem* 12
grouper T/I, p.p.inv./Pr *to group* 12
gruger T *to swindle, to dupe* 16
grumeler (se) + être *to go lumpy, to curdle* 22
guéer T/ *to ford (river)* 13
guérir T/I, p.p.inv./Pr *to heal, to cure* 34
guerroyer I/p.p.inv. *to wage war, to struggle against* 30
guêtrer T *to wear gaiters* 12
guetter T *to watch, to be on the look out for* 12
gueuler I, p.p.inv./T *to bawl* 12
guider T *to guide* 12
guigner T *to eye over, to sneak a look at* 12
guillemeter T *to put in quote marks* 26
guillocher T *to turn (metal), to ornament* 12
guillotiner T *to guillotine* 12
guinder T *to make stiff, to send up sail (boat)* 12

habiliter T *to enable, to entitle somebody* 12
habiller T/Pr *to dress* 12
habiter T/I, p. p. inv. *to live, to occupy* 12
habituer T/Pr (à) *to accustom, to get used to* 12
hacher T *to chop, to mince* 12
hachurer T *to hatch, to hachure (map)* 12
haïr T/Pr *to hate* 35
haler T *to tow, to pull, to haul* 12
hâler T *to tan, to brown* 12
haleter I/p.p.inv. *to pant, to gasp* 27
halluciner T *to cause to hallunicate* 12
hancher T/Pr *to swing hips* 12
handicaper T *to handicap* 12
hanter T *to haunt* 12
happer T *to snap* 12
haranguer T *to harangue, to lecture* 15
harasser T *to tire out, to exhaust* 12
harceler T *to harass, to torment* ....22 or 24
harmoniser T/Pr *to harmonise* 12
harnacher T *to harness* 12
harponner T *to harpoon, to grab somebody (fam)* 12
hasarder T/Pr *to risk, to venture* 12
hâter T/Pr *to hasten, to hurry* 12
haubaner T *to stay, to brace (ship)* 12
hausser T/Pr *to raise* 12
haver T *to under-cut (coal mine)* 12
héberger T *to lodge, to accomodate, to take in* 16
hébéter T *to dull, to stupefy* 19
hébraïser T *to assimilate into Jewish culture* 12
héler T *to hail, to call* 19
helléniser T *to Hellenize* 12
hennir I/p.p.inv. *to neigh, to whinny* 34
herbager T *to put out to grass* 16
herber T *to bleach (sheets) on the grass* 12
herboriser I/p.p.inv. *to botanize, to gather plants* 12
hérisser T/Pr *to bristle up, to ruffle up feathers* 12

hériter I, p.p.inv./T/Ti (de), p.p.inv. *to inherit* 12
herser T *to harrow* 12
hésiter I/p.p.inv. *to hesitate, to waver* 12
heurter T/I, p.p.inv./Pr (à) *to knock, to run into* 12
hiberner I/p.p.inv. *to hibernate* 12
hiérarchiser T *to form into a hierarchy* 12
hisser T/Pr *to hoist* 12
historier T *to illustrate, to embellish* 14
hiverner, I, p.p.inv./T *to winter* 12
hocher T *to nod, to toss one's head* 12
homogénéiser T *to homogenize* 12
homologuer T *to endorse, to ratify* 15
honnir T *to disgrace, to dishonor* 34
honorer T/Pr *to honor, to respect* 12
hoqueter I/p.p.inv. *to hiccup* 26
horrifier T *to horrify* 14
horripiler T *to exasperate* 12
hospitaliser T *to hospitalize* 12
houblonner T *to add hops (beer)* 12
houpper T *to trim (with tassles)* 12
hourder T *to roughcast* 12
houspiller T *to reprimand, to abuse* 12
housser T *to cover (furniture), to put on dust sheets* 12
hucher T *to call, to whistle up* 12
huer T/I, p.p.inv. *to boo, to hoot (owl)* 12
huiler T *to oil, to lubricate* 12
hululer I/p.p.inv. *to hoot (owl)* 12
humaniser T/Pr *to humanize* 12
humecter T *to dampen, to moisten* 12
humer T *to inhale, to smell* 12
humidifier T *to humidify* 14
humilier T/Pr *to humiliate* 14
hurler I, p.p.inv./T *to scream, to yell, to howl (wolf)* 12
hybrider T *to hybridize* 12
hydrater T *to hydrate* 12
hydrofuger T *to waterproof* 16
hydrogéner T *to hydrogenate* 19
hydrolyser T *to hydrolyse* 12
hypertrophier T/Pr *to hypertrophy* 14
hypnotiser T/Pr *to hypnotize* 12
hypothéquer T *to mortgage* 19

idéaliser T *to idealize* 12
identifier T/Pr (à, avec) *to identify* 14
idolâtrer T *to idolize* 12
ignifuger T *to fireproof* 16
ignorer T *not to know about, to be unaware of* 12
illuminer T *to light up, to illuminate* 12
illusionner T/Pr *to delude* 12
illustrer T/Pr *to illustrate* 12
imaginer T/Pr *to devise, to think up, to imagine* 12
imbiber T/Pr (de) *to soak, to moisten* 12
imbriquer T/Pr *to overlap, to be interwoven* 15
imiter T *to imitate, to mimic* 12
immatriculer T *to register* 12
immerger T/Pr *to immerse, to submerge* 16
immigrer I/p.p.inv. *to immigrate* 12
immiscer (s') (dans) + être *to interfere, to meddle* 17
immobiliser T *to immobilize* 12
immoler T *to immolate, to sacrifice* 12
immortaliser T *to immortalize* 12
immuniser T *to immunize* 12
impartir T *to grant, to assign (legal)* 34

liguer T/Pr (contre) *to unite* 15
limer T/Pr *to file down* 12
limiter T/Pr (à, dans) *to limit* 12
limoger T *to supersede, to dismiss* 16
liquéfier T/Pr *to liquify* 14
liquider T *to liquidate, to close, to wind up* 12
lire T *to read* 79
liserer T *to edge with ribbon* 24
lisérer T *to edge* 19
lisser T *to smooth* 12
lister T *to list* 12
lithographier T *to lithograph* 14
livrer T/Pr (à) *to deliver, to hand over* 12
localiser T *to localize* 12
lock-outer T *to lock out* 12
lofer I/p.p.inv. *to luff (ship)* 12
loger I, p.p.inv./T *to live, to lodge in* 16
longer T *to follow, to go along* 16
lorgner T *to eye, to ogle* 12
lotionner T *to sponge* 12
lotir T *to divide into lots* 34
louanger T *to sing the praises of* 16
loucher I/Ti (sur)/p.p.inv. *to squint, to be cross-eyed* 12
louer T/Pr (de) *to praise, to rent, to hire* 12
louper T/I, p.p.inv. *to bungle, to flunk, to miss* 12
louveter I/p.p.inv. *to give birth (wolf)* 26
louvoyer I/p.p.inv. *to tack (boat)* 30
lover T/Pr *to coil* 12
lubrifier T *to lubricate* 14
luger I/p.p.inv. *to toboggan* 16
luire I/p.p.inv. *to shine, to gleam* 83
lustrer T *to gloss, to polish* 12
luter T *to seal with luting* 12
lutiner T *to fondle, to tease* 12
lutter I/p.p.inv. *to wrestle, to struggle, to fight* 12
luxer T/Pr *to dislocate* 12
lyncher T *to lynch* 12
lyophiliser T *to freeze dry* 12

M

macadamiser T *to tarmac* 12
macérer T/I, p.p.inv. *to steep, to macerate* 19
mâcher T *to chew, to mince (words)* 12
mâchonner T *to chew, to munch* 12
mâchurer T *to bruise, to soil* 12
maçonner T *to build* 12
maculer T *to stain, to spot* 12
magnétiser T *to magnetize* 12
magnétoscoper T *to video-tape* 12
magnifier T *to magnify* 14
magouiller T/I, p.p.inv. *to scheme, to graft* 12
maigrir I, p.p.inv./T *to lose weight, to become thin* 34
mailler T/I, p.p.inv. *to net, to beat (with a mallet)* 12
maintenir T/Pr *to keep in position, to maintain* 4
maîtriser T/Pr *to control, to master* 12
majorer T *to increase* 12
malaxer T *to knead* 12
malléabiliser T *to make malleable* 12
malmener T *to manhandle, to treat roughly* 24
malter T *to malt* 12
maltraiter T *to maltreat* 12
manager T *to manage* 16
mandater T *to commission* 12
mander T *to instruct, to summon* 12

manger T/I, p.p.inv. *to eat* 16
manier T/Pr *to handle* 14
manifester T/I, p.p.inv./Pr *to show, to demonstrate* 12
manigancer T *to scheme, to plot* 17
manipuler T *to manipulate* 12
manœuvrer T/I, p.p.inv. *to manœuvre* 12
manquer I, p.p.inv./T/Ti (à, de), p.p.inv. *to miss* 15
manucurer T *to manicure* 12
manufacturer T *to manufacture* 12
manutentionner T *to handle (goods)* 12
maquignonner T *to trade dishonestly* 12
maquiller T/Pr *to make up* 12
marauder I/p.p.inv. *to thieve, to pilfer* 12
marbrer T *to marble, to mottle* 12
marchander T/I, p.p.inv. *to haggle, to bargain* 12
marcher I/p.p.inv. *to walk, to work* 12
marcotter T *to layer* 12
marger T *to edge* 16
marginaliser T *to marginalize* 12
marginer T *to make margin notes in* 12
marier T/Pr *to marry, to wed* 14
mariner T/I, p.p.inv. *to pickle, to marinade* 12
marivauder I/p.p.inv. *to banter, to flirt* 12
marmiter T *to shell* 12
marmonner I, p.p.inv./T *to mumble* 12
marmotter T/I, p.p.inv. *to mutter* 12
marner T/I, p.p.inv. *to marl, to slave* 12
maronner I/p.p.inv. *to grouse, to grumble* 12
maroquiner T *to tool leather (morocco-finish)* 12
maroufler T *to re-mount (picture)* 12
marquer T/I, p.p.inv. *to mark, to note, to write down* 15
marqueter T *to inlay* 26
marrer (se) + être *to have a good laugh* 12
marteler T *to hammer* 24
martyriser T *to martyr* 12
masculiniser T *to make masculine* 12
masquer T/I, p.p.inv. *to hide, to mask* 15
massacrer T *to massacre* 12
masser T/I, p.p.inv./Pr *to assemble, to massage* 12
massicoter T *to guillotine (paper)* 12
mastiquer T *to chew, to masticate* 15
matelasser T *to pad, to upholster* 12
mater T *to checkmate, to bring down, to ogle* 12
mâter T *to mast (boat)* 12
matérialiser T/Pr *to make, to materialize* 12
materner T *to mother* 12
mathématiser T *to proceed mathematically with* 12
mâtiner T *to crossbreed* 12
matraquer T *to bludgeon, to club, to cosh* 15
matricer T *to stamp out* 17
maudire T *to curse* 77
maugréer I, p.p.inv./T *to grumble, to grouse* 13
maximaliser T *to maximize* 12
maximiser T *to fix prices high* 12
mazouter T/I, p.p.inv. *to refuel, to pollute* 12
mécaniser T *to mechanize* 12
mécher T *to fumigate* 19
méconnaître T *to disregard, to ignore* 74
mécontenter T *to displease* 12
médailler T *to award a medal* 12
médiatiser T *to give media coverage to* 12
médicaliser T *to give medical care to* 12
médire Ti (de)/p.p.inv./2nd pers. pl. pres. ind. and pres. imp.: (vous médisez) *to run somebody down* 76
méditer T/Ti (sur), p.p.inv./I, p.p.inv. *to meditate* 12
méduser T *to dumbfound* 12

N

nacrer T *to give a pearly finish* 12
nager I, p.p.inv./T *to swim, to float* 16
naître I/+ être *to be born* 75
nantir T/Pr (de) *to be secure, to provide something* 34
napper T *to coat* 12
narguer T *to flout, to taunt* 15
narrer T *to narrate* 12
nasaliser T *to nasalize* 12
nasiller I/p.p.inv. *to speak with a nasal twang* 12
nationaliser T *to nationalize* 12
natter T *to plait* 12
naturaliser T *to naturalize, to mount (specimens)* 12
naviguer I/p.p.inv. *to sail, to navigate* 15
navrer T *to grieve, to distress* 12
néantiser T *to reduce to nothing* 12
nécessiter T *to necessitate* 12
nécroser T/Pr *to necrose* 12
négliger T/Pr *to neglect, to disregard* 16
négocier T/I, p.p.inv. *to negotiate* 14
neiger U/p.p.inv. *to snow* 16
nettoyer T *to clean* 30
neutraliser T/Pr *to neutralize* 12
niaiser I/p.p.inv./Québec *to play the fool* 12
nicher I, p.p.inv./Pr *to nest, to build a nest* 12
nickeler T *to nickel-plate* 22
nidifier I/p.p.inv. *to nest* 14
nieller T *to blight, to smut (wheat)* 12
nier T *to deny* 14
nimber T *to put a halo on* 12
nitrater T *to add nitrogen* 12
nitrer T *to treat with nitric acid* 12
nitrifier T *to nitrify* 14
nitrurer T *to nitride* 12
niveler T *to level, to even out* 22
noircir T/I, p.p.inv./Pr *to blacken* 34
noliser T *to charter* 12
nomadiser I/p.p.inv. *to nomadize* 12
nombrer T *to number, to count* 12
nominaliser T *to nominalize* 12
nommer T/Pr *to name, to call* 12
nordir I/p.p.inv. *to veer north (wind)* 34
normaliser T/Pr *to normalize* 12
noter T *to note, to note down* 12
notifier T *to notify* 14
nouer T *to knot, to tie* 12
nourrir T/Pr (de) *to feed, to nurse (child)* 34
nover T *to flood, to swamp* 12
noyauter T *to infiltrate (organisation)* 12
noyer T/Pr *to flood, to drown* 30
nuancer T *to shade, to blend* 17
nuire Ti (à)/p.p.inv. *to harm, to injure* 83
numériser T *to digitize* 12
numéroter T/I, p.p.inv. *to number* 12

O

obéir Ti (à)/p.p.inv. *to obey* 34
obérer T *to burden with debt* 19
objecter T *to object* 12
objectiver T *to objectify* 12
obliger T *to oblige to* 16
obliquer I/p.p.inv. *to edge to* 15
oblitérer T *to frank (stamp), to obliterate* 19

obnubiler T *to obsess* 12
obscurcir T/Pr *to darken, to obscure* 34
obséder T *to obsess* 19
observer T/Pr *to observe, to watch* 12
obstiner (s') + être *to persist in* 12
obstruer T *to obstruct* 12
obtempérer Ti (à)/p.p.inv. *to comply with* 19
obtenir T *to gain, to obtain* 4
obturer T *to seal, to stop (tooth)* 12
obvenir I/+ être *to revert* 4
occasionner T *to cause* 12
occidentaliser T *to westernize* 12
occlure T *to occlude* 93
occulter T *to hide, to conceal* 12
occuper T/Pr (de) *to occupy, to take up* 12
octavier I/p.p.inv. *to play up an octave* 14
octroyer T/Pr *to grant, to bestow* 30
œuvrer I/p.p.inv. *to work at* 12
offenser T/Pr (de) *to offend* 12
officialiser T *to make offficial* 12
officier I/p.p.inv. *to officiate* 14
offrir T/Pr *to give, to offer, to present* 44
offusquer T/Pr (de) *to offend* 15
oindre T *to anoint* 70
oiseler I/p.p.inv. *to go bird hunting* 22
ombrager T *to shade, to overshadow* 16
ombrer T *to shade* 12
omettre T *to omit* 6
ondoyer I, p.p.inv./T *to sway, to undulate, to christen* ...30
onduler I, p.p.inv./T *to undulate, to wave (hair)* 12
opacifier T *to make opaque* 14
opaliser T *to make opal-like* 12
opérer T/I, p.p.inv./Pr *to operate, to implement* 19
opiner TI/p.p.inv. *to be in favor of* 12
opposer T/Pr (à) *to oppose* 12
oppresser T *to oppress* 12
opprimer T *to oppress, to suppress* 12
opter I (pour, en faveur de)/p.p.inv. *to opt* 12
optimiser T *to optimize* 12
orbiter I/p.p.inv. *to orbit* 12
orchestrer T *to orchestrate* 12
ordonnancer T *to authorize (account)* 17
ordonner T *to organize, to order* 12
organiser T/Pr *to organize, to arrange* 12
orienter T/Pr *to find one's bearings* 12
orner T *to decorate* 12
orthographier T *to spell* 14
osciller I/p.p.inv. *to oscillate* 12
oser T *to dare* 12
ossifier (s') + être *to ossify* 14
ôter T/Pr *to take away, to remove* 12
ouater T *to quilt* 12
ouatiner T *to quilt* 12
oublier T/Pr *to forget, to neglect* 14
ouïr T *to hear* 47
ourdir T *to weave (textile) to hatch a plot* 34
ourler T *to hem* 12
outiller T *to equip, to fit out* 12
outrager T *to insult, to offend* 16
outrepasser T *to exceed, to go beyond* 12
outrer T *to take to excess* 12
ouvrager T *to work with skill* 16
ouvrer T *to work (material)* 12
ouvrir T/I, p.p.inv./Pr *to open* 44
ovationner T *to give an ovation* 12
ovuler I/p.p.inv. *to ovulate* 12

oxyder T/Pr *to oxidize* 12
oxygéner T/Pr *to oxygenate* 19

pacager T/I, p.p.inv. *to pasture, to graze* 16
pacifier T *to pacify* 14
pactiser I/p.p.inv. *to come to terms with somebody* 12
pagayer I/p.p.inv. *to paddle* ....28 or 29
paginer T *to paginate* 12
paillassonner T *to straw plants* 12
pailler T *to straw* 12
pailleter T *to spangle, to flake* 26
paître T/I, p.p.inv. *to graze* 100
palabrer I/p.p.inv. *to palaver* 12
palanquer I, p.p.inv./T *to browse* 15
palataliser T *to palatalize* 12
palettiser T *to palletize* 12
pâlir I, p.p.inv./T *to grow pale, to grow dim* 34
palissader T *to palissade* 12
palisser T *to nail up, to train branches* 12
pallier T/Ti (à) *to palliate, to alleviate* 14
palper T *to feel, to finger, to get paid (fam)* 12
palpiter I/p.p.inv. *to flutter, to throb* 12
pâmer (se) + être *to swoon* 12
panacher T/Pr *to plume, to mix colors* 12
paner T *to coat with crumbs* 12
panifier T *to turn into bread* 14
paniquer I, p.p.inv./T/Pr *to panic* 15
panneauter I/p.p.inv. *to panel* 12
panser T *to dress, to bandage a wound* 12
panteler I/p.p.inv. *to pant* 22
pantoufler I/p.p.inv. *to join the private sector (fam)* 12
papillonner I/p.p.inv. *to flit about* 12
papilloter I/p.p.inv. *to blink, to flicker* 12
papoter I/p.p.inv. *to gossip* 12
parachever T *to complete* 24
parachuter T *to parachute* 12
parader I/p.p.inv. *to parade, to show off* 12
parafer T *to initial, to sign* 12
paraffiner T *to parafin, to wax* 12
paraître I/+ être ou avoir *to come out, to seem, to look* .. 74
paralyser T *to paralyse, to incapacitate* 12
paramétrer T *to configure (computing)* 19
parangonner T *to be a paragon* 12
parapher T *to initial, to sign* 12
paraphraser T *to paraphrase* 12
parasiter T *to sponge on, to cause interference (radio)* 12
parcelliser T *to parcel up, to divide into small lots* 12
parcourir T *to roam, to go through, to examine* 41
pardonner T/Ti (à), p.p.inv. *to forgive, to excuse* ...12
paremententer T *to facet (wall)* 12
parer T/Ti (à), p.p.inv./Pr (de) *to prepare, to adorn* 12
paresser I/p.p.inv. *to idle, to laze around* 12
parfaire T *to finish off, to complete* 5
parfiler T *to pick (threads)* 12
parfumer T/Pr *to scent, to flavor* 12
parier T *to bet, to back (horses)* 14
parjurer (se) + être *to perjure oneself* 12
parlementer I/p.p.inv. *to negotiate, to parley* 12
parler I, p.p.inv./Ti (de), p.p.inv./T/Pr, p.p.inv. *to talk, to speak about* 12
parodier T *to parody, to travesty* 14
parquer T/I, p.p.inv. *to herd animals, to park (car)* 15
parqueter T *to parquet* 26

parrainer T *to sponsor, to act as godparent* 12
parsemer T *to strew with, to sprinkle with* 24
partager T *to share, to divide* 16
participer Ti (à)/p.p.inv. *to participate, to share in* 12
particulariser T *to particularize* 12
partir I/être *to leave, to go off* 36
parvenir I/+ être *to reach* 4
passementer T *to trim (garment)* 12
passer I/T/Pr (de) *to go past, to show (film)* 12
passionner T/Pr (pour) *to fascinate, to excite* 12
pasteuriser T *to pasteurize* 12
pasticher T *to imitate, to copy* 12
patauger I/p.p.inv. *to flounder, to squelch, to wallow* ..16
patienter I/p.p.inv. *to be patient, to wait for* 12
patiner I, p.p.inv./T/Pr *to skate, to skid* 12
pâtir I/p.p.inv. *to suffer* 34
pâtisser I/p.p.inv. *to make pastry* 12
patouiller I, p.p.inv./T *to flounder* 12
patronner T *to sponsor, to give patronage* 12
patrouiller I/p.p.inv. *to patrol* 12
pâturer T/I, p.p.inv. *to graze* 12
paumer T/Pr *to lose, to get lost* 12
paupériser T *to impoverish* 12
pauser I/p.p.inv. *to pause* 12
pavaner (se) + être *to strut about* 12
paver T *to pave* 12
pavoiser T/I, p.p.inv. *to deck with flags or bunting* 12
payer T/I, p.p.inv./Pr *to pay, to settle* ....28 or 29
peaufiner T *to polish up, to add the final touches to* 12
pécher I/p.p.inv. *to sin, to err* 19
pêcher T *to fish for, to catch* 12
pédaler I/p.p.inv. *to pedal* 12
peigner T/Pr *to comb, to smooth out* 12
peindre T/Pr *to paint* 69
peiner T/I, p.p.inv. *to work hard, to sadden* 12
peinturer T *to coat with paint* 12
peinturlurer T *to daub (colors)* 12
peler T/I, p.p.inv. *to peel, to skin* 24
pelleter T *to shovel* 26
peloter T *to pet, to cuddle* 12
pelotonner T/Pr *to roll up into a ball* 12
pelucher I/p.p.inv. *to become fluffy, to pill (old fabric)* ..12
pénaliser T *to penalize* 12
pencher T/I, p.p.inv./Pr *to lean, to tilt, to tip up* 12
pendiller I/p.p.inv. *to dangle* 12
pendre T/I, p.p.inv./Pr *to hang* 65
pénétrer T/I, p.p.inv./Pr (de) *to enter, to penetrate* 19
penser I, p.p.inv./Ti (à), p.p.inv./T *to think, to imagine* ..12
pensionner T *to pension* 12
pépier I/p.p.inv. *to chirp, to cheap* 14
percer T/I, p.p.inv. *to pierce, to go through* 17
percevoir T *to perceive* 50
percher I, p.p.inv./T/Pr *to perch* 12
percuter T/I, p.p.inv. *to strike, to crash into* 12
perdre T/I, p.p.inv./Pr *to lose, to waste* 65
perdurer I/p.p.inv. *to continue* 12
pérenniser T *to make durable* 12
perfectionner T/Pr *to improve, to perfect* 12
perforer T *to perforate* 12
perfuser T *to put on a drip (medical)* 12
péricliter I/p.p.inv. *to be jeopardy, to decline* 12
périmer (se) + être *to become out of date* 12
périr I/p.p.inv. *to perish* 34
perler T/I, p.p.inv. *to work to perfection, to pearl* 12
permettre T/Pr *to permit, to allow* 6
permuter T/I, p.p.inv. *to transpose, to permute* 12

pérorer I/p.p.inv. *to hold forth, to speechify* 12
peroxyder T *to peroxydize* 12
perpétrer T *to perpetrate* 19
perpétuer T/Pr *to perpetuate* 12
perquisitionner I, p.p.inv./T *to search* 12
persécuter T *to persecute* 12
persévérer I/p.p.inv. *to persevere in* 19
persifler T *to banter, to ridicule* 12
persister I /p.p.inv. *to persist in, to stick to* 12
personnaliser T *to personalize* 12
personnifier T *to personify* 14
persuader T/Pr (de) *to persuade, to convince* 12
perturber T *to disrupt, to perturb* 12
pervertir T/Pr *to pervert* 34
peser T/I, p.p.inv. *to weigh, to ponder* 24
pester I/p.p.inv. *to storm at, to rail at* 12
pétarader I/p.p.inv. *to blast, to back fire* 12
péter I, p.p.inv./T *to break wind* 19
pétiller I/p.p.inv. *to crackle, to fizz* 12
pétitionner I/p.p.inv. *to petition* 12
pétrifier T *to petrify* 14
pétrir T *to knead* 34
peupler T/Pr *to populate, to people* 12
phagocyter T *to swallow up, to engulf* 12
philosopher I/p.p.inv. *to philosophize* 12
phosphater T *to phosphate* 12
phosphorer I/p.p.inv. *to phosphorate* 12
photocomposer T *to photoset* 12
photocopier T *to photocopy* 14
photographier T *to photograph* 14
phraser T *to phrase* 12
piaffer I/p.p.inv. *to paw the ground (horse)* 12
piailler I/p.p.inv. *to squeal* 12
pianoter I/p.p.inv. *to strum* 12
piauler I/p.p.inv. *to cheap, to whine* 12
picoler T *to tipple (fam)* 12
picorer T *to peck, to scratch about* 12
picoter T *to prick tiny holes, to peck* 12
piéger T *to trap* 20
piéter I/p.p.inv. *to toe the line* 19
piétiner I, p.p.inv/T *to trample* 12
pieuter (se) + être *to hit the hay, to hit the sack* 12
pigeonner T *to take in , to dupe* 12
piger T *to understand (fam)* 16
pigmenter T *to pigment* 12
pignocher I/p.p.inv. *to pick at one's food* 12
piler T/I, p.p.inv. *to pound, to ground* 12
piller T *to pillage* 12
pilonner T *to pulp* 12
piloter T *to steer, to pilot* 12
pimenter T *to add spice to* 12
pinailler I/p.p.inv. *to quibble, to split hairs* 12
pincer T *to pinch, to squeeze, to nab* 17
piocher T *to dig, to swot up* 12
pioncer I/p.p.inv. *to sleep (fam)* 17
piper T *to dupe, to lure, to load (dice)* 12
pique-niquer I/p.p.Inv. *to picnic* 15
piquer T/I, p.p.inv./Pr *to sting, to prick, to steal (fam)* 15
piqueter T/I, p.p.inv, Québec *to mark, to picket* 26
pirater T/I, p.p.inv. *to pirate* 12
pirouetter I/p.p.inv. *to pirouette* 12
pisser T/I, p.p.inv. *to pee* 12
pister T *to track* 12
pistonner T *to back, to pull strings* 12
pitonner T/I, p.p.inv. *to use pitons* 12
pivoter I/p.p.inv. *to hinge on* 12

placarder T *to post up, to stick up* 12
placer T/Pr *to put, to place, to post, to invest (money)* 17
plafonner I, p.p.inv./T *to put a ceiling on, to level off* 12
plagier T *to plagiarize, to crib* 14
plaider T/I, p.p.inv. *to plead* 12
plaindre T/Pr *to be sorry for, to pity* 68
plaire I (à) *to please* 89
plaisanter I, p.p.inv./T *to joke* 12
planchéier T/ *to board, to plank* 14
plancher I/Ti (sur)/p.p.inv. *to have a test (fam)* 12
planer T/I, p.p.inv. *to glide, to hover over* 12
planifier T *to plan* 14
planquer T/Pr *to hide, to stash away* 15
planter T/Pr *to plant, to pitch, to dump someone (fam)* ..12
plaquer T *to veneer, to chuck (fam)* 15
plastifier T *to plastify* 14
plastiquer T *to blast* 15
plastronner I/p.p.inv. *to swagger, to strut around* 12
platiner T *to plate, to dye blond (hair)* 12
plâtrer T *to plaster* 12
plébisciter T *to vote by plebiscite* 12
pleurer I, p.p.inv./T *to cry, to weep, to mourn* 12
pleurnicher I/p.p.inv. *to snivel* 12
pleuvasser U/p.p.inv. *to drizzle* 12
pleuviner U/p.p.inv. *to drizzle* 12
pleuvoir U/I/p.p.inv. *to rain* 61
pleuvoter U/p.p.inv. *to drizzle* 12
plier T/I, p.p.inv./Pr (à) *to fold, to fold up* 14
plisser T/I, p.p.inv. *to pleat, to crease* 12
plomber T *to lead, to stop (tooth)* 12
plonger T/I, p.p.inv./Pr *to dive, to plunge* 16
ployer T/I, p.p.inv. *to bend, to give away* 30
plucher I/p.p.inv. *to shed fluff* 12
plumer T *to pluck, to fleece (fam)* 12
pluviner U/p.p.inv. *to drizzle* 12
pocher T *to poach (eggs), to blacken (eyes)* 12
poêler T *to cook in a frying pan* 12
poétiser T *to make poetic* 12
poignarder T *to stab* 12
poinçonner T *to punch, to clip (ticket)* 12
poindre I *to dawn, to daybreak* 70
pointer T/I, p.p.inv./Pr *to check off (list), to sign in* 12
pointiller I, p.p.inv./T *to dot* 12
poireauter I/p.p.inv. *to be kept hanging around (fam)*.. 12
poisser T *to pitch, to make sticky* 12
poivrer T/Pr *to pepper* 12
polariser T/Pr (sur) *to focus, to polarize, to center on* 12
polémiquer I/p.p.inv. *to argue, to enter into polemics* 15
policer T *to bring order, to civilize* 17
polir T *to polish, to refine* 34
polissonner I/p.p.inv. *to be be naughty* 12
politiser T *to bring politics into, to politicize* 12
polluer T *to pollute* 12
polycopier T *to duplicate* 14
polymériser T *to polymerize* 12
pommader T *to pomade* 12
pommeler (se) + être *to become dappled (sky)* 22
pommer I/p.p.inv. *to form a head or heart (vegetable)* 12
pomper T *to pump, to be shattered (fam)* 12
pomponner T/Pr *to doll oneself up* 12
poncer T *to pumice, to sandpaper* 17
ponctionner T *to puncture, to tap* 12
ponctuer T *to punctuate, to dot* 12
pondérer T *to balance* 19
pondre T *to lay (eggs)* 65
ponter I, p.p.inv./T *to make a bridge* 12

pontifier I/p.p.inv. to pontificate 14
populariser T to make popular, to popularize 12
porter T/I, p.p.inv./Pr to carry, to wear (clothes) 12
portraiturer T to portray 12
poser T/I, p.p.inv./Pr to pose, to put down 12
positionner T/Pr to position 12
posséder T/Pr to possess, to own 19
postdater T to postdate 12
poster T/Pr to post, to take up a position 12
postillonner I/p.p.inv. to splutter 12
postposer T to place after, to postposition 12
postsynchroniser T to postsynchronize, to dub 12
postuler T/I, p.p.inv. to solicit, to apply for 12
potasser T to swot, to bone up on (fam) 12
potentialiser T to maximise 12
potiner I/p.p.inv. to gossip 12
poudrer T to powder 12
poudroyer I/p.p.inv. to pick out dust in air (sun) 30
pouffer I/p.p.inv. to burst out laughing 12
pouliner I/p.p.inv. to foal 12
pouponner I/p.p.inv. to dote on 12
pourchasser T to pursue, to be after 12
pourfendre T to cleave in two, to fight against 65
pourlécher (se) + être to lick one's lips 19
pourrir I, p.p.inv./T to rot, to go bad 34
poursuivre T to pursue, to chase 84
pourvoir Ti (à), p.p.inv./T/Pr (de, en) to provide 53
pousser T/I, p.p.inv./Pr to push, to urge, to grow 12
pouvoir T to be able to 7
praliner T to praline, to brown almonds in sugar 12
pratiquer T/Pr to put into practice 15
préaviser T to forewarn 12
précariser T to jeopardize 12
précautionner (se) + être to warn, to caution 12
précéder T to precede 19
préchauffer T to preheat, to warm up 12
prêcher T/I, p.p.inv. to preach 12
précipiter T/I, p.p.inv./Pr to hurry, to rush, to speed up 12
préciser T/Pr to make clear, to point out, to clarify 12
précompter T to deduct beforehand 12
préconiser T to recommend, to advocate 12
prédestiner T to predestinate 12
prédéterminer T to predetermine 12
prédire T/2nd pers. pl. pres. ind. and pres. imp.:
(vous prédisez) to predict, to prophesy 76
prédisposer T to predispose 12
prédominer I/p.p.inv. to predominate, to prevail 12
préétablir T to pre-establish 34
préexister I/p.p.inv. to pre-exist 12
préfacer T to write a preface 17
préférer T to prefer, to like more, would rather 19
préfigurer T to foreshadow 12
préfixer T to prefix 12
préformer T to preform 12
préjuger T/Ti (de), p.p.inv. to prejudge 16
prélasser (se) + être to lounge, to loll 12
prélever T to deduct, to levy, to take a sample 24
préluder I/Ti (à)/p.p.inv. to prelude to 12
préméditer T to premeditate 12
prémunir T/Pr (contre) to protect, to take precautions 34
prendre T/I, p.p.inv./Pr to take, to seize, to catch 67
prénommer T to call, to name (to give Christian name) 12
préoccuper T/Pr (de) to preoccupy, to worry about 12
préparer T/Pr to prepare, to get ready for 12
prépayer T to prepay 28 ou 29
préposer T to appoint, to put in charge of 12

présager T to portend, to forebode, to predict 16
prescrire T/Pr to stipulate, to lay down, to prescribe 78
présélectionner T to preselect, to shortlist 12
présenter T/I, p.p.inv./Pr to present, to introduce 12
préserver T to protect from, to preserve 12
présider T/Ti (à), p.p.inv. to preside over 12
pressentir T to have a premonition, to sound out 36
presser T/I, p.p.inv./Pr to squeeze, to press, to hurry 12
pressurer T/Pr to press, to extort (money) 12
pressuriser T to pressurize 12
présumer T/Ti (de), p.p.inv. to presume 12
présupposer T to presuppose 12
présurer T to rennet, to curdle (milk) 12
prétendre T/Ti (à), p.p.inv. to claim 65
prêter T/Ti (à), p.p.inv./Pr (à) to lend, to attribute 12
prétexter T to use as a pretext 12
prévaloir I, p.p.inv./Pr (de) to prevail, to assert 56
prévariquer I/p.p.inv. to be guilty of a breach of trust 15
prévenir T to anticipate, to inform 4
prévoir T to foresee, to forecast 52
prier T/I, p.p.inv. to pray, to beg, to request 14
primer T/Ti (sur), p.p.inv. to come first 12
priser T to take snuff, to value, to treasure 12
privatiser T to privatize 12
priver T/Pr (de) to deprive of 12
privilégier T to privilege, to prioritize 14
procéder I/Ti (à)/p.p.inv. to proceed, to initiate 19
proclamer T to proclaim 12
procréer T/ to procreate 13
procurer T to gain, to obtain 12
prodiguer T to be unstinting in, to lavish, to squander 15
produire T/Pr to produce, to make, to bring about 82
profaner T to profane, to desecrate 12
proférer T to utter 19
professer T to profess, to teach 12
professionnaliser T/Pr to become professional 12
profiler T/Pr to profile, to stand out 12
profiter Ti (de, à)/I/p.p.inv. to profit 12
programmer T to program 12
progresser I/p.p.inv. to progress, to advance 12
prohiber T to prohibit 12
projeter T to project, to show (film), to plan 26
prolétariser T/Pr to proletarianize 12
proliférer I/p.p.inv. to proliferate 19
prolonger T to prolong, to extend 16
promener T/I, p.p.inv./Pr to walk, to go for a walk 24
promettre T/I, p.p.inv./Pr to promise, to resolve to 6
promouvoir T to promote 54
promulguer T to issue (decree), to promulgate 15
prôner T to extol, to recommend strongly 12
prononcer T/I, p.p.inv./Pr to utter, to pronounce 17
pronostiquer T to forecast 15
propager T/Pr to propagate, to reproduce 16
prophétiser T to prophesy 12
proportionner T to proportion 12
proposer T/Pr to suggest, to propose, to intend to 12
propulser T/Pr to propel 12
proroger T to extend, to adjourn 16
proscrire T to outlaw, to ban, to proscribe 78
prospecter T to prospect 12
prospérer I/p.p.inv. to prosper 19
prosterner (se) + être to prostrate oneself, to grovel 12
prostituer T/Pr to prostitute 12
protéger T to protect 20
protester I, p.p.inv./Ti (de), p.p.inv./T to protest 12
prouver T to prove 12

reluire I/p.p.inv. *to shine* 83
remâcher T *to ruminate* 12
remailler T *to darn* 12
remanger T/I, p.p.inv. *to eat some more* 16
remanier T *to reshape* 14
remaquiller T *to reapply make-up* 12
remarcher I/p.p.inv. *to work again* 12
remarier (se) + être *to remarry* 14
remarquer T *to notice, to observe* 15
remastiquer T *to remasticate* 15
remballer T *to repack, to take off (fam)* 12
rembarquer T/I/Pr (dans) *to re-embark* 15
rembarrer T *to rebuff* 12
remblayer T *to embank, to fill up (construction)* ....28 or 29
rembobiner T *to rewind* 12
remboîter T *to recase, to reassemble* 12
rembourrer T *to stuff* 12
rembourser T *to repay* 12
rembrunir (se) + être *to cloud over* 34
remédier Ti (à)/p.p.inv. *to cure, to remedy* 14
remembrer T *to regroup* 12
remémorer T/Pr *to recall, to recollect* 12
remercier T *to thank, to dismiss* 14
remettre T/Pr (à) *to replace, to hand over, to postpone* 6
remeubler T *to refurnish* 12
remilitariser T *to remilitarize* 12
remiser T/Pr *to put away, to put under cover* 12
remmailler T *to mend* 12
remmener T *to take back* 24
remodeler T *to remodel, to restructure* 24
remonter I /T *to go up again, to wind (watch)* 12
remontrer T *to show again* 12
remordre T *to bite again* 65
remorquer T *to tow* 15
remouiller T *to wet again* 12
rempailler T *to re-seat (chair)* 12
rempaqueter T *to re-wrap* 26
rempiéter T *to underpin (wall)* 19
rempiler T/I, p.p.inv. *to pile up again, to sign on again....* 12
remplacer T *to replace* 17
remplir T/Pr *to refill* 34
remployer T *to use again* 30
remplumer (se) + être *to grow new feathers* 12
rempocher T *to put back in one's pocket* 12
rempoissonner T *to re-stock with fish* 12
remporter T *to take back, to win* 12
rempoter T *to repot (plant)* 12
remprunter T *to borrow again* 12
remuer T/I, p.p.inv./Pr *to stir, to move* 12
rémunérer T *to remunerate* 19
renâcler I/p.p.inv. *to baulk at, to shirk* 12
renaître I/Ti (à) *to be reborn, to revive* 75
rencaisser T *to replant, to put back in till* 12
renchérir I/p.p.inv. *to make dearer, to raise prices* 34
rencontrer T/Pr *to meet, to collide* 12
rendormir T/Pr *to fall asleep again* 37
rendosser T *to put on again* 12
rendre T/Pr *to give back, to return, to yield* 65
renégocier T *to renegotiate* 14
reneiger U/p.p.inv. *to snow again* 16
renfermer T/Pr *to contain* 12
renfiler T *to restring, to rethread* 12
renfler T *to make a bulge* 12
renflouer T *to refloat, to keep afloat* 12
renfoncer T *to drive further in, to pull down (hat)* 17
renforcer T *to reinforce, to strengthen* 17

renfrogner (se) + être *to frown, to scowl* 12
rengager T/I, p.p.inv./Pr *to re-enlist, to re-engage* 16
rengainer T *to sheathe* 12
rengorger (se) + être *to puff oneself up* 12
rengrener T *to regrain* 24
rengréner T *to refill with grain* 19
renier T *to renounce* 14
renifler I, p.p.inv./T *to sniff* 12
renommer T *to rename* 12
renoncer Ti (à), p.p.inv./I,, p.p.inv. *to renounce* 17
renouer T/I, p.p.inv. *to tie up again* 12
renouveler T/Pr *to renew, to replace* 22
rénover T *to renovate* 12
renseigner T/Pr *to inform* 12
rentabiliser T *to make profitable* 12
renter T *to endow* 12
rentoiler T *to remount (picture)* 12
rentrer I /T *to come in again, to return home* 12
renverser T/I, p.p.inv./Pr *to spill, to reverse, to overturn* ..12
renvider T *to wind on spool* 12
renvoyer T *to send back, to dismiss* 32
réoccuper T *to reoccupy* 12
réopérer T *to reoperate* 19
réorchestrer T *to reorchestrate* 12
réorganiser T *to reorganize* 12
réorienter T *to reorientate* 12
repairer I/p.p.inv. *to spot* 12
repaître T/Pr (de) *to eat one's fill* 100
répandre T/Pr *to spread, to spill, to lavish* 66
reparaître I/+ être ou avoir *to reappear* 74
réparer T *to repair* 12
reparler I/Ti (de)/p.p.inv. *to speak again about* 12
repartager T *to share out again* 16
repartir I + être/T (means "répliquer") *to set off again* 36
répartir T *to distribute, to divide, to reply* 34
repasser I, p.p.inv./T *to pass again, to iron* 12
repaver T *to repave* 12
repayer T *to repay* ....28 or 29
repêcher T *to fish out* 12
repeindre T *to repaint* 69
rependre T *to rehang* 65
repenser Ti (à), p.p.inv./T *to think over, to think again* ..12
repentir (se) (de) + être *to be sorry for, to regret* 36
repercer T *to pierce again* 17
répercuter T/Pr (sur) *to echo, to reverberate* 12
reperdre T *to lose again* 65
repérer T *to locate, to get one's bearings* 19
répertorier T *to list* 14
répéter T/Pr *to repeat, to rehearse* 19
repeupler T *to repopulate* 12
repiquer T/Ti (à), p.p.inv. *to restitch, to thin out plants* 15
replacer T *to replace* 17
replanter T *to replant* 12
replâtrer T *to replaster* 12
repleuvoir U/p.p.inv. *to rain again* 61
replier T/Pr *to fold again, to withdraw troops* 14
répliquer T/I, p.p.inv./Pr *to reply* 15
replonger T/I, p.p.inv./Pr *to dive back* 16
reployer T *to fold again* 30
repolir T *to repolish* 34
répondre T/I p.p.inv./Ti (à, de), p.p.inv. *to answer* 65
reporter T/Pr (à) *to put off, to defer, to take back* 12
reposer T/Ti (sur), p.p.inv./I, p.p.inv./Pr *to rest* 12
repositionner T *to reposition* 12
repousser T/I, p.p.inv. *to push away, to reject* 12
reprendre T/I, p.p.inv./Pr *to take back, to recapture* 67

représenter T/I, p.p.inv./Pr *to represent, to show* 12
réprimander T *to reprimand* 12
réprimer T *to quell, to repress* 12
repriser T *to mend* 12
reprocher T/Pr *to reproach, to blame oneself for* 12
reproduire T/Pr *to reproduce, to copy* 82
reprogrammer T *to reprogram* 12
reprographier T *to reproduce* 14
réprouver T *to condemn, to reject* 12
répudier T *to repudiate* 14
répugner Ti (à)/p.p.inv. *to be repelled by* 12
réputer T *to repute, to be considered* 12
requérir T *to claim, to ask for* 43
réquisitionner T *to requisition* 12
resaler T *to add more salt* 12
resalir T/Pr *to dirty again* 34
rescinder T *to annul, to cancel* 12
réserver T/Pr *to reserve, to keep, to keep for oneself* 12
résider I/p.p.inv. *to reside* 12
résigner T/Pr (à) *to resign to* 12
résilier T *to cancel (legal)* 14
résiner T *to resinate* 12
résister Ti (à)/p.p.inv. *to resist* 12
résonner I/p.p.inv. *to reverberate* 12
résorber T/Pr *to absorb, to bring down* 12
résoudre T/Pr (à) *to settle on, to make up one's mind* 94
respecter T/Pr *to respect, to be self-respecting* 12
respirer I, p.p.inv./T *to breathe* 12
resplendir I/p.p.inv. *to be radiant, to shine* 34
responsabiliser T *to give someone a sense of responsibility* 12
resquiller T/I, p.p.inv. *to avoid paying* 12
ressaigner I/p.p.inv. *to bleed again* 12
ressaisir T/Pr *to recapture* 34
ressasser T *to rehash the same ideas* 12
ressauter T/I, p.p.inv. *to jump again* 12
ressembler Ti (à)/Pr/p.p.inv. *to ressemble* 12
ressemeler T *to resole* 22
ressemer T *to resow* 24
ressentir T/Pr (de) *to feel, to resent* 36
resserrer T/Pr *to tighten, to contract* 12
resservir T/I, p.p.inv. *to serve again, to use again* 37
ressortir I + être/T + avoir/Ti /U + être *to leave again* 36
ressortir Ti (à), + être *to come under* 34
ressouder T *to join again* 12
ressourcer (se) *to return to one's roots* 17
ressuer I/p.p.inv. *to sweat again* 12
ressurgir I/p.p.inv. *to re-emerge* 34
ressusciter I + être/T + avoir *to ressuscitate* 12
ressuyer T *to wipe again* 31
restaurer T/Pr *to restore, to eat something* 12
rester I/+ être *to stay, to remain* 12
restituer T *to return, to refund money* 12
restreindre T/Pr *to restrict, to limit* 69
restructurer T *to restructure* 12
résulter Ti (de)/U + être ou avoir/p.p.inv. *to result in* ...12
résumer T/Pr (à) *to summarize* 12
resurgir I/p.p.inv. *to reappear suddenly* 34
rétablir T/Pr *to re-establish* 34
retailler T *to recut* 12
rétamer T *to resilver, to retin* 12
retaper T/Pr *to do up, to get back on one's feet* 12
retarder T/I, p.p.inv. *to delay, to hold up* 12
retâter T/Ti (de), p.p.inv. *to feel something again* 12
retendre T *to retighten, to reset* 65
retenir T Pr *to hold back, to keep, to control oneself* 4

retenter T *to try again* 12
retentir I/p.p.inv. *to echo, to ring* 3
retirer T/Pr *to take out, to withdraw, to take leave* 12
retisser T *to reweave* 12
retomber I/+ être *to fall again* 12
retondre T *to mow again, to shear again* 65
retordre T *to twist again* 65
rétorquer T *to retort* 15
retoucher T/Ti (à), p.p.inv. *to retouch* 12
retourner T + avoir/I + être/Pr U *to return to* 12
retracer T *to retrace, to recount* 17
rétracter T/Pr *to retract* 12
retraduire T *to retranslate* 82
retrancher T/Pr *to remove, to deduct, to dig in* 12
retranscrire T *to recopy* 78
retransmettre T *to retransmit* 6
retravailler T/I, p.p.inv. *to rework, to touch up* 12
retraverser T *to cross again* 12
rétrécir T/I, p.p.inv./Pr *to narrow, to shrink* 34
retremper T/Pr *to resoak, to reimbue oneself* 12
rétribuer T *to pay* 12
rétroagir Ti (sur)/p.p.inv. *to have a retroactive effect* 34
rétrocéder T *to resell, to cede back* 19
rétrograder I, p.p.inv./T *to move back, to demote* 12
retrousser T *to turn up, to roll up* 12
retrouver T/Pr *to find again, to recover* 12
réunifier T *to reunify* 14
réunir T/Pr *to reunite, to gather together, to merge* 34
réussir I, p.p.inv./Ti (à), p.p.inv./T *to succeed* 34
réutiliser T *to reuse* 12
revacciner T *to revaccinate* 12
revaloir T *to return a favor* 55
revaloriser T *to revalue, to increse, to upgrade* 12
rêvasser I/p.p.inv. *to daydream* 12
réveiller T/Pr *to wake up, to revive* 12
révéler T/Pr *to reveal, to disclose* 19
revendiquer T *to claim* 15
revendre T *to resell* 65
revenir I/+ être *to come back, to return, to recover from* ..4
rêver I, p.p.inv./T/Ti (à, de), p.p.inv. *to dream of* 12
réverbérer T *to reverberate* 19
reverdir T/I, p.p.inv. *to turn green again* 34
révérer T *to revere* 19
reverser T *to pour out again, to transfer* 12
revêtir T *to dress* 40
revigorer T *to invigorate* 12
réviser T *to revise* 12
revisiter T *to revisit* 12
revisser T *to screw back* 12
revitaliser T *to revitalize* 12
revivifier T *to regenerate* 14
revivre I, p.p.inv./T *to revive* 85
revoir T/Pr *to see again, to meet again* 51
révolter T/Pr *to revolt, to rebel* 12
révolutionner T *to revolutionize, to upset* 12
révoquer T *to dismiss, to repeal, to revoke* 15
revoter T/I, p.p.inv. *to vote again* 12
revouloir T *to want again* 8
révulser T *to disgust, to contort* 12
rewriter T *to rewrite* 12
rhabiller T/Pr *to dress again* 12
rhumer T *to add rum* 12
ricaner I/p.p.inv. *to snigger, to sneer* 12
ricocher I/p.p.inv. *to rebound, to ricochet* 12
rider T/Pr/p.p.inv. *to wrinkle* 12
ridiculiser T *to ridicule, to make a fool of oneself* 12

rigidifier T *to make rigid* 14
rigoler I/p.p.inv. *to laugh* 12
rimer I, p.p.inv./T *to versify, to rhyme* 12
rincer T/Pr *to rinse, to rinse out* 17
riper T/I, p.p.inv. *to slide, to skid* 12
ripoliner T *to enamel* 12
riposter Ti (à), p.p.inv./I, p.p.inv./T *to retort* 12
rire I/Ti (de)/Pr (de) *to laugh at* 80
risquer T/Ti (de), p.p.inv./Pr *to risk, to be likely* 15
rissoler T/I, p.p.inv. *to brown, to sautée (cooking)* 12
ristourner T *to discount, to rebate* 12
ritualiser T *to ritualize* 12
rivaliser I/p.p.inv. *to rival* 12
river T *to rivet* 12
riveter T *to rivet* 12
roder T *to run in (car), to break in* 12
rôder I/p.p.inv. *to prowl, to hang about, to loiter* 12
rogner T/Ti, p.p.inv./I, p.p.inv. *to clip, to trim, to pare* 12
roidir T *to stiffen* 34
romancer T *to fictionalize, to romanticize* 17
romaniser T/I, p.p.inv. *to Romanize* 12
rompre T/Ti p.p.inv./I, p.p.inv./Pr *to break off, to snap* 71
ronchonner I/p.p.inv. *to grumble, to grouse* 12
ronéotyper T *to roneo* 12
ronfler I/p.p.inv. *to snore* 12
ronger T *to gnaw, to eat into, to worry* 16
ronronner I/p.p.inv. *to purr (cat), to drone (machine)* 12
roquer I/p.p.inv. *to castle (chess)* 15
roser T *to make pink* 12
rosir T/I, p.p.inv. *to blush* 34
rosser T *to beat up, to give a hiding* 12
roter I/p.p.inv. *to belch* 12
rôtir T/I, p.p.inv./Pr *to roast, to scorch (sun)* 34
roucouler I, p.p.inv./T *to coo* 12
rouer T *to beat black and blue* 12
rougeoyer I/p.p.inv. *to glow red, to redden* 30
rougir T/I, p.p.inv. *to redden* 34
rouiller T/I, p.p.inv./Pr *to rust, to go rusty* 12
rouir T *to steep (flax)* 34
rouler T/I, p.p.inv./Pr *to roll, to run (car), to cheat (fam)* ..12
roupiller I/p.p.inv. *to sleep (fam)* 12
rouspéter I/p.p.inv. *to moan, to grumble* 19
roussir T/I, p.p.inv. *to turn brown, to brown (cooking)* 34
router T *to route* 12
rouvrir T/I, p.p.inv. *to reopen* 44
rubaner T *to ribbon* 12
rucher T *to ruche (dress), to frill* 12
rudoyer T *to treat roughly* 30
ruer I, p.p.inv./Pr (sur) *to kick, to lash out, to rush at* 12
rugir I/p.p.inv. *to roar, to bellow* 34
ruiner T/Pr *to ruin, to go bankrupt* 12
ruisseler I/p.p.inv. *to stream down, to drip* 22
ruminer T *to ruminate, to brood over* 12
ruser I/p.p.inv. *to use trickery or cunning* 12
rustiquer T *to rusticate* 15
rutiler I/p.p.inv. *to gleam, to glow red* 12
rythmer T *to put rhythm into* 12

S

sabler T *to sand, to grit* 12
sablonner T *to scour with sand* 12
saborder T *to shut down, to scuttle (ship)* 12
saboter T *to sabotage* 12
sabouler T *to jostle, to scold* 12

sabrer T *to slash* 12
saccader T *to jerk* 12
saccager T *to wreak havoc, to ransack, to pillage* 16
saccharifier T *to saccharify* 14
sacquer T *to sack, to kick out* 15
sacraliser T *to make sacred* 12
sacrer T/I, p.p.inv. *to consecrate, to crown, to curse* 12
sacrifier T/Ti (à), p.p.inv./Pr *to sacrifice* 14
safraner T *to flavor with saffran* 12
saigner T/I, p.p.inv./Pr *to bleed* 12
saillir (faire saillie) I/P.p.inv. *to project, to jut out* 49
salarier T *to pay a salary* 14
saler T *to salt* 12
salir T/Pr *to dirty* 34
saliver I/p.p.inv. *to salivate* 12
saloper T *to botch* 12
saluer T *to greet, to salute* 12
sanctifier T *to sanctify, to make holy* 14
sanctionner T *to sanction, to approve, to penalize* 12
sangler T *to girth, to strap up* 12
sangloter I/p.p.inv. *to sob* 12
saouler T/Pr *to get drunk* 12
saponifier T *to saponify* 14
saquer T *to sack (= sacquer)* 15
sarcler T *to weed, to hoe up* 12
sasser T *to shift, to winnow, to go through a lock* 12
satelliser T *to put into orbit* 12
satiner T *to satinize* 12
satiriser T *to satirize* 12
satisfaire T/Ti (à), p.p.inv./Pr (de) *to satisfy, to comply* 5
saturer T *to saturate, to overload* 12
saucer T *to mop up sauce, to souse* 17
saucissonner I, p.p.inv./T *to truss up, to picnic* 12
saumurer T *to pickle in brine* 12
sauner I/p.p.inv. *to produce salt* 12
saupoudrer T *to sprinkle* 12
saurer T *to kipper, to smoke* 12
sauter I, p.p.inv./T *to jump, to skip* 12
sautiller I/p.p.inv. *to hop* 12
sauvegarder T *to safeguard* 12
sauver T/Pr *to save (from)* 12
savoir T *to know, to know of* 9
savonner T *to soap* 12
savourer T *to savor, to relish, to enjoy* 12
scalper T *to scalp* 12
scandaliser T/Pr (de) *to shock, to scandalize* 12
scander T *to scan (verses), to chant, to stress* 12
scanner T *to scan* 12
scarifier T *to scarify* 14
sceller T *to seal* 12
schématiser T *to schematize, to oversimplify* 12
schlinguer I/p.p.inv. *to pong (fam)* 15
schlitter T *to sledge* 12
scier T *to saw* 14
scinder T/Pr *to split up (into), to divide* 12
scintiller I/p.p.inv. *to sparkle* 12
scléroser T/Pr *to sclerose, to become fossilized* 12
scolariser T *to provide education for children* 12
scotcher T *to apply sticky tape* 12
scratcher T *to scratch* 12
scruter T *to scrutinize* 12
sculpter T/I, p.p.inv. *to sculpt* 12
sécher T/I, p.p.inv. *to dry* 19
seconder T *to second, to assist* 12
secouer T/Pr *to shake, to bestir oneself* 12
secourir T *to help* 41

spolier T *to despoil, to deprive of* 14
sponsoriser T *to sponsor* 12
sporuler I/p.p.inv. *to sporulate (biology)* 12
sprinter I/p.p.inv. *to sprint* 12
squatter T *to squat* 12
squattériser T *to squat* 12
stabiliser T *to stabilize* 12
staffer T *to construct in staff* 12
stagner I/p.p.inv. *to stagnate* 12
standardiser T *to standardize* 12
stariser T *to turn someone into a star* 12
stationner I/p.p.inv. *to park, to stop, to stand* 12
statuer I/p.p.inv. *to decree* 12
statufier T *to erect a statue (to)* 14
sténographier T *to write in shorthand* 14
stérer T *to measure by the stere* 19
stériliser T *to sterile* 12
stigmatiser T *to stigmatize, to condemn* 12
stimuler T *to stimulate, to spur on* 12
stipendier T *to hire the services of* 14
stipuler T *to stipulate* 12
stocker T *to stock* 12
stopper T/I, p.p.inv. *to stop* 12
stratifier T *to stratify* 14
stresser T *to stress* 12
striduler I/p.p.inv. *to chirr, to stridule* 12
strier T *to groove, to ridge, to streak* 14
structurer T *to structure* 12
stupéfaire T *to stupefy* 5
stupéfier T *to stupefy, to stun, to amaze* 14
stuquer T *to stucco* 15
styliser T *to stylize* 12
subdéléguer T *to subdelegate* 19
subdiviser T *to subdivide* 12
subir T *to undergo, to go through, to put up with* 34
subjuguer T *to subjugate, to subdue* 15
sublimer T/I, p.p.inv. *to sublimate* 12
submerger T *to submerge* 16
subodorer T *to suspect, to smell a rat (fam)* 12
subordonner T *to subordinate* 12
suborner T *to suborn, to bribe* 12
subroger T *to subrogate, to substitute* 16
subsister I/p.p.inv. *to survive, to remain* 12
substantiver T *to use as a noun* 12
substituer T/Pr (à) *to substitute to, to substitute for* 12
subtiliser T/I, p.p.inv. *to pinch (steal), to be oversubtle* 12
subvenir Ti (à)/p.p.inv. *to provide for* 4
subventionner T *to subsidize* 12
subvertir T *to subvert* 34
succéder Ti (à)/Pr *to succeed, to follow* 19
succomber I/Ti (à)/p.p.inv. *to succumb to, to die from* 12
sucer T *to suck* 17
suçoter T *to suck at* 12
sucrer T/Pr *to sugar, to profit (fam)* 12
suer I, p.p.inv./T *to sweat* 12
suffire Ti (à)/Pr *to be enough, to suffice* 81
suffixer T *to suffix* 12
suffoquer T/I, p.p.inv. *to suffocate* 15
suggérer T *to suggest* 19
suggestionner T *to put an idea into someone's head* 12
suicider (se) + être *to commit suicide* 12
suiffer T *to tallow, to grease* 12
suinter I/p.p.inv. *to seep, to ooze* 12
suivre T/I, p.p.inv./U, p.p.inv./Pr *to follow* 84
sulfater T *to sulphate* 12
sulfurer T *to suphurize* 12

superposer T/Pr (à) *to superimpose* 12
superviser T *to supervise* 12
supplanter T *to supplant* 12
suppléer T/Ti (à), p.p.inv. *to make up for* 13
supplicier T *to torture* 14
supplier T *to implore* 14
supporter T/Pr *to endure, to bear, to support (sport)* 12
supposer T *to suppose, to imply, to assume* 12
supprimer T/Pr *to suppress, to abolish, to remove* 12
suppurer I/p.p.inv. *to suppurate* 12
supputer T *to calculate* 12
surabonder I/p.p.inv. *to be overabundant* 12
surajouter T *to add, to be added on* 12
suralimenter T *to overfeed, to supercharge (motor)* 12
surbaisser T *to lower, to depress* 12
surcharger T *to overload* 16
surchauffer T *to overheat* 12
surclasser T *to outclass* 12
surcomprimer T *to supercharge* 12
surcontrer T *to redouble (cards)* 12
surcouper T *to overtrump (cards)* 12
surélever T *to heighten, to raise* 24
surenchérir I/p.p.inv. *to bid higher, to go one higher* 34
surentraîner T *to overtrain* 12
suréquiper T *to overequip* 12
surestimer T *to overestimate* 12
surévaluer T *to overvalue* 12
surexciter T *to overexcite* 12
surexploiter T *to overexploit* 12
surexposer T *to overexpose* 12
surfacer T/I, p.p.inv. *to surface* 17
surfaire T *to overestimate* 5
surfer I/p.p.inv. *to surf* 12
surfiler T *to overcast, to oversew* 12
surgeler T *to deep-freeze* 24
surgir I/p.p.inv. *to rise, to appear suddenly, to loom* 34
surimposer T *to overtax* 12
suriner T *to knife (fam)* 12
surir I/p.p.inv. (suri) *to turn sour (liquid)* 34
surjeter T *to overcast, to whip (dressmaking)* 26
surligner T *to highlight* 12
surmener T *to overwork* 24
surmonter T *to overcome, to surmount* 12
surmouler T *to retread* 12
surnager I/p.p.inv. *to float on the surface, to survive* 16
surnommer T *to nickname* 12
suroxyder T *to overoxidize* 12
surpasser T/Pr *to surpass, to exceed* 12
surpayer T *to overpay* ....28 or 29
surplomber T/I, p p inv. *to overhang* 12
surprendre T *to surprise* 67
surproduire T *to overproduce* 82
sursauter I/p.p.inv. *to start, to jump* 12
sursemer T *to oversew* 24
surseoir Ti (à)/p.p.inv. *to suspend, to reprieve (legal)* 59
surtaxer T *to overtax* 12
surveiller T *to oversee, to supervise* 12
survenir I/+ être *to happen, to occur* 4
survirer I/p.p.inv. *to oversteer (car)* 12
survivre I/Ti (à)/p.p.inv. *to survive, to outlive* 85
survoler T *to fly over, to give a general view of* 12
survolter T *to boost, to step up* 12
susciter T *to raise up, to cause, to arouse* 12
suspecter T *to suspect* 12
suspendre T *to suspend, to hang from* 65
sustenter T/Pr *to sustain, to nourish* 12

susurrer I, p p inv./T *to whisper, to murmur* 12
suturer T *to stitch up, to suture* 12
swinguer I/p.p.inv. *to swing* 15
symboliser T *to symbolize* 12
sympathiser I (avec)/p.p.inv. *to sympathize* 12
synchroniser T *to synchronize* 12
syncoper T/I, p.p.inv. *to faint, to syncopate* 12
syndicaliser T *to syndicalize* 12
syndiquer T/Pr *to unionise, to form a trade union* 15
synthétiser T *to synthetize* 12
systématiser T *to systematize* 12

T

tabler Ti (sur)/p.p.inv. *to count on, to bank on* 12
tabuler T *to tabulate* 12
tacher T *to stain, to tarnish* 12
tâcher Ti (de + inf.), p.p.inv./T *to try, to attempt* 12
tacheter T *to speckle* 26
tacler I, p.p.inv./T *to tackle (soccer)* 12
taillader T *to slash, to gash* 12
tailler T/Pr *to cut, to sharpen, to prune* 12
taire T/Pr *to keep quiet* 89
taler T *to bruise (fruit)* 12
talocher T *to clout, to cuff* 12
talonner T/I, p.p.inv. *to follow on the heels of* 12
talquer T *to talc* 15
tambouriner I, p.p.inv./T *to drum* 12
tamiser T *to sieve, to filter* 12
tamponner T/Pr *to dab, to stamp* 12
tancer T *to berate, to scold* 17
tanguer I/p.p.inv. *to pitch, to reel* 15
tanner T *to tan, to annoy* 12
tanniser T *to treat with tannin* 12
tapager I/p.p.inv. *to kick up a row* 16
taper Ti (sur), p.p.inv./T/I/Pr *to type, to hit, to hammer* 12
tapir (se) + être *to crouch, to hide* 34
tapisser T *to (wall) paper, to cover* 12
tapoter T *to tap, to drum on* 12
taquer T *to plane* 15
taquiner T *to tease, to play about with* 12
tarabuster T *to pester, to bother, to worry* 12
tarauder T *to tap, to screw, to bore into, to gnaw at* 12
tarder I/Ti (à)/p.p.inv. *to delay, to defer* 12
tarer T *to spoil, to damage, to tare* 12
targuer (se) (de) + être *to pride oneself on something* 15
tarifer T *to fix price* 12
tarir T/I, p.p.inv./Pr *to dry up, to run dry* 34
tartiner T *to spread, to butter bread* 12
tasser T/Pr *to cram, to squeeze, to pack down* 12
tâter T/Ti (de, à), p.p.inv./Pr *to feel, to touch* 12
tâtonner I/p.p.inv. *to grope, to fumble about* 12
tatouer T *to tatoo* 12
taxer T *to tax* 12
tayloriser T *to apply time and motion studies* 12
technocratiser T *to make technocratic* 12
teindre T/Pr *to dye* 69
teinter T *to tint* 12
télécharger T *to download* 12
télécommander T *to operate by remote control* 12
télédiffuser T *to televise, to broadcast* 12
télégraphier T/I, p.p.inv. *to wire, to cable* 14
téléguider T *to operate by remote control* 12
téléphoner I, p.p.inv./T *to telephone, to ring* 12
télescoper T/Pr *to crash into, to concertina* 12

téléviser T *to televise* 12
télexer T *to telex* 12
témoigner T/I, p.p.inv./Ti (de), p.p.inv. *to testify* 12
tempérer T *to temper, to moderate* 19
tempêter I/p.p.inv. *to rage, to fume* 12
temporiser I/p.p.inv. *to temporize* 12
tenailler T *to torment, to gnaw at* 12
tendre T/Ti (à, vers), p.p.inv. *to tighten, to stretch* 65
tenir T/I, p.p.inv./Ti (à, de), p.p.inv./Pr *to hold,
to occupy, to care about, to take after, to stand* 4
ténoriser I/p.p.inv. *to sing tenor* 12
tenter T *to tempt, to try, to attempt* 12
tergiverser I/p.p.inv. *to be evasive* 12
terminer T/Pr *to end, to terminate, to bring to a close* ..12
ternir T *to tarnish, to dull* 34
terrasser T *to floor, to overwhelm, to bank up soil* 12
terreauter T *to compost* 12
terrer T/Pr *to earth up, to be entrenched* 12
terrifier T *to terrify* 14
terroriser T *to terrorize* 12
tester I, p.p.inv./T *to test, to make a will* 12
tétaniser T *to tetanize* 12
téter T/I, p.p.inv. *to suck (baby)* 19
texturer T *to texturize* 12
théâtraliser T *to dramatize* 12
théoriser T/I, p.p.inv. *to theorize* 12
thésauriser T *to hoard money* 12
tiédir I, p.p.inv./T *to cool down* 34
timbrer T *to stamp* 12
tinter T/I, p.p.inv. *to ring, to chime* 12
tintinnabuler I/p.p.inv. *to tinkle* 12
tiquer I/p.p.inv. *to wince, to twitch, to bat an eyelid* 15
tirailler T/I, p.p.inv. *to pull at, to pill about* 12
tire-bouchonner T *to twist, to curl* 12
tirer T/I, p.p.inv./Pr *to pull out, to fire gun, to print* 12
tisonner T *to poke* 12
tisser T *to weave* 12
titiller T *to titillate* 12
titrer T *to title, to titrate, to determine strength of* 12
tituber I/p.p.inv. *to reel about, to stagger* 12
titulariser T *to give tenure in job* 12
toiletter T *to groom* 12
toiser T *to eye up and down, to measure height* 12
tolérer T *to tolerate* 19
tomber I + être/T + avoir *to fall, to fall down, to drop* ..12
tomer T *to divide into parts* 12
tondre T *to shear, to mow, to shave off* 65
tonifier T *to tone up, to invigorate* 14
tonitruer I/p.p.inv. *to thunder* 12
tonner I/U/p.p.inv. *to thunder* 12
tonsurer T *to tonsure* 12
toper I/p.p.inv. *to agree (fam)* 12
tordre T/Pr *to wring, to twist, to contort* 65
toréer I/p.p.inv. *to fight a bull* 13
torpiller T *to torpedo, to sink* 12
torréfier T *to roast coffee* 14
torsader T *to twist* 12
tortiller T/I, p.p.inv./Pr *to twist, to wriggle* 12
torturer T/Pr *to torture, to torment* 12
totaliser T *to total* 12
toucher T/Ti (à), p.p.inv./Pr *to touch, to affect,
to receive money* 12
touer T *to kedge (boat)* 12
touiller T *to stir (liquid)* 12
tourber I/p.p.inv. *to peat, to turf* 12
tourbillonner I/p.p.inv. *to swirl* 12

tourmenter T/Pr *to torment, to distress oneself* 12
tournailler I/p.p.inv. *to prowl around (fam)* 12
tourner T/I, p.p.inv./Pr *to turn, to shoot a film* 12
tournicoter I/p.p.inv. *to wander up and down* 12
tourniquer I/p.p.inv. *to wander around* 15
tournoyer I/p.p.inv. *to whirl, to spin* 30
tousser I/p.p.inv. *to cough* 12
toussoter I/p.p.inv. *to give a little cough* 12
tracasser T *to worry, to bother* 12
tracer T/I, p.p.inv. *to draw, to trace, to lay out* 17
tracter T *to tow* 12
traduire T/Pr *to translate* 82
traficoter I, p.p.inv./T *to tinker (fam)* 12
trafiquer I, p.p.inv./T/Ti (de), p.p.inv. *to trade in* 15
trahir T/Pr *to betray, to misrepresent* 34
traînailler I/p.p.inv. *to dawdle* 12
traînasser I/p.p.inv. *to dawdle* 12
traîner T/I, p.p.inv./Pr *to drag, to pull, to drag out* 12
traire T. *to milk* 88
traiter T/I, p.p.inv./Ti (de), p.p.inv *to treat, to negotiate* 12
tramer T/Pr *to weave, to plot, to suspect something* 12
trancher T/I, p.p.inv. *to slice, to settle, to contrast* 12
tranquilliser T/Pr *to reassure, to calm down* 12
transbahuter T *to cart about, to lug, to shift* 12
transborder T *to transfer* 12
transcender T *to transcend* 12
transcoder T *to transcribe* 12
transcrire T *to transcribe* 78
transférer T *to transfer* 19
transfigurer T *to transfigure, to change into* 12
transfiler T *to lace together (ship)* 12
transformer T/Pr *to change into, to convert (rugby)* 12
transfuser T *to transfuse* 12
transgresser T *to transgress* 12
transhumer I, p.p.inv./T *to move to new pastures* 12
transiger I/p.p.inv. *to compromise* 16
transir T *to become numb, to paralyze* 34
transistoriser T *to transistorize* 12
transiter T/I, p.p.inv. *to forward, to transit to/through* ..12
transmettre T/Pr *to pass on, to transmit* 6
transmigrer I/p.p.inv. *to transmigrate* 12
transmuer T *to transmute into* 12
transmuter T *to transmute into* 12
transparaître I/p.p.inv. *to show through* 74
transpercer T *to transfix* 17
transpirer I/p.p.inv. *to transpire, to perspire* 12
transplanter T *to transplant, to resettle* 12
transporter T/Pr *to carry* 12
transposer T *to transpose* 12
transsuder I/p.p.inv. *to ooze through* 12
transvaser T *to devat, to decant* 12
transvider T *to pour into another container* 12
traquer T *to track down* 15
traumatiser T *to traumatize* 12
travailler I, p.p.inv./T *to work, to labor* 12
traverser T *to cross, to go through* 12
travestir T/Pr *to dress up, to disguise* 34
trébucher I, p.p.inv./T *to stumble* 12
tréfiler T *to wiredraw* 12
treillager T *to trellis* 16
treillisser T *to trellis* 12
trémater T *to overtake (ship)* 12
trembler I/p.p.inv. *to tremble, to quaver* 12
trembloter I/p.p.inv. *to quiver, to flicker* 12
trémousser (se) + être *to wiggle* 12
tremper T/I, p.p.inv. *to soak* 12

trémuler I/p.p.inv. *to tremble* 12
trépaner T *to trepan, to perforate skull* 12
trépasser I/p.p.inv. *to die, to pass away* 12
trépider I/p.p.inv. *to vibrate* 12
trépigner I/p.p.inv. *to stamp one's feet* 12
tressaillir I/p.p.inv. *to jump for joy, to wince with pain* 46
tressauter I/p.p.inv. *to jump, to jolt* 12
tresser T *to plait* 12
treuiller T *to winch up* 12
trianguler T *to triangulate* 12
tricher I/Ti (sur)/p.p.inv. *to cheat* 12
tricoter T/I, p.p.inv. *to knit* 12
trier T *to sort out* 14
triller I/p.p.inv. *to trill* 12
trimarder I/p.p.inv. *to be on the road (fam)* 12
trimbaler T/Pr *to lug around, to trail along* 12
trimballer T *to lug around* 12
trimer I/p.p.inv. *to slave away, to slog (fam)* 12
tringler T *to mark with a line* 12
trinquer I/p.p.inv. *to clink glasses* 15
triompher I/Ti (de)/p.p.inv. *to triumph* 12
tripatouiller T *to fiddle, to tamper (fam)* 12
tripler T/I, p.p.inv. *to triple, to triplicate* 12
tripoter T/I, p.p.inv. *to play with, to fiddle with* 12
triturer T/Pr *to grind, to masticate* 12
tromper T/Pr *to deceive, to mislead* 12
trompeter I, p.p.inv./T *to trumpet* 26
tronçonner T *to cut up, to chop up* 12
trôner I/p.p.inv. *to sit enthroned, to lord it* 12
tronquer T *to truncate* 15
tropicaliser T *to tropicalize* 12
troquer T *to barter, to swop* 15
trotter I, p.p.inv./Pr *to trot (horse)* 12
trottiner I/p.p.inv. *to jog along* 12
troubler T/Pr *to disturb* 12
trouer T *to make a hole* 12
trousser T/Pr *to truss, to pick up one's skirts* 12
trouver T/Pr *to find, to discover, to invent* 12
truander I, p.p.inv./T *to swindle* 12
trucider T *to bump off (fam)* 12
truffer T *to garnish, to stuff with, to be full of* 12
truquer T *to fake, to rig* 15
truster T *to monopolize* 12
tuber T *to tube, to case* 12
tuer T/Pr *to kill* 12
tuiler T *to tile roof* 12
tuméfier T *to tumefy, to swell* 12
turbiner I, p.p.inv./T *to slog away, to swot* 12
tuteurer T *to provide with a guardian* 12
tutoyer T *to be on familiar terms with* 30
tuyauter T *to flute, to goffer* 12
twister I/p.p.inv. *to dance the twist* 12
typer T *to typify* 12
tyranniser T *to tyrannize, to bully* 12

U

ulcérer T *to ulcerate, to rankle, to feel resentment* 19
ululer I/p.p.inv. *to hoot (owl)* 12
unifier T/Pr *to unify* 14
uniformiser T *to standardize* 12
unir T/Pr *to unite, to combine* 34
universaliser T *to universalize* 12
urbaniser T/Pr *to urbanize* 12
uriner I, p.p.inv./T *to urinate* 12

French abbreviations used in this handbook with their English equivalents

adj.	adjectif (adjective)	ind.	indicatif (indicative)
C.C.	complément circonstanciel (adverbial complement)	inf.	infinitif (infinitive)
		masc.	masculin (masculine)
C.O.	complément d'objet (object)	part.	participe (participle)
C.O.D.	complément d'objet direct (direct object)	pers.	personnel (personal)
		plur.	pluriel (plural)
C.O.I.	complément d'objet indirect (indirect object)	prés.	présent (present)
		princ.	principale (main clause)
C.O.S.	complément d'objet second (second object)	prop.	proposition (clause)
		sing.	singulier (singular)
cond.	conditionnel (conditional)	sub.	subordonnée (subordinate clause)
imparf.	imparfait (imperfect)	subj.	subjonctif (subjunctive)
impér.	impératif (imperative)	*	sentence grammatically incorrect

Phonetic Transcription

French vowels
[i] fille, île
[e] pays, année
[ɛ] bec, aime
[a] lac, papillon
[o] drôle, aube
[ɔ] hotte, automne
[u] outil, goût
[y] usage, lune
[ø] aveu, jeu
[œ] peuple, bœuf
[ə] le, je

Nasal vowels
[ɛ̃] limbe, main
[ɑ̃] champ , ennui
[ɔ̃] ongle, mon
[œ̃] parfum, brun

Semi-vowels
[j] yeux, lieu
[w] ouest, oui
[ɥ] lui, nuit

Consonants
[p] prendre, grippe
[b] bateau, rosbif
[t] théâtre, temps
[d] dalle, ronde
[k] coq, quatre
[g] garder, épilogue
[f] physique, fort
[v] voir, rive
[s] cela, savant
[z] fraise, zéro
[ʃ] charrue, schéma
[ʒ] rouge, jabot
[m] mât, drame
[n] nager, trône
[ɲ] agneau, peigner
[l] halle, lit
[r] arracher, sabre

Printed in Italy by ROTOLITO LOMBARDA
Depôt légale : mai 2000
N° de projet: 10076286 (I) 20 (OSB 90°)